U0637710

浙江师范大学中国语言文学一流学科建设成果

本书是浙江省哲学社会科学规划课题重点项目"国际化进程中的语言接触研究——以浙江义乌小商品城语言使用状况为例"（项目批准号：11JCYY01Z）的研究成果之一

浙江师范大学语言学书系

国际化进程中的
语言接触研究

GUOJIHUA JINCHENGZHONG DE YUYAN JIECHU YANJIU

毛力群　著

中国社会科学出版社

图书在版编目(CIP)数据

国际化进程中的语言接触研究 / 毛力群著 . —北京：中国社会科学出版社，2017.11
ISBN 978-7-5203-1468-8

Ⅰ.①国…　Ⅱ.①毛…　Ⅲ.①社会语言学-研究　Ⅳ.①H0-05

中国版本图书馆 CIP 数据核字（2017）第 279223 号

出 版 人　赵剑英
责任编辑　任　明
责任校对　张依婧
责任印制　李寡寡

出　　　版　中国社会科学出版社
社　　　址　北京鼓楼西大街甲 158 号
邮　　　编　100720
网　　　址　http：//www.csspw.cn
发 行 部　010-84083685
门 市 部　010-84029450
经　　　销　新华书店及其他书店

印刷装订　北京君升印刷有限公司
版　　　次　2017 年 11 月第 1 版
印　　　次　2017 年 11 月第 1 次印刷

开　　　本　710×1000　1/16
印　　　张　14.75
插　　　页　2
字　　　数　248 千字
定　　　价　80.00 元

凡购买中国社会科学出版社图书，如有质量问题请与本社营销中心联系调换
电话：010-84083683
版权所有　侵权必究

序　一

随着中国实行改革开放和市场经济的飞速发展，全国各地出现诸多大大小小的商品城。其中，浙江义乌中国小商品城规模最大，市场最为繁荣，是全球最大的小商品集散中心。每天 20 万以上操着各种语言、方言的国内外客商云集义乌，各种语言、方言交融接触，使义乌中国小商品城的语言生活呈现多元和谐的生态。

毛力群是我的博士研究生，她是我的关门弟子，刚入门时，她的研究背景是语文教育学，但她悟性较高，转型很快，对社会语言学有着浓厚的兴趣，观察描述社会语言生活的能力较强，文字表达也是她的强项。她是浙江义乌人，对义乌的风土人情，文化历史和发展现状耳熟能详。近水楼台先得月，她的博士学位论文，正是选择了非常具有代表性的义乌中国小商品城语言生活作为研究对象，采用社会语言学及相关学科的理论方法，对其进行调查、研究、分析，采集 1198 名经营户及 6 个个案的语言及其使用的语料，从语言能力、语言使用和语言态度，以及各项社会变量，比较全面、深入、细致地描写、分析了义乌中国小商品城的语言生活状况及其发展趋势，同时也对义乌作为国际化进程中快速发展的商贸城市进行了语言服务方面的调查和描述。

该选题具有重要的理论意义和实用价值，为社会语言学、应用语言学等研究，和语言教学、语言政策制定等提供重要的资料与依据。作者对相关的文献资料相当熟悉，掌握比较充分，文中所用资料和数据可靠、准确，其材料积累及社会实践价值，呈现出原创性、科学性、实证性和鲜活性的特色。在她博士学位论文评审答辩会上，论文被专家们评为优秀。此后，毛力群对论文做了认真修改和充实，主要是加强、深化论述部分，着力理论升华，并增加语言服务、语言经济等内容，使其成为现在的书稿。

陆俭明先生当时对文章亦有较高评价：该文是我国第一篇考察、反映、研究一个涉及中外的，世界上最大的小商品城语言面貌的报告。该研究项目具有创新性，而该项研究成果，在研究对象上具有创新性，在研究角度上具有创新性，在研究结论上具有创新性——从中概括出了语言资源的社会价值、经济价值、文化价值，并对这座国际化城市的语言资源保护和开发、语言服务建设等方面提出了建设性意见。

建议今后对义乌中国小商品城语言生活进行跟踪调查，深入研究其变化情况，并探索其发展规律，这种研究对社会语言学、应用语言学建设和语言政策制定有着更重要的意义，当然，研究难度也更大。毛力群有能力有才华这样做，期待不久后能读到她的有关新作。

陈章太

2017 年 3 月于北京寓所永春斋

序　二

"逝者如斯夫！"每当看到或想起孔夫子这句富含哲理和诗意的话时，总让我感慨，自省，奋起，有时又是无尽的感伤和怀念。

昨晚我接到一个已有数十年没有联系的学生的电话，他当年的稚气的笑脸顿时浮现在眼前，高一、高二时他很贪玩，一有空就去打乒乓球，不知怎的高三却成了学霸；现在他的孩子也已经上大学了。秋风带着落叶从窗子里吹进，落叶被纱窗挡住落了下去，我不经意地看见了自己头上的白发，分明觉得我的往日不就像这落叶吗？可这位同学对当年的追忆，尤其是对我带着赞美的描述，又给了我宽慰，即便就是落叶，不是也能"化作春泥更护花"吗？忽然想起几天前，毛力群拿着她的书稿来向我祝贺教师节，要我写几句话。关于社会语言学，我仅略知皮毛而已，远未入门，无从置喙；但我和她特殊的缘分却着实有点意思，值得一谈。

我一辈子从教，由无奈到深爱，从中学到师大，其过程就不在此赘述了。我想说的是我对教育的认识、体验、感悟，大略可分为三个阶段。开始是"传道授业解惑"，我以当然的有道有业者自居，视学生为道和业的匮乏者，教就是单向的传输过程；后来慢慢明白，教学生其实就是教自己，教同时就是学的过程，教的本质就是学，向书本学，向同事学，特别是要向学生学；最后才逐渐体会到"莫春者，春服既成，冠者五六人，童子六七人，浴乎沂，风乎舞雩，咏而归"的境界，所谓教，就是带领学生一起寻觅更好的自我。人生无处不能学，人生更是无处不在和更好的自我相遇；所谓师生者，就是相互提供更多这种相遇可能的朋友。而毛力群就是我从教这三个阶段的见证者。

我在金华一中教语文时，她曾是语文课代表，是我传道授业的对象，她对语文的兴趣，学习语文的认真，尤其是课代表工作中不怕得罪人敢于批评同学的缺点错误，给我留下了极为深刻的印象。她在为金华一中百年校庆所写的《那些远去的青葱岁月》一文中提到"王老师对我们很宽容，一次上课时我低头偷偷读《小说月报》，他走过来拿起一看，我正紧张时，他轻轻说'你看完借我看一下'"。这一细节我自己早已遗忘，但看来并未在时间的长河里立刻消逝。我比较珍惜学生的学习兴趣，看小说不就是在学语文吗？高中毕业时她被免试保送至浙江师范大学中文系，后来我也被调到该校任教"语文教学法"课程，她又一次成了我的学生。我写的论文、著作，有时急于交稿就请她帮忙誊写（当时电脑远未普及），她每次将誊写好的稿子交给我时，几乎都会指出我的笔误或她认为值得商榷之处。我的教育理念向第三阶段质变时，毛力群因人文学院的特别推荐成了我的研究生。由于她的古代文学底子不薄，我建议她硕士论文写对联的语文教育价值，结果获得颇高的评价。对联，我当然也很感兴趣，但从来没有这方面的教学实践；她就自己联系到小学、中学去教学生写对联，这大大丰富了论文的内容。我不单是她论文的指导者，也是她论文的学习者。我当年的研究生前前后后都有来自外地外省者，有时碰上周末，特别是节假日，我往往会请他们到学校附近的小馆子里打打牙祭。有一次她提出由她买单，我当然不愿放弃我的这一专利，但看她真诚而坚决的样子，也就以下不为例为由让步了。我们聚会的日子特别兴奋，会餐后还常常去学校的湖边散步、聊天。一次，我即景出一上联："湖中明月飞天上"，让大家对下联。正在大家冥思苦想间，我说：毛力群，你毕业论文是写对联的，理应由你对出下联来，得到大家一致响应。她沉吟片刻，终于对了出来："心底豪情泻案头"。毛力群是个真诚率性的人，不为世俗之见所左右，做学问也往往兴趣使然，因而常有不俗表现。

　　后来她读博了，担任院领导了，现在博士论文经过修改完善就要出版了，我希望她无论为学为师为官，都能不离不弃自己原来真诚率性的本色，一如她的青葱岁月。

王尚文

2017 年 9 月于金华丽泽花园

目　　录

第一章

绪　　论

第一节　研究依据

一　语言状况研究是构建和谐语言生活的重要途径

按照查尔斯·弗格森（Charles A. Ferguson）的定义，语言状况（language situation）指某时某地语言使用的总格局。语言状况包括：该地区通用哪几种语言，有多少人使用这些语言，在什么情况下使用这些语言，以及该社会成员对这些语言持何种态度和见解等。① 语言状况调查对任何一个向工业化社会发展的国家来说都具有重要的意义，而对于国际影响力日渐增强、综合国力日渐提升的我国来说更是一项紧迫且至关重要的任务。语言状况调查是社会语言学的一项基本内容，是保障语言研究结果可靠性与客观性的前提条件。社会语言学充分强调语言与社会的共变关系，相比其他语言学分支学科而言，更为关注当下社会生活中鲜活的语言现象和语言事实，在当前中国纷繁芜杂的语言关系中，语言推广、语言态度、语言接触、语言选择、语言资源开发与保护、语言与经济的关系、语言市场等都成为值得研究的热点问题。

当今社会，全球化进程日益加速，信息的交换、获取与应用已渗透于生活的各个层面，作为信息载体的语言作用凸显。如果将与语言相关的各种活动称为"语言生活"的话，语言的学习与教育、语言在各种场合各个领域的运用、语言研究及其成果的开发应用等，便都可以归入语言生活的范畴。语言生活的质量，影响甚至决定着个人的生活质量，语言生活的

---

① 苏金智：《国内外语言文字使用情况调查概述》，《语言文字应用》1999 年第 4 期。

和谐，关乎社会的和谐，甚至关乎国家的稳定与发展。[①] 在此基础上研究多元的、丰富的社会语言生活，其目的便是促进和谐语言生活的构建，为和谐社会营造和谐的语言环境。

二 语言接触研究是社会语言学的重要内容之一

语言接触是语言生活中的普遍现象，是语言演变的动力之一。各种语言之间不同形式、不同程度的接触导致语言之间相互影响，从而推动语言的变化与发展。

多语（Multilingualism）或双语（Bilingualism）指的是某一社区或个人同时使用两种或两种以上的语言。[②] 在国际化进程中，不同国家、不同民族、不同区域的人们之间关系越来越密切，语言接触也越来越频繁。各种语言或方言相互碰撞，相互融合，多语现象应运而生。

目前，在中国许多国际化程度越来越高的城市当中，如北京、上海、深圳、广州等，不同语言的接触相当频密，越来越多的人学习并掌握了两种甚至两种以上的语言。人们出于贸易经商、文化交流、生存劳作等目的，与不同文化层次、不同生活背景的人群打交道，日常生活中语言的需求、使用都变得复杂而丰富起来，社会语言生活因此空前活跃与多变。方言与方言之间、方言与普通话之间、普通话与少数民族语言之间、少数民族与少数民族语言之间、普通话与外语之间、方言与外语之间、外语与外语之间，因为主动或被动的语言接触，人们的语言潜能被激活，原本纯粹的单语人或潜在的双语人变成了真正的双语人或多语人。

置身于一个多语的生活环境，年龄层的差距、教育程度和成长环境的不同、家庭背景和语言使用目的的差异等，都促使实际的语言使用状况变得错综复杂。人们在各种时间各种场合的语言接触中，因为所持语言态度的不同产生相应的语言选择，并且根据需要进行多种语码的转换甚或混用。人们的语言能力、语言水平、语言态度在语言接触过程中产生了怎样的变化，实际的语用状况下人们究竟如何进行沟通，因语言接触而导致的语言影响是积极的还是消极的，这些都是社会语言学应该涉猎的核心课

---

① "中国语言生活状况报告"课题组：《中国语言生活状况报告》，商务印书馆 2006 年版，第 1 页。

② 徐大明、陶红印、谢天蔚：《当代社会语言学》，中国社会科学出版社 1997 年版，第 162 页。

题，值得我们进行深入细致的分析和研究。

三 浙江义乌中国小商品城语言状况研究具有典型意义

浙江义乌以其繁荣发达的商贸市场闻名于世，是全球最大的小商品集散中心，目前已经被联合国、世界银行等国际权威机构确定为世界第一大市场。义乌生产和输出的 MIC 产品（Made in China）已经随着中外商人的脚步遍布于五大洲，而密切的物流、人流和信息往来也让义乌在世界各地具有了一定的知名度。① 义乌中国小商品城目前已进入一个以国际化为目标的新发展阶段，可以说，义乌正成为"中国制造"的样本和典范。义乌的经济发展模式已为海内外所津津乐道，叹为观止，而与之息息相关的市场语言使用状况，是否已紧紧跟上了义乌国际化发展的脚步了呢？可以肯定的是，在这个巨大的国际化市场里，确实存在着丰富的、鲜活的、生动的语言生活。我们以中国小商品城市场经营户为研究对象，其人员分布与背景构成、语言习得情况、语言使用水平、语码转换能力、语言态度状况以及他们的语言接触情况等都值得我们去关注并深入研究、记录。可以说，探究这样一个特殊领域、特殊群体的语言生活状况，是极具典型意义的。

第二节 研究意义

一 城市语言研究的新课题

徐大明在《中国社会语言学的新发展》（2006）中谈到，"城市语言调查采用社会调查的方法，集中研究城市语言特征及城市语言交际中的问题，是社会语言学研究领域中的一个新方向，是城市方言学与言语社区理论相结合的产物，是适应我国城市化发展进程的应用性社会语言学研究，也是将语言学研究引向针对现代社会的复杂多变的语言现实研究的重要途径。其理论意义为，从对语言使用的直接、实时的规模性观察中了解语言作为一个开放性动态系统的性质和运作机制。其社会现实意义为，提供城

---

① 新华网浙江频道：《义乌成"中国制造"城市样本》，http://www.zj.xinhuanet.com/df/2008-09/10/content_ 14364487. htm。

市语言状况信息、对城市化过程中产生的语言问题进行描写与分析，将其作为制定有关政策和解决实际问题时的科学依据。具体的研究课题可以包括城市方言与乡村方言、城市语言生活与乡村语言生活的类型性对比，城市言语社区的形成和发展机制，大、中、小城市语言形势及语言生活特征，城市化带来的公众语言交际的问题，城市非常住人口的语言状况及其影响，以及城市语言调查方法论方面的研究，等等"。本研究所选择的研究对象——浙江义乌中国小商品城，是中国城市化进程的典型产物之一，其市场经营户的语言使用问题正是城市语言研究的一部分，成为新研究视角下的一个新课题。

城市语言研究是新兴的社会语言学热点问题，杨晋毅于 1997 年提出中国城市新兴工业区语言状态研究的设想，南京大学也于 2003 年倡导"城市语言调查"，已经连续举办了几次"城市语言调查专题报告会"和国际学术研讨会，组织了多次调查活动。杨晋毅在对中国一些新兴工业区语言状态调查研究的基础上，提出城市语言调查研究的设想。他在《中国城市语言研究的若干思考》（2004）一文中指出，"中国 20 世纪下半叶发生的工业化浪潮，是中国几千年历史上从未有过的最深刻的社会变革。中国开始由传统农业社会向现代工业社会、城市社会转变，中国的社会面貌、生活面貌和语言状态（普通话和家乡话的分布及使用情况）都因此发生了根本性的变化。根据《中国统计年鉴 2002》，2001 年，中国城镇人口已达到 4.8064 亿人，占总人口的 37.66%（1949 年为 0.576 亿人，占总人口的 10.6%）。中国城市学专家和人口学家普遍认为，今后二十年将是中国城市化进程加速发展的阶段，2020 年中国城市人口将达到 8.5 亿人以上，占总人口的 60%左右。在这一社会巨变中，中国城市出现了哪些特殊的语言现象？中国城市的语言发展有哪些特殊的规律？如何分析、把握和预测中国城市语言的发展与变革？这是摆在我们面前的急待研究的重大课题"。

本书研究中国小商品城经营户群体的语言状况，是对城市语言调查研究的响应和拓展。我国社会目前正处于改革开放的大发展、大变动时期，这个时期所产生的特殊社会群体的语言状态，必然镌刻着明显的社会烙印，反映着社会因素对语言的影响。及时把握机会，抓紧时机进行调查、描写和研究其语言面貌，将促使我国的社会语言学研究的丰富和深入。实地考察市场经营户的语言使用状况，语言能力和语言态度，掌握和研究农民工的语言状况，有着极为重要的现实意义。同时，数量庞大的市场经营户正在逐步形成的一个特殊阶层，其语言状况就更不容忽视，动态中的阶层语言是社会语言学研究不可多得的第一手资料，如此庞大的一个社会群体的语言接触与使用情况、语言能力及语言态度等，急需我们着手进行调查研究。

二 社会语言学相关理论的丰富与深化

本研究试图通过科学合理的设计，大样本量的择取，深入而细致的分析，科学而翔实地描述中国小商品城市场语言的基本状况。在整个研究过程中，将社会语言学的理论、方法体系付诸实践，并以实践丰富、深化社会语言学理论、方法，促进我国社会语言学理论与实践的研究。

（一）有利于双语研究的丰富与深化

目前，语言态度的研究较多关注单语态度，如对普通话、方言、外语或少数民族语言的态度研究。而双语态度是建立在双语或多语接触的基础上的，并且双语态度的调查是一种整体的全面的观点，不应该只做片面的孤立的研究。本书除了对单语态度作调查之外，还尝试对市场经营户的双语态度，即对普通话、英语、义乌话的语言态度，以及在何种情况下因何种原因产生语言态度的改变进行了较为客观详尽的调查研究。这种研究对双语研究视野的拓宽应具有一定的参考意义。

（二）有利于语言接触研究的丰富与深化

语言功能的衰退或发展源于不同程度、不同形式的语言接触。构建和谐社会一个很重要的因素是构建和谐的语言生活，而和谐的语言生活意味着人们在越来越频密的语言接触中能从宏观和微观的角度协调好语言之间的各种关系。本书是对当前义乌中国小商品城正在发生的语言接触所进行的一次探索性研究，旨在通过描述市场国际化背景下广大经营户的语言选择模式、语言习得、语码转换能力、语言态度等相关问题，从语言接触中的一方——市场经营户的角度出发揭示语言接触和语言变化现实，从而反映整个城市的语言生活状况。

（三）有利于对语言具有社会性、语言与社会共变的社会语言学基础理论的丰富与深化

经济全球化浪潮汹涌而来，义乌城市人口结构发生了巨大变化，这种结构性变化最集中体现在中国小商品城。变化所带来的相应的市场语言使

用问题不仅仅是人们的个人选择倾向问题，更是经济等因素驱使下的或急功近利或潜移默化的语言价值取向问题。本研究的内容正是基于全球化背景下，来自不同国家、不同地区、不同民族的市场经营户们在语言上所发生的变异，以及影响他们语言变异的各项相关因素。

（四）有利于语言资源研究的丰富与深化

语言既是物质的又是社会的，而更多的是社会的。语言以它的物质结构系统，承载着丰富、厚重的社会文化信息，为社会所利用，能够产生社会效益和政治、经济、文化、科技等效益，所以是一种有价值、可利用、出效益、多变化、能发展的特殊的社会资源。① 如果我们充分合理地利用好语言资源，它将会为我们的社会创造巨大的财富，但是在一个多种语言交融碰撞的城市，如果政府与百姓不能正确对待语言资源，不善于利用丰富的语言资源为我所用的话，那语言资源很有可能就转化为语言问题。本书也将就语言资源所体现的价值等问题进行深入分析与探讨。

（五）有利于语言服务研究的丰富与深化

随着经济全球化和信息技术的不断进步，国与国之间的交流增加，语言服务行业的地位日益凸显，语言服务也成了近年来热门的研究领域。语言服务是城市在国际化进程中最重要的环节之一，多元开放的语言环境能够吸引更多的投资与贸易，促进城市经济的发展。义乌中国小商品城的语言服务目前主要集中在翻译与本地化服务、语言教学与培训、多语信息咨询领域，涉及多语标识、多语公交报站、市场培训、多语版本网站等各个方面。语言服务的目的是创立无障碍的语言交流，服务社会，服务城市经济建设。我们关注语言服务，描述并具体分析语言服务状况，也是语言服务社会，推动经济的重要路径。

第三节　相关研究文献综述

一　语言接触调查相关研究

语言接触（Language Contact）这一术语，早已被学术界广泛接受，其研究成果也极为丰硕。但关于这一术语的定义，学术界却无一致表述。

---

① 陈章太：《论语言资源》，《语言文字应用》2008 年第 1 期。

这一方面是由于多数语言学家只研究语言接触的具体问题，并不对"语言接触"这一术语给出明确定义；另一方面，即使少数学者对这一术语给了明确的定义，也都是各执一词。

（一）国外研究现状

古代西方很早就有关于两种语言的比较研究，如巴比伦的苏美尔语和阿卡德语的词汇比较、赫梯语与其他语言的比较、在《帕尼尼语法》中描述的吠陀的梵语与普拉克利特语的比较、中世纪晚期和文艺复兴时期的学者进行的语言接触的研究实验，虽然这些研究缺乏整体性和系统性，但却为语言接触研究提供了一种研究模式，即从两种或多种语言的相互影响关系中研究语言。①

19世纪的欧洲，语言接触中的借用问题一直受到语言学界的重视。如结构主义语言学代表人物布龙菲尔德，就曾在他的名著《语言论》中用整整两章的篇幅来讨论语言间的借用问题。还有很多语言学家看到了语言混合现象的研究价值，对皮钦语和克里奥尔语进行了研究。如奈穆（A. V. Name）的《克里奥尔语言语法》（*Contributions to Creole Grammer*）（1869—1870），舒哈特（H. Schuchardt）也在1880—1914年间发表了大约40篇关于皮钦和克里奥尔语的论文。此外，叶斯柏森（O. Jesperson）、阿斯科里（G. I. Ascoli）、黑瑟林（D. C. Hesseling）等语言学家对混合语也都有研究。还有些语言学家从语言内部结构的角度来讨论语言的接触，如萨不尔（E. Sapir）、魏茵莱希（U. Weinreich）、鲍阿斯（F. Boas）、梅耶（A. Meilet）、马丁内（A. Martinet）等。这一时期，欧洲关于语言接触研究的主要成果还有：德国维克内格尔（J. Wackernagel）的《语言交流和语言的混合》（*Sprachtausch and Sprachmischung*）（1953），波兰的萨瓦多夫斯基（L. Zawadowsky）的《语言接触的基本关系》（*Fundamental relations in language contact*）（1961），罗马尼亚科特纽（I. Coteanu）的《关于混合语言》（*A propos des language mixtes*）（1958）等。

值得一提的研究成果是魏茵莱希（U. Weinreich）的经典理论。1953年，魏茵莱希（U. Weinreich）出版了他的经典论著——《语言接触：发现与问题》（*Language in Contact*：*Findings and Problems*）。该书有两大观点：第一，认为语言接触研究除了做差异分析（differential analysis）外，

_____

① 转引自奥丽佳的博士论文《汉俄语言接触研究》2012年。

还应该做对比分析（contrastive analysis），也就是说，既看到不同的一面，还要看到相同的一面。第二，提出"冲突"理论。"冲突"指同时存在于双语者脑中的两套语言系统彼此间的状态。魏茵莱希（U.Weinreich）认为，另一种语言的介入会使原有的语言系统面临重组的挑战。这种挑战不只是语义系统，还包括词汇系统、语法系统，甚至还包括一些词汇集合等。因此，他认为如果只用"借用"来考察整个语言接触问题，就把这个现象看得"过于单纯化"（oversimplification）了。因此，他主张，尽管在研究语法、词汇或者一些要素的接触时仍可以使用"借用"一词，但也应该意识到这些借用必然带来"模式重组"，即"冲突"。无论两种语言间的差异是大是小，也无论"冲突"的范围大还是小，只要是发生了接触，就会有"冲突"，这个"冲突"的机制（mechanism）都应该是有共性的。①

1957 年，拉多（R.Lado）出版了《跨文化语言学》（*Linguistics across Cultures*）一书，语言接触研究开始走向自觉和成熟。20 世纪六七十年代，语言接触研究开始流行于欧美。20 世纪 90 年代，国际语言学界成立了"语言接触研究协会"，每年召开一次会议，对世界各地的语言接触新问题进行讨论。到 20 世纪末期，语言接触研究已进入了繁荣时期。②

（二）国内研究现状

受西方语言接触研究的影响，19 世纪三四十时代开始，语言接触研究逐渐走进中国语言学术界的视野。王力先生 1943—1944 年出版的《中国现代语法》中，第六章专门讲到"欧化的语法"。这是"语言接触"问题第一次进入中国学者的视野。此后，随着研究方法和研究理论不断完善，以及学者们逐渐接受西方关于混合语的理论，语言接触的研究视野和研究领域不断得到扩展，近年来取得了很大发展。

从内容上看，有关"语言接触"的研究可以分为三类。第一类是"语言接触"的理论问题研究。这类研究体系还不够成熟，主要包括接触的类型、特点；接触的因素；研究方法；接触机制以及与其他学派的关系等。如戴庆厦、罗自群（2006）③ 提出语言接触研究容易走入误区及研究

---

① 转引自方欣欣的博士论文《语言接触问题两段三合论》2004 年。
② 转引自奥丽佳的博士论文《汉俄语言接触研究》2012 年。
③ 戴庆厦、罗自群：《语言接触研究必须处理好的几个问题》，《语言研究》2006 年第 4 期。

中必须注意的问题：要对语言接触进行研究，必须先鉴别语言成分包含的固有成分（或原生成分）和影响成分（或外来成分），这是研究的基础和前提；语言接触是共时和历时平面多层次累加形成的，因此接触的层次有远近之分，在研究步骤上应该由近及远，研究范围上由小到大。研究中，既要有发现问题的敏锐性又要能耐心求证，两者相结合，扎实地研究问题。又如李如龙在《论语言接触的类型、方式和过程》（2013）中指出，语言接触是历史语言学的新视角。历史语言学研究语言的演变与发展，而语言的演变又有自变和他变。他变就涉及语言接触问题。他认为，语言接触中最常见的矛盾是本族语和外族语的矛盾，这种矛盾产生的变化从借用开始，然后产生蜕变。其类型包括：早期民族语言的"底层"、外族语借词、历代通语及方言的语音、词汇在方言中的积存等。而这些接触的结果有的已经形成了语音或词汇的区域特征。

从理论角度研究语言接触的相关论文还有：余志鸿的《语言接触与语言结构的变异》（2000）、罗美珍的《论群族互动中的语言接触》（2000）、方欣欣的博士论文《语言接触问题三段两合论》（2004）、陈保亚的《从语言接触看历史比较语言学》（2006）、吴福祥的《关于语言接触引发的演变》（2007）、曾晓渝的《语言接触的类型差距及语言质变现象的理论探讨——以中国境内几种特殊语言为例》（2012）等。

第二类研究方向是汉、外语言接触研究。这类研究主要对汉、外接触中彼此间语音系统、词汇系统、语法系统的影响进行分析。从这类研究成果中可以看出，语言接触产生的干扰是双向的、循环往复的，而且干扰是有规律成系统的。例如吴正彪和李永皇的《试论语言接触对黔东方言苗语土语语音变化的影响》（2011）分析的是汉语对少数民族语言语音系统的影响，而郑武曦的《试论语言接触引发的羌语对当地汉语的干扰》（2009）介绍的则是弱势语羌语对强势语汉语产生的语音干扰。这些文章单独从语音角度考察了语言接触对某语言产生的影响。而透过语言接触考察语间的借词现象是语言接触研究中的另一个热点。如薄文泽的《语义成分的叠加——从文昌话亲属称谓看语言接触的一种方式》（2002）、曹道·巴特尔的《语言接触所产生的蒙古族直系血亲亲属称谓词地区差异》（2004）、保明所的《语言接触与傣族亲属称谓的演变》（2011）等。这些文章论述了语言接触造成本族语言的亲属称谓词发生的变异，认为变异的程度与接触的深度相关。周振鹤①以"历史""经济""封建"三译语的形成为例，考察了 19 世纪、20 世纪之际中日欧语言间的接触。他发现，汉语中的"历史""经济""封建"三词原本来源于日本的译语。通过对三词的辞源和本义的探析，作者推测它们是被日本学者用来翻译欧美的相应词语，之后再进入汉语中的结果。与此类似的论文还有罗文青的《从语言接触视角看越南语汉越词中的非纯汉问题》（2010）。由此可见，语言接触造成的借用不只是单向的，还有可能是双向的、循环往复的，我们不可将其简单化。

语言接触研究类的论文还有：K. M. 穆沙耶夫的《突厥语和世界其他语言的接触》（1993）、石定栩和朱志瑜的《英语对香港书面汉语句法的影响——语言接触引起的语言变化》（1999）、司佳的《早期英汉词典所见之语言接触现象》（2000）、王宇枫的《语言接触中的莫语颜色词》（2008）、徐来娣的《汉俄语言接触中俄语在语义层面对汉语的影响》（2008）、李心释的《汉、壮接触诱发的语言变异的机制》（2010）等。

第三类是汉语内部方言间的接触研究。这种关注内部接触的文章通常描写汉语方言中的特殊现象，语言接触与汉语方言系属的关系，或普通话与汉语方言接触的交互影响等问题。从语言接触角度考察汉语方言特殊的语音、词汇、语法现象的相关文献较多，许多方言中的"四不像"现象透过语言接触的视角都有了合理的解释。例如罗自群的《从语言接触看汉语方言"哒"类持续标记的来源》（2007）。作者首先比较现代汉语方言"哒"类持续标记和藏缅语中"ta"类持续标记在语音、语义、语法等方面的对应关系，认为这种对应是语言接触借用的结果。然后从藏缅语、壮侗语这类汉藏语系中"ta"类持续标记的语言材料来反观汉语方言"哒"的来源问题。进而得出"哒"类持续标记是"著"类持续标记的一种早期形式。这种由接受语言受到接触影响的语言现象追寻源语言的逆向思维模式值得深思。

考察汉语方言内部接触的论文还有：贾晞儒的《从青海汉语的几个方言词看语言间的接触影响》（1994）、徐世璇的《毕苏语方言的形成和语言的接触影响》（1998）、王福堂的《关于客家话和赣方言的分合问题》

---

① 周振鹤：《十九、二十世纪之际中日欧语言接触研究——以"历史""经济""封建"三译语的形成为说》，《传统文化与现代化》1996 年第 6 期。

（1998）、刘晓梅和李如龙的《东南方言语法对普通话的影响四种》（2004）、陈保亚的《语言接触导致汉语方言分化的两种模式》（2005）、贾晞儒的《语言接触中的汉语青海方言词》（2006）、雷红波的博士论文《上海新移民的语言社会学调查》（2008）、莫红霞的《城市化进程中农民工语言接触与语言认同研究——以杭州市农民工为调查样本》（2010）等。

从时间上看，20世纪50年代中期，全国开展了民族语言调查，把相互影响的各种语言实例记录在调查报告中，这说明当时语言学家们已经开始重视语言接触问题。这一时期的成果不多，影响较大的主要有高名凯、刘正琰的专著《现代汉语外来词研究》（1958）、戚雨村的《词的借用和语言的融合》（1959）、高名凯的《论语言的融合——答戚雨村同志》（1959）。此外，王力先生1958年出版的《汉语史稿》在关注汉、外语言接触的同时，进一步讨论了汉语在语法方面受到外语影响的问题，这为语言接触研究开辟了一个全新的研究视角。

20世纪80年代，学者们开始从理论上对语言接触进行深入的探讨。1984年，喻世长先生发表了《应该重视语言互相影响的研究》一文，文中提到，历史比较语言学、语言类型学、语言地理学、语言史和文化史的关系的研究等都存在一些自身难以解释的问题，这些问题只有深刻认识了语言间的相互影响后才能解决。他认为：（一）语言接触问题是历史比较语言学的必要补充。（二）语言接触能把类型学研究引向深入。（三）语言接触能为语言地理学开辟广阔的领域。（四）语言间的相互影响可以成为语言史和文化史之间的一条纽带。文章分析了语言间相互影响的重要性，引发了学术界关于语言接触的理论问题的思考。由此，1988年，中央民族学院语言研究所主办了全国性的"语言关系问题学术讨论会"。1992年，戴庆厦出版了专著《汉语与少数民族语言关系概论》，书中论述了"语言关系"的概念，分析了中国各语言关系的特点，排列了汉语对各少数民族语言影响的许多现象。

20世纪90年代起，关于语言接触的研究开始走向鼎盛时期。这一时期的论文和专著也逐渐增多，例如徐思益等人的《语言接触与影响》（1997）、罗美珍的《论群族互动中的语言接触》（2000）、胡兆云的《语言接触与英语借词研究》（2001）、曾晓渝的《汉语水语关系论——水语里汉语借词及同源词分层研究》（2004）、戴庆厦和罗自群的《语言接触研究必须处理好的几个问题》（2006）、吴福祥《关于语言接触引发的演变》（2007）、洪勇明《论语言影响的若干规律——以新疆语言接触为例》（2007）等。此外，这一时期还出版了中国第一本以语言接触为主题的论文集——《语言接触论集》①。

改革开放后，英语对汉语的影响日益扩大，关于英、汉语言接触的文章越来越多。相关论著有：司佳《早期英汉词典所见之语言接触现象》（2000）、胡兆云的《语言接触与英汉借词研究》（2002）、程丽霞的《语言接触、类推与形态化》（2004）、金其斌的《汉语中接受英语外来词的新倾向及其心理透视》（2005）、吴汉《语言接触中英语词汇对汉语的强势影响》（2007）、田丽丽的《语言接触视域中的英汉借词比较研究》（2007）、肖荷的《英汉语言接触中语法偏误现象研究——以地点名词和时间名词的后置现象为例》（2010）等。

近年来有关语言接触的博士论文有梁晓虹的《佛教词语的构造和汉语词汇的发展》（1994）、陈保亚的《论语言接触与语言联盟》（1996）、袁炎的《语言接触与语言演变：阿昌语个案调查研究》（2001）、顾钦的《语言接触对上海市区方言语音演变的影响》（2007）、潘家福的《新加坡华社的多余现象与语言接触研究》（2008）、奥丽佳的《汉俄语言接触研究》（2012）、曹晓燕的《方言和普通话的语音接触研究——以无锡方言为例》（2012）、卢慧静的《语言接触与语言层次研究——以韩国汉字音为例》（2014）等，这些学位论文从语音、词汇、语法各方面展示了同一民族内部以及不同民族间的语言接触问题。

二 语言状况调查相关研究

语言生活指"运用和应用语言文字的各种社会活动和个人活动"，包括"说话、作文、命名、看书、听广播、做广告、语言教学等"（李宇明，2005），是我国汉语学界及日本日语学界惯常使用的一个术语。

语言状况（Language Situation）也称社会语言状况，"分析的对象可以是一个国家、一个地区，也可以是一个民族或一个单位。内容一般包括：该地区的历史背景、地理语言、社会语言、法律政治、科技商贸和文化等诸多方面"（周庆生，2000）。该术语目前在国际社会语言学界通用。

陈章太先生认为，语文生活又称语言状况（Language situation），还

---

① 这里指的是 2004 年邹嘉彦、游汝杰主编的《语言接触论集》。

有其他的说法，实际上就是指人们使用语言文字的情况。一般说，语文生活的具体内容主要包括国家、民族、地区、行业、家庭、个人对语言文字的使用情况，这些都是语文生活调查的范围。调查的意义至少有以下几方面：（一）语文生活调查，可以看作是国情调查的一个具体内容，也是语言文字工作和语言研究一项重要的基础工作。（二）为制订、实施语文政策和有关的教育政策、文化政策提供科学的依据。（三）在一定程度上可以据此预测语文生活发展的情况和问题。（四）对完善、发展语言计划学有积极意义。① 中外学者对于语言调查的目的意义的归纳来看，基本是一致的。如 Lieberson（1980）认为社会语言学调查的基本目的一般有以下几个方面：（一）当前的语言状况以及与社会因素之间的相关性。（二）考察所调查领域内发生的语言变化的方向和广度。（三）评估政府政策（语言教育及媒体、工业化、移民等）在语言方面造成的影响。（四）从相反的角度考察语言对政治、经济和社会情况造成的影响。②

苏金智在《国内外语言文字使用情况调查概述》（1999）一文中指出，语言文字使用情况调查，一般包括两种情况。一种是对语言文字具体用法的调查，调查人们对一些具体的语言成分如何使用，对这些具体用法是赞同还是反对。另一种是宏观的调查，调查人们掌握各种语言（包括方言）和文字的情况，使用这些语言文字的习惯和场合，对各种语言文字及其使用过程中的看法。社会语言学家把后面的这种调查叫作语言状况的调查。这种观点基本得到了学界的认可，语言调查既是社会语言学的一项基本内容，也是保障研究结果可靠性和客观性的前提条件。调查工作做的多少与好坏，直接关系到社会语言学的发展进程。③

西方人类学、语言人类学和社会语言学家很早就开始通过田野调查，研究语言的使用状况及其他与文化相关的语言变异情况。自从 1842 年美国民族学会（the American Ethnological Society）和 1902 年美国人类学会（the American Anthropological Association）成立以来，诸多美国学者以语言调查为手段，进行了大量的人类学、语言学和社会学等学科的实证研究。比如 Franz Boas 对美洲土著语言和文化的研究。另一方面，语言使用

① 陈章太：《语文生活调查刍议》，《语言文字应用》1994 年第 1 期。

② 转引自雷红波的博士论文《上海新移民的语言社会学调查》2007 年。

③ 赵蓉辉：《中国社会语言学发展的若干特点》，《解放军外国语学院学报》2004 年第 2 期。

调查也被用来研究语言变体，包括地区变体、社会阶层变体等。这类研究中经典代表作是 1966 年 Labove 所做的《纽约市英语的社会分层研究》。

近年来，国内外有关国家语言生活、语言状况的论著论文逐渐增多，例如时枝诚记的《言语生活论》（1976）、欧阳觉亚和周耀文的《中国少数民族语言使用情况》（1994）、麦克康奈尔的《世界的书面语：使用程度和使用方式概况》（中国卷）（1995）、周庆生的《中国社会语言状况》（2000）、陈章太的《略论我国新时期的语言变异》（2002）和《我国当今社会语言生活的变化和问题》（2006）、Mantila《芬兰语言状况》（2002）等。

随着时间的推移，相关语言调查理论和调查手段的不断完善与改进，国内语言学界借鉴前贤的研究成果和经验，逐渐拓宽了研究视野与研究空间，语言状况调查近年来取得了很大发展。

从时间上看，我国的语言调查实践活动主要集中在 20 世纪 80 年代以后。其中规模较大的语言状况调查有社会用语规范调查（1984—1990）、北方话词汇调查（1986—1992）、语言使用及规范调查、中国工业区用语调查、我国当前社会用字情况调查、上海浦东新区普通话使用状况和语言观念调查等，其中由中国社科院民族研究所组织的"中国少数民族语言使用和问题的调查"，是专门针对中国少数民族语言生活的，规模较大，调查内容丰富，涉及对象广泛。目前国内最大规模的语言状况调查当属 1997 年至 2004 间进行的"全国语言文字使用情况调查"。中国语言文字使用情况调查，是 1997 年 1 月 6 日国务院第 134 次总理办公会议决定开展的一项国情调查，对于了解国民文化素质、推动两个文明建设有着重要作用，能为国家和各地教育、文化、经济、科技、劳动人事部门制定规划和有关政策提供一定的科学依据，为语言文字工作的决策奠定坚实的基础。这项调查是由国家语言文字工作委员会组织实施的。相关调查结果体现了我国 50 多年推广普通话及其他各项语言文字工作的巨大成就，也预示了随着人口更代和教育的逐步全民化和终身化，未来我国的普通话普及与其他的语言文字规范化标准化程度还将提高。①

从内容上看，有些语言调查属于专项调查，有些调查属于语言热点问

---

① 中国语言文字使用情况调查领导小组办公室编：《中国语言文字使用情况调查资料》图示部分，语文出版社 2006 年版。

题调查，有些调查属于外语调查研究等。如杨晋毅等对"中国一些新兴工业区语言状态"的调查研究和南京大学社会语言学实验室发起并开展的一系列"城市语言调查"，属于热点问题调查研究。杨晋毅1997开始对中国新兴工业区语言状态研究，主要研究不同类型新兴工业区的不同语言状态（普通话或方言）的分布情况（各种不同的语言岛屿现象）及产生原因，各种类型的新兴工业区的普通话和方言的使用特点及语言变异的各种形态及其原因和规律，各种类型的新兴工业区的普通话和方言的冲突、消长情况及未来的发展情况预测和研究。研究成果有《中国新兴工业区语言状态研究（中原区）》（上、下）（杨晋毅2002）、《中国城市语言研究的若干思考》（杨晋毅2004）等；南京大学2003年建立了社会语言学实验室，并同时召开了第一届"城市语言调查专题报告会"，倡导城市语言生活调查，报告会已于2005年、2006年连续举办，实验室和报告会相辅相成，开展了很多城市语言调查，如南京城区普通话使用情况调查、南通地区普通话使用情况调查、进行中的变化：包头言语社区15年后的再调查等，同时还进行包头语言社区历时口语语料库建设等，成果颇丰。

以语言调查为基础，产生了大量的专著、论文及研究报告。《广告、标语、招贴……用语评析400例》（1992）、《中国少数民族语言文字使用和发展问题》（1993）、《中国少数民族语言使用情况》（国家民族事务委员会文化宣传司主编，1994）、《规范语言学探索》（戴昭铭，1994）、《普通话基础方言基本词汇集》（陈章太、李行健，1996）、《上海浦东新区普通话使用状况和语言观念的调查》（浦东新区语言政策和语文生活研究课题组，1996）、《新疆的语言状况及推广普通话方略研究》（高莉琴等，2006）、《西南地区濒危语言调查研究》（李锦芳，2006）、《 社区语言与家庭语言》（丁石庆，2007）、《维吾尔族汉语使用变异研究》（朱学佳，2007）、《城市语言生活和语言变异研究》（王立，2009）、《城镇化进程中外来人员用语现状的考察——以义乌外商言语社区和工厂言语社区为例》（贾晓蕾，2013），还有戴庆厦先生的新时期中国少数民族语言使用情况研究丛书等，这些成果大多是应用性研究，材料丰富，内容翔实，操作性强。此外，在这些语言调查的基础上，还建成了"北京口语语料库""国家语言资源监测语料库"等信息中心，语料库所提供的语料信息使得更多的学习者与研究者能共享语言资源。

　　最值得一提的系列成果是自 2006 年起连续 4 年由国家语言文字工作委员会向社会发布的由 "中国语言生活状况报告" 课题组集体编写的中国语言生活绿皮书《中国语言生活状况报告》。为了解语言国情，国家语委自 2004 年 6 月开始，陆续与相关部委和高等院校共建国家语言监测与研究中心及各个分中心，以动态语料库为基本手段，对平面媒体、有声媒体、网络媒体、教育教材以及海外华语等的语言状况，进行动态的采样分析。课题组分年度搜集、报告中国语言生活的基本状况及其热点问题。《中国语言生活状况报告》所反映的，便是这两方面工作的一些主要成果。教育部语言文字信息管理司司长李宇明在序言中指出，向社会发布绿皮书的目的，在于引起人们对语言国情的重视，积极引导语言生活向着健康和谐的方向发展，并为政策制定和学术研究提供参考。但是我国的应用语言学起步较晚，语言生活的研究成果积累不多，人才的知识结构不尽合理，动态语料库的建设还不够完备，语言文字的统计分析技术也有待改进，加之语言生活的领域十分广阔，语言生活本身错综复杂，这就决定了报告存在一定的问题与缺憾，需要不断地完善和提高。① 《中国语言生活状况报告》分 A、B 两系列，A 系列是引导语言生活的 "软性" 规范。B 系列是中国语言生活的状况与分析，一般分工作篇、专题篇、热点篇、港澳台篇、参考篇五部分，主要发布语言生活的各种调查报告和实态数据。对了解国内外的语言生活状况，研究先是语言生活问题，制定科学的语言规划，对语言资源的保护与开发、保证语言生活的和谐与活力，都具有十分重要的意义。该系列年度报告作为一种语言生活绿皮书，具有诸多鲜明的特性，主要表现为：（1）权威性，（2）时效性，（3）针对性，（4）前沿性，（5）鲜活性，（6）实证性。②

　　近年来，有关语言状况调查的博士论文有黄翙《澳门语言状况与语言规划研究》（2005）、王淑艳《外来人口与广州市语言状况关系研究》（2006）、夏历的《在京农民工语言状况研究》（2007）、张黎的《商业汉语口语研究——现场促销语言调查与分析》（2007）、雷红波的《上海新移民的语言社会学调查》（2008）、佟秋妹的《江苏三峡移民语言状况研究》（2008）、高建平的《导购双语研究——以北京秀水市场为例》

---

① "中国语言生活状况报告" 课题组：《中国语言生活状况报告》，商务印书馆 2005 年版，第 2—3 页。

② 周庆生：《语言生活与生活语言》，《语言文字应用》2007 年第 2 期。

（2008）、潘家福的《新加坡华社的多语现象与语言接触研究》、左雁的《"秀水街英语"及其使用调查》（2009）、傅灵的《方言与普通话的接触研究——以长沙、上海、武汉为背景》（2010）、张永斌的《黔西北民族杂居区语言生态与语言保护研究》（2010）等，这些学位论文从语言接触、语码转换、语言态度等各方面全方位地展示了现代社会的语言生活状况。

三　语言态度相关研究

语言态度研究是语言调查研究的一项重要内容，历来是社会语言学家所倚重的课题。美国的 F. 格劳斯金认为，一个为社会语言学家所广泛接受的观点就是，语言不仅仅是交际的工具，同时也是社会和集团同一性的符号，是集团成员资格和团结一致的象征。豪根曾这样写道，语言"既像社区的法律、宗教和经济一样是一种社会制度（social institution），同时又是协调其他社会制度使之发挥作用的一种社会工具。作为一种制度，它可以被视为社区集团的一个符号"。既作为交际工具，又作为集团同一性符号的语言，总是伴随着不单单是语言使用者，而且还有不了解这种语言的人们对它的态度和评价。[①]

关于语言态度，论述颇多，戴庆厦主编的《社会语言学教程》中，对语言态度作了如下定义："语言观念又称语言态度（language attitude），是指人们对语言的使用价值的看法，其中包括对语言的地位、功能以及发展前途等的看法。语言观念是文化观念的一个组成部分，是文化观念在语言上的具体表现。"郭熙在《中国社会语言学》一书中认为，语言态度是社会态度的体现，而且社会发展、文化背景、年龄、性别、社会群体的紧密程度等都与语言态度有密切联系。游汝杰、邹嘉彦则在《社会语言学教程》将语言态度定义为，"语言态度（language attitude）是指个人对某种语言或方言的价值评价和行为倾向"。王远新著《中国民族语言学理论与实践》中有如下表述："在双语和多语（包括双方言和多方言）社会中，由于社会或民族认同、情感、目的和行为动机、行为倾向等因素的影响，人们会对一种或多种语言或文字的社会价值形成一定的认识或做出一定的评价，这种认识和评价通常称为语言态度。"王远新的定义较为全

[①]　F. 格劳斯金、张伟：《民族译丛》1987 年第 3 期。

面、集中、典型。在双语和多语社会中，任何个人或群体都是基于一定的目的和因素对语言变体做出一定的价值认识和评价，从而形成个人或群体的语言态度。

国外最早的研究是在 20 世纪 50 年代，但真正对后世研究产生实质性影响的是美国心理学家华莱士·兰伯特（Wallace E. Lambert）及其同仁在 1960 年首创的配对变语试验法。这种研究方法从社会心理学的角度对双语现象进行研究，并且指出在双语技能发展的过程中，社会态度、动机及能力均起着十分重要的作用，人们会经历价值观及对某个民族集团忠诚的内心冲突，同时人们也会相应地调整自己的态度以适应双文化的需求。研究的目的在于利用语言和方言的变体，诱导出某个社会集团成员对另一个集团成员所持的偏见，或是带倾向性的看法。

在后来诸多语言态度的研究中，几乎已经将兰伯特和他同仁所研究发展起来的变语配对法作为试验方法的标准（Lambert 等，1960；Lambert，1967）。[①] 其中比较重要的有 Lambert（1963）对语言态度进行的一系列调查；Preston（1963）对蒙特利尔大学一年级学生语言态度的研究；Bourhis（1982）结合语言态度对加拿大以及加拿大以外法语地区的人们对法语及其变体的语言态度进行的考察；Edward（1982）对不同国家和地区、不同社会阶层以及不同种族的人对英语语言态度的研究；Woolard & Gahng（1990）对西班牙巴塞罗那地区所做的历时考察等。这些研究主要集中在语言使用者对标准语和非标准语的态度差异、语言学习者的语言态度及其对语言能力的影响等方面。

国内关于语言态度的研究起步较晚，一些学者在 20 世纪 80 年代初，陆续展开语言态度研究的课题。语言态度的介绍散见于语言学著作或教材中，如戴庆厦《社会语言学教程》（中央民族大学出版社，1993）较为系统地介绍了语言观念（又称语言态度）及其表现形式、制约因素和影响等；王德春、孙汝建、姚远《社会心理语言学》（上海外语教育出版社，1995）在一章篇幅里专门介绍态度及语言态度的相互关系；王远新《中国民族语言学：理论与实践》（民族出版社，2002）中就语言态度的定义、影响语言态度的因素、调查和研究语言态度的方法等方面做了系统的

[①]　王得杏：《社会语言学导论（An Introduction To Sociolinguistics）》，北京语言学院出版社 1992 年版，第 157 页。

介绍；郭熙《中国社会语言学》（浙江大学出版社，2004）中用一节的篇幅，较详细地阐述和讨论了语言观和语言态度的问题；此外，祝畹瑾《社会语言学概论》（湖南教育出版社，1992）、桂诗春和宁春岩《语言学方法论》（外语教学与研究出版社，1997）等均有语言态度研究的相关论述。

　　与此同时，研究者们运用变语配对试验、访谈、直接调查和间接调查等方法开展了对不同地区人们对方言、普通话和外语的语言态度研究，并产生了系列研究成果。如沙平（1988）、高一虹等（1998）、龙惠珠（1998—1999）、杨玲（2001）、张倩（2001）、肖肃（2003）、张倩（2003）等进行的方言区人们对母语方言和普通话的态度研究；史晖（2004）等进行的少数民族地区人们对汉语的态度研究；徐大明、陈松岑（1999）等进行的海外华人社区对华语的语言态度研究；倪传斌、王志刚、王际平、姜孟（2004）等进行的外国留学生学习汉语、第二语言学习中少数民族地区学生学习汉语，以及中国人学习外语的语言态度等方面的研究。

　　相关研究文章有戴庆厦、陈卫东的《论普米族的语言观念》（1993）、王远新《论我国少数民族语言态度的几个问题》（1999）、《论裕固族的语言态度》（1999）、《广东博罗、增城畲族语言使用情况调查》（2004），四篇文章从不同侧面对少数民族的语言态度做了较为详尽的研究；陈松岑《新加坡华人的语言态度及其对语言能力的语言使用的影响》（1999），高一虹、苏新春、周雷的《回归前香港、北京、广州的语言态度》（1998），龙惠珠的《从职业背景看语言态度的分层》（1999），倪传斌等的《留学生的汉语语言态度调查》（2004），四篇文章通过调查不同的群体，试图分析出语言态度的特征和影响语言态度的因素；杨玲的《四川方言区在校学生的语言态度分析》（2001）、徐伟成的《公安大学生英语学习态度的特征研究》（2001）、尹钟宏的《关于娄底师专学生对母语及普通话态度的定量与定质的研究》（2002）、肖肃的《西部开发与语言规划——重庆地区语言态度调查研究》（2003）等，都是通过对不同群体的语言态度调查研究，得出了较有价值的研究结论。

　　近年来，研究语言态度的学位论文数量颇丰，张倩《青岛年轻人语言态度研究》（2003）、如程刚《广西语言态度研究》（2003）、王洋《新疆维吾尔族语言态度探析》（2004）、陈国华《民族语言活力、语言态度、文化态度以及语言行为》（2004）、李腊花《论武汉年轻人对武汉方言普通话和英语的态度》（2005）、王爱君《语言态度的社会实践研究》（2006）、曹佳《大学生对英语、汉语态度的调查研究》（2007）、邬美丽《在京少数民族大学生语言使用及语言态度调查》（2007）、郭庆《四川来京务工经商人员语言态度研究》（2008）、包冬梅《在京蒙古族青年语言使用及语言态度调查》（2008）、刘艳《新疆内高班学生语言使用及语言态度调查》（2009）、傅健雄《年青人族群语言活力知觉与双方言态度》（2012）、杨玉《云南少数民族大学生民族认同与语言态度研究》（2013）、额尔敦图雅《城市蒙古人语言态度研究》（2013）、瞿继勇《湘西地区少数民族语言态度研究》（2014）等，这些学位论文对不同地区、不同民族的人们对方言、普通话和外语的语言态度进行了研究，拓宽了我国语言态度研究领域。

语言态度问题已经成为国内外众多学者研究热点，各项研究结果表明，通过可靠调查手段、运用科学分析方法对语言态度及影响语言态度的因素进行全方位、综合性的分析和研究是可行的，也是非常有意义、有价值的。

四　义乌中国小商品城及其语言状况相关研究

义乌是浙江中部的一个县级市，改革开放激活了义乌人民的经商传统，激发了义乌人民的创业激情，30多年来，义乌经济持续激活市场，创造了巨大的财富。义乌是中国六大强县（市）之一，人均收入水平、豪车密度在中国居首位，是中国最富裕的地区之一，在福布斯发布2013中国最富有10个县级市排名第一。义乌是全球最大的小商品集散中心，被联合国、世界银行等国际权威机构确定为世界第一大市场。义乌从一个名不见经传的农业小县一跃成为市场大市、经济强市，"全球最大的超市"，创建了义乌经济发展的一个独特模式——义乌模式。

义乌是一座繁荣在市场上的城市。一个城就是一个市，一个市筑就一座城。在这里既有绵延25公里超大规模的国际商贸城，也有遍布全城的50多个专业市场及专业街，每天20万人次光顾，产生15亿元现金流，每年40多万个集装箱运往世界各地，市场稍有变化便可影响世界各地日用百货商品的价格。从20世纪80年代，义乌市政府号召"兴商建市"——90年代倡导建设"中等城市"——21世纪初提出打造"现代化商贸名城"——近几年建设"国际性商贸城市"——如今定位"国际商贸名城",义乌城市定位的历次调整,引导市场走向更加灵活,市场规模日渐壮大,义乌成为名副其实的建在市场上的城市。

义乌经济的蓬勃发展,义乌模式的成功开创,近年来引起了社会各界的广泛关注。一般学者的关注点基本集中在经济学、社会学、旅游管理学等方面,他们从各自的学科特点及视域出发,考察研究义乌模式并产生一系列研究成果,义乌模式逐渐成为人文社科领域研究热点。

我们以 CNKI 中国知网"全国期刊全文数据库"、中国优秀硕博士学位论文全文数据库为文献来源进行检索,检索范围为 1979 年初——2017 年 9 月。以"义乌模式"为题名进行精确检索,获得 104 篇相关论文,以"义乌模式"为关键词进行检索,获得 132 篇相关论文,大部分研究文献都集中在最近 10 年,其中以 2008 年数量最多,共检索到 18 篇。最早出现的研究义乌模式的论文是陆立军的《中国小商品城与农村经济发展的义乌模式》(1997),文章认为"义乌模式"的主要特点是坚持"兴商建市"战略,以小商品市场为龙头和核心,以市场经营者为主体,以要素市场和第三产业相配套,以现代交通通信为媒介,"买全国人卖全国人",同时以商强农,以商促工,工商联动,带动经济社会的全面整体发展。其他比较重要的研究义乌模式的文章有不少,如包伟民、王一胜《义乌模式:从市镇经济到市场经济的历史考察》(2002)、王祖强的《专业化交易组织成长与区域经济发展——再论农村市场经济发展的"义乌模式"》(2004)、郑勇军和邱毅的《政府主导型贸易先导发展战略:义乌现象与义乌模式》(2006)、刘成斌《市场变迁中的分化与整合:义乌经验的表达》(2009)、张晓倩《浅析社会资本与"义乌模式"的成功》(2016)等。其中以"义乌模式"为题名或关键词的硕士论文有 6 篇,博士论文 1 篇。

同样的文献来源和检索范围,我们以"中国小商品城"为题名进行精确检索,获得 151 篇相关论文,以"中国小商品城"为关键词进行检索,获得 313 篇相关文章,内容涉及政治、经济、电子商务、旅游、管理、农业等各个领域,最早出现的介绍中国小商品城的文章是何樟兴、肖瑛的《义乌"中国小商品城"》(1992),介绍了 1992 年 8 月义乌小商品市场经国家工商局批准成为全国首家"中国小商品城"的前因后果。在诸多文献中,出现两篇以"中国小商品城"为题名的学位论文,樊晓园的《义乌中国小商品城的国际化》（2008）、邱毅《我国转型经济中的集贸式市场组织演进研究——以义乌中国小商品城为例》（2006），从工商管理和产业经济学角度阐释中国小商品城的发展进程和经济繁荣成因。

研究义乌模式与中国小商品城的各种著作，较有影响的有陆立军、白小虎、王祖强著《市场义乌——从鸡毛换糖到国际商贸》（2003），何培松著《兴市之路》（2005），徐庆军著《走近义乌：中国小商品城探秘》（2007），陆立军、杨志文、王祖强著《义乌模式》（2008），王述祖《义乌现象：从中国小商品市场到国际市场》（2009）等。

研究义乌方言的文章屈指可数，共搜索到 21 篇，有方松熹《义乌方言研究》（1998，1999）、陈兴伟《从义乌方言看现代汉语的"V·de"结构及"de"的性质》（2002）、施俊《关于义乌方言"n"化元音时长的讨论》（2009）、金有景《义乌方言两字组的连读变调》（2015）、施俊《从共时和历时再论吴语义乌方言入声的演变》（2016）等。

研究义乌方言的著作有三本，方松熹的《义乌方言研究》（2000）和孟自黄、金礼林的《解读义乌方言》（2006）、义乌丛书编纂委员会的《义乌方言》（2014）。

从社会语言学角度研究义乌语言生活状况的，有刘玉屏的农民工语言研究系列文章，《农民工语言行为的社会文化解读——以浙江省义乌市为个案》（2008）、《义乌市农民工称谓语使用情况调查》（2008）、《农民工语言使用与语言态度调查——以浙江省义乌市为个案》（2009）、《农民工语言再社会化分析——以浙江省义乌市为个案》（2009）。这系列文章对义乌农民工的语言选择、语言态度、语码转换模式及言语交际策略等方面做了较为深入细致的调查研究。毛力群的《语言资源价值——以浙江义乌的语言生活为例》（2009）、《浙江义乌中国小商品城语言使用状况》（2009）、《国际化市场背景下的语言选择：以义乌中国小商品城经营户语码转换情况为例》（2013），前者以义乌的语言生活为例探讨语言资源价值主要表现在社会价值、经济价值、文化价值几个方面；中者对中国小商品城经营户的语言使用状况从经营户语言背景、语言水平、语言选择、语言态度几个方面进行了概括性的调查、分析；后者以义乌中国小商品城经营户为研究对象，调查其针对不同人群的语码转换，以期了解在特定的言语社区里经营户的语言选择情况，并由此发现问题，提出建议。

相比其他学科有关义乌现象的众多研究文献，从语言学角度研究义乌语言的文章实在是为数不多。虽然学者对社会转型期的语言生活关注稍显滞后，但许多学者已经开始重视城市语言的热点问题，并强调尽快介入研究的急切性。陈章太先生就曾撰文指出："我国当今社会语言生活的第四大变化是，社会语言生活空前活跃、丰富，语言文字使用比较混乱。现在我国正处于社会转型时期，社会生活、经济生活、文化生活以及思想观念等发生急剧、深刻的变化；旧的状态改变了，新的状态正在逐渐形成，总的状态呈现既丰富多彩又复杂乏序。在这种背景下，社会语言生活十分丰富活跃，语言使用比较复杂混乱。比如各种语言、方言的语音、语法结构成分普遍发生变异……城市社会方言正在分化，新的阶层方言逐渐形成，经理人员、私营企业主阶层方言、专业技术人员阶层方言等的雏形逐渐形成；特殊群体，如新新人类群体、农民工群体、小商贩群体、大规模移民群体、残疾人群体等的语言特点及语言问题逐渐显露；网络语言极其丰富、活跃，特点比较明显，语言混乱、失范普遍存在；还有农村城镇化的语言问题，西部大开发的语言问题，信息处理中的语言问题，等等。"①在义乌城市经济飞速发展的同时，语言生活也发生了急剧的变化，各种语言、方言的交融接触、新的阶层方言的逐步形成、市场言语社区的建立、城市移民群体的语言使用等，都是值得我们社会语言学者去研究调查的紧迫课题。

第四节 研究方案

一 研究目的

语言状况调查，无论是政府行为，还是单位组织，或是个人承担，从实质上看都是一种综合的社会调查，都具有很强的科学性和学术性。苏金智先生指出，语言文字使用情况调查一般要包括以下内容：（1）背景信息；（2）母语问题；（3）能力问题；（4）使用问题；（5）语言态度。②这种说法跟前面提到的查尔斯·弗格森关于语言状况内容的表述是一致的，即该地区通用哪几种语言，有多少人使用这些语言，在什么情况下使

---

① 陈章太：《我国当今语言生活的变化与问题》，《中国教育报》2006 年 4 月 31 日。
② 苏金智：《国内外语言文字使用情况调查概述》，《语言文字应用》1999 年第 4 期。

用这些语言，以及该社会成员对这些语言持何种态度和见解等。我们在此用这几项概括性的内容来设计指导本书的调查研究。

自 2008 年 12 月始，近十年时间，我们通过对浙江义乌中国小商品城内的市场经营户等群体所进行的语言使用状况抽样调查，辅以个案访谈的形式，初步反映中国小商品城市场语言使用的基本状况。本书希望运用社会语言学的语言接触理论、语言与社会共变理论、语言资源理论、语言与经济关系等相关理论，从语言能力、语言选择、语言态度、语言服务、语言资源价值等方面研究中国小商品城目前的语言状况，考察这种现状产生与存在的原因、条件，以及在各个群体的分布状况（概率）的差别。通过记录中国小商品城市场语言现状、深入分析研究，来深化人们对市场经济条件下群体语言或者说社区语言问题的认识，并为我国语言状况的相关研究积累更多的材料和佐证。

二　研究假设

与传统语言学研究方法不同，社会语言学吸收了人类学和社会学的量化研究方法，并与语言学中传统的定性研究相结合，在抽样调查的基础上得出具有普适意义的结论。研究者只有确立了自己的假设和构想，才能为以后的研究指明方向，同时用实证方法求解验证。据此，本书做了如下研究假设：

（1）中国小商品城市场经营户使用的语言变体在功能上会产生分化。中国小商品城是一个庞大的言语社区，在这个特定的社区里，经营户们的语言使用情况跟市场外的语言使用是不同的。普通话和各种方言变体以及外语和外语变体在针对不同对象、不同场合时会产生分化，功能上也会出现不同分工。

（2）一些常见的社会变量，如籍贯、性别、年龄、文化程度等，以及一些与经营户群体自身特征相关的变量，如经商时间、经营范围、来源地等因素，在某种程度上会影响经营户的语言使用状况。

（3）中国小商品城市场经营户的语言态度，如对义乌话、普通话、外语的美感和实用性的主观评价，以及对本人及子女的语言期待等，将直接影响他们的语言交际和语言习得，而语言态度是影响经营户语言使用的重要因素。

（4）语言作为一种可利用的资源，在义乌这个国际性商贸城市充分显示了其价值。通过调查义乌近年来的普通话水平测试情况，经商人员的语言水平、语言态度，语言使用情况及语言培训市场情况等，挖掘语言资源的社会价值、经济价值、文化价值。

（5）国际化商贸城市多元化的语言环境对义乌语言服务提出了更高的要求，刺激了语言服务业的蓬勃发展，使义乌的语言服务业形成一定的规模，在行业发展方面独具优势，形成了比较鲜明的"义乌特色"。义乌中国小商品城的语言服务主要集中在翻译与本地化服务、语言教学与培训、多语信息咨询领域，涉及多语标识、多语公交报站、市场培训、多语版本网站等各个方面。我们通过对义乌中国小商品城的语言状况进行实地考察，对义乌经商户进行个案访谈，并对政府门户相关网站建设信息进行收集，在此基础上整理归纳，简述义乌中国小商品城的语言服务实际状况。

三 研究方法

社会语言学调查非常重视定量研究，所以，选用多人次覆盖面积较广的调查是了解语言社会使用状况必不可少的方法。作为对义乌中国小商品城多元化语言现象的调查总结和分析，本研究使用了大量的统计数据，同时也针对市场语言的复杂性对言语社区的成员进行了定性的调查和分析，属于定性和定量相结合的研究。

同时，本研究通过对中国小商品城市场经营户语言现状的客观描写，展现了市场语言的真实面貌，并在此基础上，对市场语言状况做出进一出的分析、解释，以期揭示状况形成的原因，属于社会语言学常用且行之有效的描写与解释相结合的研究。

在本研究中，我们具体采用了如下调查方法：

（1）问卷调查

量化调查研究按对象涉及的范围分类，可以分为普查和抽样调查两种形式。普查指的是对构成总体无一例外地逐个进行调查。抽样调查是指按一定规则抽取部分元素进行调查，并根据调查结果，对总体情况进行推断分析。后者是实际应用中更多采用的调查形式。显然，对中国小商品城5万多经营户进行语言使用状况普查是本研究力所不及的，我们因此采取了问卷抽样调查的方法，选取了1200个样本，以较少的人力、物力、财力投入，有效缩短了调查周期，最终取得了准确度较高的调查结果。

抽样调查问卷的具体内容包括被调查人的地域来源、性别、年龄、文化程度等背景信息，具体场合的语言使用情况、语言能力、语言态度、语言期待等方面，每个题项的选项设置多使用程度量表的形式，便于后面的统计分析。

（2）录音访谈

本研究的访谈指当面访问（face-to-face interview）。问卷调查虽然客观化程度较高，但对于了解语言使用这样复杂的调查而言，显然精确度还是有所欠缺的，为此，除了大面积问卷抽样调查，取得有效翔实数据资料外，本研究还根据语言人类学中民族志的方法，另外设计了个案访谈。访谈分为简单访谈和深度访谈两种。简单访谈是在大量取样之前寻找和拜访中国小商品城相关管理人员、部分经营户，进行前期概况摸底调查，为设计拟定调查问卷提供科学性、可操作的依据。本研究的深度访谈选择了六个典型性样本，对不同背景的市场经营户进行语言使用状况的深入访问，探究其语言使用的社会动机，通过与他们的交流，让被访人思考和解释自己的语言行为，并叙述还原他们的语言生活。

深度访谈中我们还涉及另一种访谈方式，就是设定几个固定话题供其选择，请被访人就所设话题发表意见，阐述经过，在这个过程中记录他们的语言水平和语言能力。因为被访人的注意力相对会集中在对问题的思考和表述上，对语言本身的注意力会降低，所以我们容易取得真实的语言材料，为此后评价被访人普通话水平提供依据。在进行深度访谈的同时，我们都用录音笔同步录音，共取得了 5 个小时左右的语料，但是因为有的访谈是在市场里进行的，周围环境较嘈杂，录音效果不是特别理想。

四　调查对象

我们的研究目的是调查中国小商品城的语言使用状况，在人力、物力、财力受限的情况下，我们选择了这个言语社区最具代表性的语言使用主体——市场经营户。

中外关于言语社区的定义有很多，大致说来，一个言语社区所应具备的特征是：有聚居的一群人；生活在一定的地域；社区成员具有特定的文化背景和生活方式而且成员之间发生频繁的社交活动；社区成员使用特定的、不同于其他社区的语言或方言进行交流，且共同遵守语言使用方面的规范。① 对比以上言语社区的特征，中国小商品城是个较具典型意义的言

---

① 汤森：《言语社区理论初探》，《科技咨询导报》2007 年第 7 期。

语社区，每天有 20 多万从业人员在这个市场从事与贸易经商相关的各种工作，与客户直接打交道的便有 5.3 万多名经营户（此数据不包括经营户所雇佣的员工，因为各商位所雇员工具体数量根据生意情况随时会发生变动，人员流动性很强，所以无法确切统计人数）。在庞大喧嚣的中国小商品城市场里，他们和日流动量为 20 万人的来自省内外、国内外的客商，以语言为交流媒介发生着各种各样的贸易行为，形成一个别具特色的以商业口语为主的言语社区。我们将市场经营户作为本研究的调查对象，记录、描述并解释他们的语言行为，可以说基本真实全面地反映了中国小商品城的语言状况。

五 问卷设计

由于抽样调查规模较大，所以主要依靠分层培训相关调查人员，最后在调查人员指导下，由经营户自填问卷的方式进行，经营户填写的所有问卷都经调查人员复查、核对。问卷设计遵循了篇幅严格控制，文字通俗易懂，操作简单的原则。用于大范围抽样的问卷设计共分两大部分：

第一部分是关于被调查市场经营户的基本背景信息，其中包括性别、民族、籍贯、年龄、文化程度、经营范围、经商时间。

第二部分考察经营户语言使用情况，具体分 4 个小类：

（1）母语、义乌话、普通话及外语习得时间、途径及自测水平，义乌话、普通话、外语每天的使用时间等。

（2）语言态度，主要包括本人语言学习积极性、对子女的语言学习期待、对义乌话、普通话、英语美感和实用性的主观评价。

（3）语言使用种类，处于不同场合、针对不同对象的语码转换情况。

（4）在语言使用中遇到的问题、对管理部门的语言期待、评价及意见建议。

个案访谈的问卷设计大致参照抽样调查问卷，访谈时由调查人深度访谈，另外问卷增加了更详细具体的一些信息，如具体家庭情况，包括婚姻状况、子女情况、家庭成员文化程度、语言使用情况及水平等；主要顾客群来源地情况；经营规模、行业内影响；通过书写联系方式考察汉字书写水平等。

除了个案调查问卷，另行设计了一份简单的汉语语音测试卷，包括三部分：读 20 个词；朗读指定的一段话；在三个给定的话题中任选一个进行三分钟说话。旨在评定被访人的普通话水平。

在后期进行的义乌语言服务状况调查中,我们对义乌外商语言使用状况进行了小范围的较为简单的问卷调查,问卷内容主要包括外商基本的背景信息,他们的语言使用状况以及语言态度等。

六 样本量

本次抽样调查样本量共计 1200 个,样本不规则分布于国际商贸城下属四个分公司,样本尽量考虑涉及不同国别、民族、籍贯、行业、文化程度等社会变量。

个案访谈样本量共 6 个,分别是 4 男 2 女,文化程度从小学到大学本科不等,来源地分别为韩国、马来西亚、奥地利、中国,中国的有汉族、回族、朝鲜族,分别来自浙江义乌、新疆塔城、吉林盘石。

七 抽样方法

本次问卷调查主体是在 2009 年年底进行的。我们以中国小商品城集团市场部截至 2009 年年底提供的相关数据为准,确定将中国小商品城集团中最具代表意义的国际商贸城为调查范围,按国际商贸城下属 4 个分公司经营户人数比例来确定所需分发问卷数量,再以行业、性别、市场分布等为参考因素,选取了 1200 个经营户为调查样本。

本研究采用非随机多阶段抽样的方法确定调查对象,包括不等概率系统抽样(PPS)、简单抽样和雪球抽样。具体取样方法是,首先采用判断抽样的方式选取国际商贸城下属 4 个分公司作为选样范围,然后在 4 个分公司中按经营户主体数的比例随机选择相应数量的商位,最后在不同楼层、不同经营行业的商位中采用简单抽样和雪球抽样的方式抽取到经营户个人。

由于调查规模大,首先,由本研究者个人在商城集团市场部通力配合协助下,召集各分公司经理进行问卷调查培训,宣布调查原则、方法及注意事项,解释问卷调查内容,阐述本次调查的重大意义;其次,各分公司经理领会培训精神后,再回本公司召集下属各楼层的市场管理员进行二度培训;最后,问卷调查由为数众多的市场管理员发放到市场经营户手中,并促成经营户积极配合调查,圆满完成填写问卷的任务,在给足答填问卷的时间后,管理员还负责检查核对问卷是否有效,在确定问卷是认真填写并且是有效问卷后统一回收，一旦发现经营户没有配合完成或问卷有损伤或遗漏，管理员会另选经营户完成调查，基本做到了问卷发出多少份，有效回收多少份。

八　统计工具

本研究的数据分析，使用的是社会科学统计软件 SPSS 13.0 for Windows（Statistical Package for Social Sciences），即社会科学统计分析软件包。SPSS 是一个功能强大、不断升级完善的数据处理软件包，是当今世界上公认和流行的综合统计分析软件包，有"世界优秀统计工具"的盛名。另外，本次研究还使用了软件 Microsoft Excel 2003，Excel 是专门用来处理表格的软件工具，本研究的很多数据和分析结果都是在 Excel 里生成表格的。本研究所使用的统计方法，主要是均值比较与方差分析。

第五节　创新与难点

一　创新

（1）研究对象上的创新：国内以往的语言状况研究，据我们所知，似乎没有过针对一个如此庞大的国际性商贸市场进行的，作为市场主体的经营户，抽取到 1200 个作为样本，无论从数量还是覆盖范围来说都是比较大的，基本能反映市场语言使用概貌。

（2）研究角度的创新：义乌中国小商品城取得的辉煌成就，在全国乃至世界范围内都产生了巨大影响力，引起了经济学、社会学、历史学、旅游管理学等各领域专家学者的广泛关注，但笔者从社会语言学视角研究市场语言使用状况，运用社会语言学相关研究方法，对市场经营户语言使用、语言能力、语言态度，以及语言资源价值、语言服务、语言与经济关系等方面进行调查研究，可以说在一定程度上填补了该领域研究的空白，拓宽了"义乌模式"的研究视野。

（3）调查结论上的创新：通过本次调查，可以了解并记录下世界上最大的小商品市场经营户群体的语言使用、语言表达能力和语言态度等基本情况。关注国际性商贸城市的语言生活状况和热点问题，无论从迎接信息化、全球化的挑战来看，还是为构建义乌和谐社会来看，都具有积极的现实意义。研究形成的系列论文以及专著可以提供给义乌市政府及中国小商品城集团，作为丰富义乌市人文社科领域建设一项重要内容，通过调查研究所形成的建设性意见和建议将为构建义乌和谐语言生活尽一份力。

二　难点与不足

（1）因为所做的是较大样本量的语言使用状况调查，人手及经费有限，很难做到一对一的细致访问，所以要全面深入研究有一定难度，我们另外选择 6 个典型样本做深度访谈，力求点面结合，加强研究深度。作为后续研究，我们调查了国际化进程中语言接触频密

（2）笔者想从语言市场、语言服务、语言和经济的关系等角度着手分析语言状况成因，但国内相关文献资料不多，受外语水平所限，很难顺利阅读相关英文原著。

（3）由于社会学和统计学知识的欠缺，问卷的设计与其后的统计分析并没有完全做到科学合理的衔接，还存在考虑不周的情况。

（4）存在穷于立说而强于实证，描写有余而概括论述不足的问题，理论性有待加强。

（5）本研究若要获得可持续性发展，必须对中国小商品城语言生活进行跟踪调查，深入研究其变化情况，并探索其发展规律，这种研究对社会语言学、应用语言学建设和语言政策制定有着更为重要的意义，也是对本项研究价值的提升，但是就目前条件来说，若不形成一个较有凝聚力的研究团队，恐怕难度很大，操作性也欠强。

第二章

中国小商品城及其语言概况

第一节 中国小商品城发展情况概述

一 中国小商品城现状

中国小商品城坐落于浙江省义乌市，创建于 1982 年，市场经营总面积达 470 余万平方米，拥有商位 7 万个，从业人员 20 多万，商品 170 多万种，日客流量 21 万余次，日货物吞吐量近万吨，年出口集装箱超 50 万个，是目前全球最大的小商品批发市场。市场拥有 41 个行业 1900 个大类 40 余万种小商品，几乎囊括了工艺品、饰品、小五金、日用百货、雨具、电子电器、玩具、化妆品、文体、袜业、副食品、钟表、线带、针棉、纺织品、领带、服装等所有日用工业品，占联合国贸发组织公布的全球 50 万种商品总量的 4/5 强。其中饰品、玩具、工艺品、日用五金、袜子、拉链等优势商品在中国市场占有 30% 以上的份额。每天平均有 500 余个"新、特"小商品投放市场，商品类别和品种数量不断增加。2004 年，义乌海关成为全国首个日出口标箱突破千个的内陆海关，市场商品出口已辐射到世界 212 个国家和地区，行销东南亚、中东、欧美等地，市场外向度达 60% 以上。[①] 2009 年，中国小商品城实现成交额 411.6 亿元，同比增长 7.8%，已连续 19 年位居全国工业品批发市场成交额榜首。义乌中国小商品城是国际性的小商品流通、信息、展示中心，是我国最大的小商品出口基地。[②] 2005 年被联合国、世界银行与摩根士丹利等权威机构称为"全球

[①] 义乌市政府网站，http://ly.yiwu.gov.cn/zwgk/ldjh/200805/t20080508_116903.html。

[②] 数据来自义乌中国小商品城商城集团 2009 年度工作总结报告。

最大的小商品批发市场"。义乌成为一座名副其实的"世界超市"。2006年10月，由国家商务部主持编制的"义乌·中国小商品指数"开始定期向全球发布，成为全球日用消费品生产贸易价格变动的"风向标"和"晴雨表"。截至2013年统计，当年中国小商品城市场成交额683.0235亿元，连续23年登上全国专业市场榜首。①

二　中国小商品城下属各市场

中国小商品城由中国义乌国际商贸城、篁园市场、宾王市场三大市场簇群组成。②

（一）　国际商贸城

国际商贸城是一个集现代化、国际化、信息化于一体的商品交易市场。自开业以来，一是实现了由传统贸易向以商品展示、洽谈、接单和电子商务为主的现代化经营方式的转变，被国内外客商誉为"永不落幕的博览会"；二是实现了国际贸易超过国内贸易的转变，每天客商达4万人次，外商达5000人次，商品外贸出口率达60%以上，90%以上商位承接外贸业务，商品销往140多个国家和地区；三是实现了市场硬件的智能化，整个市场人流、物流、信息流畅通，场内安装电梯、自动扶梯37座，汽车可直上二、三、四层，整个市场安装了1.3万多个宽带网络接口，每个商位都可上网交易和查阅信息。

图2-1　国际商贸城外景（王志金摄）

（1）国际商贸城一区市场：2001年10月奠基，2002年10月22日正

---

① 数据来自360百科"中国小商品城"词条。
② 以下数据资料采自中国小商品城网，http://www.onccc.com/marketintro/index.html。

式投入营运。市场占地 420 亩，建筑面积 34 万平方米，分为主体市场、生产企业直销中心、商品采购中心、仓储中心、餐饮中心五大经营区，共有 9 平方米标准商位 9000 余个，经营户 1 万余户，一至三楼经营行业为花类、玩具、饰品、工艺礼品等；四楼为全国中小生产企业直销中心、台商馆；东辅房是外贸企业采购中心。2002 年被浙江省工商局授予全省首个"五星级市场"称号。

（2）国际商贸城二区市场：2004 年 10 月开业，市场占地 483 亩，建筑面积 60 余万平方米，设 14.4 平方米标准商位 9000 余个，经营户逾万户。一楼经营箱包、伞具、雨披·袋；二楼经营五金工具·配件、电工产品、锁具、车类；三楼经营五金厨卫、小家电、电信器材、电子仪器仪表、钟表等；四楼设生产企业直销中心及香港馆、韩商馆、四川馆、安徽馆、江西九江馆、新疆和田馆等精品交易区；五楼设外贸采购服务中心；市场中央大厅二、三楼设旅游购物中心、中国小商品城发展历史陈列馆。东辅用房配套有工商、税务、派出所、银行、餐饮、物流、邮政、电信等职能和服务机构。市场配套有商务楼、写字楼、四星级酒店及东、西两个广场，开通环线观光旅游车。2005 年市场通过了 ISO 9001 质量管理体系认证，ISO 14001 环境管理体系认证，并通过了国家"AAAA"级旅游景点评审。

（3）国际商贸城三区市场：于 2005 年 9 月底开业。建筑面积 46 万平方米，一至三层拥有 14 平方米标准商位 6000 余个，四至五层拥有 80—100 平方米商务商位 600 余个，四楼为生产企业直销中心，入场行业为文化用品、体育用品、化妆品、眼镜、拉链·纽扣·服装辅料等行业。市场内设有中央空调、宽带网络系统、网络电视、数据中心、消防安全监控中心。市场内人、货流畅通无阻，汽车可达各个楼层，设有多个地面停车场和屋顶停车场。现代物流、电子商务、国际贸易、金融服务，以及住宿、餐饮、娱乐等服务功能配套齐全。

（4）国际商贸城四区市场：2008 年 10 月 21 日正式开业，建筑面积达 108 万平方米，拥有商位 1.6 万余个，经营主体 1.9 万余户，总投资 30 多个亿。市场一楼经营袜类；二楼经营日用百货、手套、帽类、针棉；三楼经营鞋类、线带、花边、领带、毛线、毛巾；四楼经营文胸内衣、皮带、围巾。市场设有高架车道，各种车辆可直达市场各个楼层。市场东西两侧为配套辅房，集成现代物流、电子商务、国际贸易、金融服务、餐饮服务等市场配套服务设施，还拥有 4D 影院、旅游购物等特色商业娱乐服务。整个四区市场借鉴运用当前国际大型商业中心先进的设计理念，融多项高科技于一体，市场内设有中央空调、大型电子信息屏、宽带网络系统、液晶电视系统、太阳能发电设施、雨水回收器、自动天窗及平行扶梯等先进的高科技硬件设施，是目前国内科技含量最高、国际化水平最高的商品批发交易市场，同时也是义乌市场现代化的标志性建筑。

（二）篁园市场

1992 年开业，建筑面积 16 万平方米，经搬迁改造后有商位 8000 余个，主要经营日用百货、针棉、线带、鞋类等行业商品。是浙江省旅游局指定的购物旅游定点单位，省工商局命名的三星级市场。为适应现代化市场的需求，自 2008 年 10 月开始，篁园市场暂停营业，进行规划重建，并于 2011 年 5 月正式开业。篁园服装市场地处义乌市最为繁华的绣湖商圈，扩建后市场总占地 117 亩，总建筑面积 42 余万平方米，总投资 14 亿元，是浙中地区最大的专业服装市场。

（三）宾王市场

1995 年 11 月 29 日建成开业，为中国小商品城的三大主体市场群之一。市场占地面积约 209 亩，建筑面积 32 万平方米，由 5 个交易区块和出版物中心、国际贸易中心 7 个部分组成，拥有 8000 余个商位，从业人员 2 万余人，日均客流量 5 万余人，主要经营服装、针织内衣、领带、毛线、毛巾、皮革、纺织品、花边、床上用品、副食、干果、糖果、炒货、杂货、出版物等 16 个行业的商品。①

三 中国小商品城发展沿革

（一）背景

义乌自古人多地少，资源贫乏，但义乌人素来有经商的传统，"鸡毛换糖"就是义乌货郎们传统的谋生手段，历经数代，绵延不断。农闲时，义乌货郎们便摇起拨浪鼓，挑着装满敲糖的箩筐，行走在浙江及其周边省份的城乡换取鸡毛和牙膏皮等废品，回家后再把换来的鸡毛当作农田的肥料，或制成掸子卖给供销社，牙膏皮等则卖给废品回收站。改革开放后，商品经济在我国一些地方逐步解冻，手工制品、农产品摆上了集市，然而

---

① 随着城市建设和市场扩建搬迁，宾王市场原有的经营行业已于 2011 年 4 月底分别搬迁至篁园市场和国际商贸城五区内。整个宾王市场经营场地目前已经完全腾空。

长途贩卖、摆地摊做小生意仍被当作投机倒把行为加以打击。此时，一些义乌人开始不满足仅仅靠"鸡毛换糖"解决生计问题，提心吊胆地做起了贩卖日用小商品的生意。

（二）义乌第一代小商品市场

义乌小商品市场最早起源于20世纪60年代末的廿三里镇，1974年春节前后，县城稠城镇县前街也兴起了小商品市场。在特殊年代，在上级明令禁止、取缔，而半合法的"敲糖换鸡毛"又需要市场存在的矛盾冲突之中，这两个提篮叫卖、批零兼营的季节性市场悄然孕育。

1982年8月，义乌县委、县政府在经过调查研究和反复讨论后，毅然做出一个大胆决策：允许农民经商、允许从事长途贩运、允许开放城乡市场、允许多渠道竞争。随即，简陋的义乌第一代小商品市场诞生了。虽然是马路市场，但在当时可以说是一个历史性的突破。1982年市场有摊位750个，成交额392万元；1983年摊位增加到1050个，成交额增长到1444万元；1984年摊位发展到1874个，成交额上升到2321万元。1984年，义乌县委县政府审时度势，提出了"兴商建县"的发展战略。

（三）义乌第二代小商品市场

1984年12月，以第二代小商品市场建成为标志，义乌市场发展进入了一个新阶段。第二代市场占地20亩，市场中心建成四层服务大楼，结束了沿街设摊的"马路市场"，实现了"以路为市"向"以场为市"的转变。商品种类不断增多，商品流通范围逐渐扩大，开始跨出本县区域，辐射周边市县。市场经营者和客户虽然仍以本地人为主，但外县市客商日益增多，逐步由产地市场向产地市场与销地市场相结合转变。第二代小商品市场以品种多、价格低、服务好、安全有保障等优势很快提高了市场知名度，开始吸引全省乃至全国各地更多的客商。1985年摊位增至2874个，成交额6190万元；1986年摊位5500个，成交额10029万元。

（四）义乌第三代小商品市场

1986年9月26日，第三代市场正式开业。占地4.4万平方米、设固定摊位4096个、临时摊位1000多个、总投资440万元的大型集贸市场，可容纳3万人在场内交易。第三代市场历经两次扩建，到1990年年底已成为我国最大的小商品专业批发市场。1991年，义乌市场的成交额突破10亿元。

（五）义乌第四代小商品市场

义乌第四代小商品市场即篁园市场，于1992年2月开始营业，新设摊位 7100 个。3 月 2 日,国家工商局在北京人民大会堂举行新闻发布会,首次公布全国十大市场名单,义乌小商品市场名列榜首。1993 年 12 月 17 日,中国小商品城股份有限公司(商城集团前身)创立。1994 年 7 月,拥有 7000 个摊位的二期工程又投入运行。市场成交额 1992 年为 20.5 亿元,1993 年为 45.2 亿元,1994 年猛增至 102 亿元,1995 年为 152 亿元,1996 年为 180 亿元,市场成交额自 1990 年始一直居全国商品市场之首。

(六) 义乌第五代小商品市场

第五代市场即上文"现状"一节里介绍的宾王市场和义乌国际商贸城。

(七) 义乌模式

从"鸡毛换糖"到"世界超市",从传统市场到网上电子商务,义乌,这座建在市场上的城市,完成了最成功的美丽蜕变。

图 2-2　义博会上,中外客商人流如织(王志金摄)

中国社会科学院"义乌发展之文化探源"课题组从文化角度探究了义乌发展经验,认为义乌发展奇迹的文化根源可概括为:穷则思变变则通,农商皆重重则灵,内外相合合则兴,耕读包容容则大,义利共举举则明,刚正有为图发展。[①] 义乌数千年的深厚文化积累是其发展的巨大精神动力和宝贵经验,并在当代义乌人与时俱进的创新能力、开拓能力中得到

① 中国社会科学院"义乌发展之文化探源"课题组:《义乌发展之文化探源》,社会科学文献出版社 2007 年版。

了充分彰显。学术界把义乌这种工业基础比较薄弱的内陆地区，通过发展商贸业而带动工农业现代化的经验称为"义乌模式"。新时期"义乌模式"的内涵可概括为：在"兴商建市"总体发展战略框架下，以持续、全面的创新为动力，推动产业优化升级、城市功能完善提升、社会和谐稳定进步、城乡统筹协调发展、区域协作互惠互利，依靠和发挥商贸优势、国际化环境优势，推进城市向创新能力强、商贸优势大、国际化程度高的创新型国际性商贸城市迈进。①

第二节　中国小商品城经营户基本状况

根据中国小商品城集团市场部提供的数据，我们可以了解到截至2010年2月各市场商位的基本情况（见表2-1）。

表 2-1　　　　　　　　**各市场商位基本情况汇总（2010-2）**

市场名称	商位数（个）	主体数（户）	建筑面积（万 m²）
宾王市场	5738	5748	28
国际商贸城一区	7849	10463	34.2
国际商贸城二区	7895	9616	56
国际商贸城三区	6751	7628	46.2
国际商贸城四区	15348	20501	108
小计	43581	53956	272.4

目前中国小商品城在运营中的商位数为43581个，主体数（即本研究中所称的经营户数）为53956户，商位数与主体数不一致是因为市场内的商位设置不同，有的摊位是 AB 摊，即一个商位由 A、B 两个经营户分别拥有。

我们将中国小商品城市场管理系统中经营户的相关信息加以整理汇总，可以总结出经营户的一些群体特征。

（1）经营户以义乌本地人为主，占 61.55%；还有 11.12% 来自金华地区下辖的周边县市，即包括义乌在内的金华地区经营户总数占 72.67%；省

---

① 陆立军：《从"义乌模式"看中国的改革开放》，《中共中央党校学报》2008 年 6 月。

内其他城市经营户数占19.91%，这三者之和为92.58%，即整个市场经营户以省内来源地为主；省外客商只占7.16%，境外的就更少，一共只有53人，占0.10%。但是这为数甚少的境外经营户却很具典型意义，他们来自各个国家，大部分在进口馆经商（说明：合计不到100%可能是采集数据有疏忽遗漏或经营户漏填相关信息所致）（见表2-2）。

表2-2　　　　　　　　　中国小商品城经营户基本信息1

来源地	数量（个）	所占总数百分比（%）
义乌	32820	61.55
金华地区其他县市	5932	11.12
省内	10615	19.91
省外	3818	7.16
境外	53	0.10
合计	53238	99.84

（2）经营户以中青年为主，占总数的93.97%，其中41—60岁的中年28729人，占53.88%，超过总数的一半，这些中年人也是经营户中年富力强，最有实力的人。20岁以下有独立经营能力的经营户很少，只占1.43%，60岁以上的老年人也只占4.60%，这个数据是符合社会财富拥有的自然规律的（见表2-3）。

表2-3　　　　　　　　　中国小商品城经营户基本信息2

年龄	数量（个）	所占总数百分比（%）
20岁以下	761	1.43
21—40岁	21378	40.09
41—60岁	28729	53.88
60岁以上	2455	4.60
合计	53323	100.00

（3）文化程度普遍偏低，初中学历占42.96%，高中及中专占17.86%，大专以上仅占4.65%，小学以下为18.71%，另有15.82%的经营户数据遗漏（见表2-4）。

表 2-4　　　　　　　　中国小商品城经营户基本信息 3

文化程度	数量（个）	所占总数百分比（%）
大专以上	2481	4.65
高中（中专）	9525	17.86
初中	22908	42.96
小学以下	9976	18.71
合计	44890	84.18

（4）经商时间较长，以 5 年以上为主，占 53.23%。说明经营户群体在中国小商品城相对比较稳定，这跟市场一直以来的良性发展有关，生意兴隆才能留住经营户（见表 2-5）。

表 2-5　　　　　　　　中国小商品城经营户基本信息 4

经商时间	数量（个）	所占总数百分比（%）
一年以下	8845	16.59
1—3 年	11226	21.05
4—5 年	4866	9.13
5 年以上	28386	53.23
合计	53323	100.00

第三节　中国小商品城市场语言基本状况

目前，100 多个国家和地区的 1 万多名境外采购商常驻义乌，经批准设立的境外公司企业代表处达到 2124 家，分别来自 85 个国家和地区，市场商品出口到 215 个国家和地区。① 中国小商品城国际贸易已经超过了国内贸易，每天客商达 4 万人次，外商达 5000 人次，商品外贸出口率达 60% 以上，90% 以上商位承接外贸业务。

外向率如此之高的市场，其语言使用也正在逐渐走向国际化，普通话作为民族共同语占绝对优势，与此同时，掌握英语就等于把握了全球商

---

① 义乌市政府网站，http://www.yw.gov.cn/zwb/zwgk/ztbd/csjy/200812/t20081230_165117. html。（市委书记讲话）及 2010 年 2 月 18《金华晚报》之《4000 驻义外商在中国过个快乐"老虎年"》。

机。在繁华的国际商贸城内，随时都能听到经营户、客商或翻译交流交易时所使用的汉语、英语、韩语、俄语、阿拉伯语等近十种语言，市场成了各种语言的交汇点。用普通话做国内生意，用外语下国际订单，能自如运用国内国外通用语的商人，无论是中国商人还是外国商人，都更有可能与人快速有效沟通。掌握两种或两种以上语言的人在义乌无疑会受到欢迎，如鱼得水。

中国小商品城市场管理系统中经营户的相关信息中有一栏是外语水平，数据显示，经营户外语水平普遍较低下，这跟上节所述经营户文化程度偏低是相对应的。因为是自填的信息，认为自己外语无基础的有 50422 人，占绝对多数，94.56%，熟练和精通外语加起来的总数还不到 1%。作为一个国际性商贸市场，每天要接待 5000 多人次的外商客流，经营户多少应该会一点儿外语，这一点我们将在抽样调查的经营户外语水平项中加以验证，看是否与总比例相符。

表 2-6　　　　　　　　　中国小商品城经营户基本信息 5

外语水平	数量（个）	所占总数百分比（%）
无基础	50422	94.56
一般	2632	4.94
熟练	225	0.42
精通	44	0.08
合计	53323	100.00

我们在市场看到，各种商品广告、市场指示标牌、服务设施都是直接指向海内外客商的，针对目标群体的国别比例，主要市场语言为普通话、英语、阿拉伯语、韩语等，另外，虑及港台及东南亚华裔客商，许多服务标牌上会标示汉字繁体字。（图 2-3 图片由笔者摄于国际商贸城内）

为适应市场的日益国际化进程，市场配套设施还包括各市场专门设有外文翻译服务处，为广大经营户与客商提供便捷的语言专项服务。同时，小商品城集团公司专门设有国际商贸城培训中心，编制了《市场经营户培训积分考核管理办法》，仅 2009 年一年就举办经营户强制培训、英语晨练、阿拉伯语和韩语等各类培训 406 场，受训经营户 9.2 万人次。针对经营户开展的英语晨练基地由原来的 3 个扩充到 6 个。公司将外语培训作为提升经营户整体素质的一种强制性手段，将培训与商位使用、文明诚信积

图 2-3　中国小商品城市场服务标牌

分考核相挂钩，力求做大英语培训和小语种培训。公司采购商服务中心也逐步强化服务功能，为采购商提供咨询、导购、翻译、导游、订单发布、外贸中介、法律咨询、物流保险、投诉申告、食宿预订等一条龙服务。① 目前，全市有外语培训等中介服务机构 100 余家，10 万余名经营者正在进行各种形式的外语学习与培训，5000 余名外商掀起了学习汉语的热潮。② 每日傍晚，位于宾王异国风情街的哈森外国语培训中心，教室里聚集了来自韩国、瑞典、埃及、伊朗、约旦、也门、巴基斯坦、印度、叙利亚等 20 多个国家来学中文的外商。本地客商学英语，国外客商"啃"中文已成为义乌市场一道亮丽的风景。③

　　义乌新闻网报道的一则消息很具代表意义：在义乌市经商的外国人，为克服语言交流障碍，除报名参加培训中心的汉语学习外，许多在中国留学过的商人，还组织本国商人互教互学。埃及商人默哈穆德，2008 年毕业于武汉大学，为让公司员工学会汉语，一年多来，自己兼任老师，每天上班前，组织员工学习半个小时汉语。图 2-5 的图片是默哈穆德（中）在公司教员工汉语。

　　与有形的市场相适应，政府与各大商企都花大力气隆重打造各自的门户网站，树立形象，推介义乌，推介中国小商品市场。如 2008 年义乌市

① 数据来自义乌中国小商品城集团 2009 年度工作总结报告。

② 同上。

③ 蒋萍：《义乌精心打造异国风情街》，2008 年 9 月 5 日《文汇报》。

政府的门户网站 http：//www. yiwu. gov. cn/增设了英语、韩语、阿拉伯语三种外语版本，增加了政府政务公开度、透明度，更提升了义乌的国际形象（图 2-4 为义乌市政府网页截图，点击右下角可进入不同语言的网页）。

图 2-4　义乌市政府网页截图

中国义乌国际小商品博览会网站则开设了中、英、法、俄、阿拉伯、西班牙、日、韩、德等十多种语言的网页，向世界推介义乌小商品，推介一年一度在国际上影响越来越大的义博会，做大做强小商品经济（图 2-5 为网页截图，点击右上角可进入相关语种网页）。

图 2-5　中国义乌国际小商品博览会网站截图

义乌中国小商品城网站也设了中英文两个版本，内容不断更新。同时网站出于服务经营户培训经营户的目的，专门开辟了商务翻译专栏，内容不断更新，满足经营户学习查询的基本需求（网页截图如图 2-6）。

图 2-6　义乌中国小商品城网站截图

从传统市场到电子商务的迅速普及，这是新型国际贸易的必然趋势。中国小商品网站日均访问人数超过 5 万人/天，页面浏览量超过 30 万 PV/天，网站日均访问量较年初增长了 2.5 倍以上。市场经营户对小商品城网站的好感度、接受度、信任度大大增加，中文网站实际注册用户达到16.2万家，市场内经营户上网的普及率由年初的20%上升到35.6%。公司在美国建立了境外服务器，访问区域加大，访问速度提高，境外客商访问小商品城中英文网站的速度由原先的平均20秒，提高到平均1.5秒。[①]公司为2010年制订的工作计划中还着重指出：加强中英文网站的内容建设，到2010年年底实现市场内供应商会员数量达到3万家，采购商注册会员20万家以上。做好中英文网站海外推广工作，到年底中文网站流量达到7万人/天，英文站流量达到1万人/天以上。这些针对电子商务所采取的举措语言所起的作用是不言而喻的。

　　繁荣的市场和良好的环境所汇聚成的巨大吸引力，召唤来全国乃至世界各地的客商，1万多名外商常驻义乌，义乌成了名副其实的"联合国社区"，小商品经销的全球化，同时推动了文化交流的国际化。义乌的公交车是中、英文双语报站；许多商店招牌用中、英、韩、阿拉伯四国文字交相展示；市区有基督教堂、礼拜场所、清真寺，还有国际学校；义乌的街道随处闪烁着美式快餐、韩国料理、日本鱼生、清真饭馆的霓虹灯。外商的生活已经逐渐与义乌市民的生活融合在一起。义乌的鸡鸣山社区和五爱社区是外商居住最为集中的社区。鸡鸣山社区目前居住着来自30多个国家的600多名外商，五爱社区则有常驻外商近2000人。社区非常注重加强文化设施的投入，小区配套设施均面向外商开放，社区还设有境外人员语言培训中心等室内文化活动场所，社区举办的所有学习培训活动，如环境与健康知识论坛、科普知识讲座等均邀请外商参加。根据聚居人员的不同，社区提供各种场所，开办英语角、韩语角等外语角，方便境外人员与社区居民交流。

　　学习汉语，与中国人交流，已经成了驻义外商的日常生活内容。不少熟练掌握汉语甚至会说能懂义乌方言的外商，更是热爱上了义乌这块热土，将自己看成了义乌的普通市民，融入日常的市民生活当中。《金华晚报》上刊登的一则新闻图片很好地反映了外商作为社区成员为社区服务，回馈社会的情景（见图2-7）。

---

① 　数据来自义乌中国小商品城集团2009年度工作总结报告。

图 2-7　住在义乌江东街道鸡鸣山社区的外商参加治安巡逻

　　随着城市外向度的提高，城市环境的不断改善，将会有更多的外商及国外投资者看中义乌这块热土，常驻于此经商生活，市场的语言面貌将焕然一新，城市的语言生活将更加异彩纷呈，这是迈向国际化城市的必由之路。

第三章

中国小商品城经营户语言使用研究

不同的民族语言相遇，互相发生影响，这就是语言接触。语言接触是为了交际和交流思想。在语言接触的过程中，出现了语言的夹杂或混用现象，形成了语言接触的亢奋状态。历史越向前发展，语言接触越频繁。一个国家越发达，语言接触就越主动、越频繁、越广泛。[①]

在一个外向度高达 60% 的国际性大型涉外市场，来自不同国籍、不同民族、不同方言区的人们接触频繁，经济贸易的日益繁荣也促使语言接触更趋密切。在由 5.3 万多较为稳定的市场经营户主体群，和日客流量为 20 万人次的来自省内外国内外的客商群所构筑的言语交际环境里，语言将以一种什么样的面貌呈现呢？通常我们说，语言能力是指个体使用语言进行交际和表达思想的能力，又称交际能力，个人语言能力的高低，与其家庭背景、社会经历和实际需要密切相关，也同语言行为领域有明显关联。本章将通过对最具代表性的语言使用主体——市场经营户的籍贯、性别、年龄、文化程度等特点与其语言使用之间的关系的分析，对其语言使用状况（语言习得、语言能力及其语言使用模式等）进行描述，还原出不同人群、不同语言在不同语境的语言接触过程中呈现的语言使用状态。

本次调查实际发放问卷 1200 份，回收 1200 份，回收率 100%，经整理，获得有效问卷 1198 份，有效率为 99.8%。

第一节　经营户基本信息

一　经营户的国别与民族构成

从表 3-1 可以看出，1198 个样本中，有 9 名经营户为韩国国籍，占

---

① 卢卓群：《语言接触的文化背景》，《汉语学习》1990 年第 4 期。

0.8%，其余均为中国公民。这跟我们所了解的义乌外商情况是一致的，驻义外商以韩商占多数，是目前义乌市场商业嗅觉最灵敏的一支，义乌甚至形成了上千韩商密集居住的"韩国村"，在宾王市场商贸区和贝村，林立的韩国菜馆就能让人感受到韩国商人在义乌的数量。

义乌国际商贸城韩商馆的副会长郑旭焕，早在 2000 年就来到了义乌做精品厨具进出口贸易，目前他所经营的精品厨具已出口到美国、日本、欧美等国家和地区，经营利润和规模逐年扩大。①

表 3-1　　　　　　　　　义乌国际商贸城经营户国别统计

		频率	百分比（%）	有效百分比（%）	累计百分比（%）
有效	中国	1186	99.0	99.2	99.2
	韩国	9	0.8	0.8	100.0
	合计	1195	99.7	100.0	
缺失	0	3	0.3		
合计		1198	100.0		

从民族构成来看，1198 个样本中包含 22 个此选项缺失的样本，经营户来自 5 个民族，除汉族占 97.4%外，其余四个少数民族分别为朝鲜族、蒙古族、维吾尔族、壮族。考虑到抽样调查的性质，实际情况中经营户的民族分布会更广一些，这在后续观察与访谈中也得到印证。

表 3-2　　　　　　　　　义乌国际商贸城经营户民族统计

		频率	百分比（%）	有效百分比（%）	累计百分比（%）
有效	汉族	1167	97.4	99.2	99.2
	朝鲜族	5	0.4	0.4	99.7
	维吾尔族	1	0.1	0.1	99.7
	蒙古族	2	0.2	0.2	99.9
	壮族	1	0.1	0.1	100.0
	合计	1176	98.2	100.0	
缺失	0	22	1.8		
合计		1198	100.0		

---

① 引自 http://www.onccc.com/news/10101901/34801.html。

二　经营户来源地

问卷涉及的中国国籍调查样本分别来自 27 个省、市、自治区（10 个样本此选项缺失），以浙江省经营户为主，共计 831 人，占 69.4%，其余经营户来源呈多样化特点，按比例高低，排名靠前的省份依次为广东、福建、江西、江苏、河南、安徽、湖南、湖北，可见经营户还是以长江以南地区为主。本次调查中的经营户来源地数据，与前一章概貌中所介绍的，经营户来源地总体情况中浙江经营户占 92.58% 是有出入的，这是我们为了使覆盖面更广的研究目的而有意设置的，笔者认为，经营户样本来源地越丰富，越能反映出小商品城语言使用变化纷呈的面貌。

表 3-3　　　　　　　　　　义乌国际商贸城经营户来源省统计

		频率	百分比（%）	有效百分比（%）	累计百分比（%）
有效	浙江省	831	69.4	69.9	69.9
	北京	1	0.1	0.1	70.0
	上海	5	0.4	0.4	70.5
	重庆	1	0.1	0.1	70.5
	天津	3	0.3	0.3	70.8
	香港	3	0.3	0.3	71.0
	福建	53	4.4	4.5	75.5
	江苏	25	2.1	2.1	77.6
	湖南	18	1.5	1.5	79.1
	湖北	18	1.5	1.5	80.6
	河南	22	1.5	1.9	82.5
	河北	9	0.8	83.2	
	广东	73	6.1	6.1	89.4
	广西	2	0.2	0.2	89.6
	贵州	2	0.2	0.2	89.7
	云南	1	0.1	0.1	89.8
	四川	11	0.9	0.9	90.7

	频率	百分比（%）	有效百分比（%）	累计百分比（%）
山东	15	1.3	1.3	92.0
山西	3	0.3	0.3	92.3
黑龙江	8	0.7	0.7	92.9
吉林	6	0.5	0.5	93.9
辽宁	3	0.3	0.3	94.2
陕西	22	1.8	1.9	96.0
安徽	3	0.3	0.3	96.3
新疆	2	0.2	0.2	96.5
内蒙古	41	3.4	3.5	99.9
江西	1	0.1	0.1	100.0
合计	1188	99.2	100.0	
缺失　0	10	0.8		
合计	1198	100.0		

三　经营户性别、年龄及文化程度分布

被调查经营户中，男性 576 人，占 48.1%，女性 622 人，占 51.9%，男女性别比例基本保持均衡。我们将年龄分成 6 个层级，从年龄分布来看，市场经营户以中青年为主，20—49 岁样本占总数的 92.1%，其中又以青年为主力，20—39 岁样本占 73.2%。

文化程度以初中、高中及大专为多数，占 86.4%，本科及以上学历的 67 人，只占 5.6%，文盲比例极低，不到 1%。年龄和文化程度交叉表显示，小学文化程度的主要集中在 40—49 岁这个年龄段，占 42.4%；初中文化程度主要集中在 30—39 岁这个年龄段，占 48.3%；高中（中专）、大专、本科及以上文化程度均集中在 20—29 岁年龄段，分别占总数的 40.3%、61.7% 和 74.6%。经营户总体为中等文化程度，这跟中国小商品城以各类小商品为主的经营范围有关系，在商品科技含量有待提升的同时，经营户的文化程度也有待逐步提高。

表 3-4　　　　义乌国际商贸城经营户年龄与文化程度交叉统计表

		文化程度						合计
		不识字	小学	初中	高中或中专	大专	本科及以上	
年龄 20岁以下	计数	1	2	21	20	3	1	48
	文化程度百分比	9.1%	2.4%	4.8%	4.6%	1.9%	1.5%	4.0%
20—29岁	计数	2	9	80	174	100	50	415
	文化程度百分比	18.2%	10.6%	18.1%	40.3%	61.7%	74.6%	34.6%
30—39岁	计数	1	25	213	169	45	10	463
	文化程度百分比	9.1%	29.4%	48.3%	39.1%	27.8%	14.9%	38.6%
40—49岁	计数	3	36	110	60	12	5	226
	文化程度百分比	27.3%	42.4%	24.9%	13.9%	7.4%	7.5%	18.9%
50—59岁	计数	3	13	15	7	2	1	41
	文化程度百分比	27.3%	15.3%	3.4%	1.6%	1.2%	1.5%	3.4%
60岁以上	计数	1	0	2	2	0	0	5
	文化程度百分比	9.1%	0	0.5%	0.5%	0	0	0.4%
合计	计数	11	85	441	432	162	67	1198
	文化程度百分比	100.0%	100.0%	100.0%	100.0%	100.0%	100.0%	100.0%

四　经营户行业分布

问卷因篇幅关系，没有穷尽行业类的41个选项，只列出了较具代表性的10个行业作为选项，这10个行业样本量占了总样本量的61.4%，其余31大行业我们将之列为"其他"项，占38.6%，这样的行业比例分布应该是较为合理的。在选项所列的占行业总类大多数的这10个行业中，以工艺品、小五金、饰品、日用百货、袜业5个行业分列前位，分别占11.85%、9.85%、8.35%、8.01%和6.84%（见图3-1）。

我们在性别与行业交叉表中注意到，女性在饰品、化妆品、服装和电子电器行业的分布比例均高于男性，普遍高出15个百分点以上；而男性则在钟表、玩具两个行业所占比例较高幅度超过女性；其余几个行业包括其他31个行业大类男女比例大体相当（见表3-5）。饰品、化妆品、服装等行业是女性特征较显著的行业，女性经营户所占比例高在预料之中。

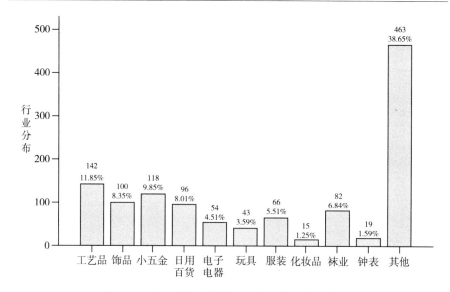

图 3-1　　义乌国际商贸城经营户行业分布统计表

表 3-5　　　　　　　　义乌国际商贸城经营户性别与行业交叉统计表

		行　业											合计
		工艺品	饰品	小五金	日用百货	电子电器	玩具	服装	化妆品	袜业	钟表	其他	
性别 男	计数	74	41	62	52	20	25	23	6	42	13	218	576
	行业百分比	48.1%	47.1%	68.4%	51.2%	40.0%	34.8%	58.1%	37.0%	54.2%	52.5%	41.0%	52.1%
女	计数	68	59	56	44	34	18	43	9	40	6	245	622
	行业百分比	47.9%	59.0%	47.5%	45.8%	63.0%	41.9%	65.2%	60.0%	48.8%	31.6%	52.9%	51.9%
合计	计数	142	100	118	96	54	43	66	15	82	19	463	1198
	行业百分比	100.0%	100.0%	100.0%	100.0%	100.0%	100.0%	100.0%	100.0%	100.0%	100.0%	100.0%	100.0%

五　经营户在义乌经商时间分布

　　我们把经营户在义乌的经商时间分为六个层级，即 1 年以下、1—3年、3—5 年、5—10 年、10—20 年、20 年以上，设置了 20 年以上这一档是出于义乌小商品市场建立已近 30 年的考虑，肯定会有一部分义乌本地的老经营户一直在市场里经商。调查结果显示，在义乌经商时间从六个层级来看，经营户人数所占比例分别为 8.85%、22.62%、30.38%、26.63%、9.18%、2.34%，说明在义乌经商 3—10 年的经营户群体占多数，是一个比较稳定的数值（见图3-2）。

从 SPSS 统计软件输出的经营户性别、来源地及在义乌经商时间交叉分析表中我们注意到，在义乌经商时间20年以上的一共是28人，其中女性18人，男性10人，而这28人中除福建、广东各一人外，其余均为浙江人，说明能见证小商品市场30年来发展史的基本以浙江人为主，这是因为市场建设之初，经营户基本是本地人，随着市场的日益红火，外地经营户才如潮涌入（因交叉表篇幅太大，在此不列出）。

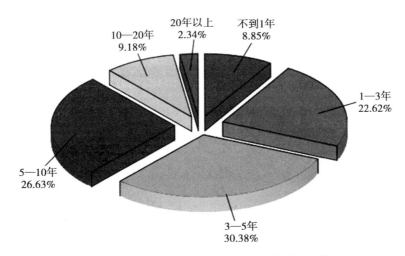

图3-2　义乌国际商贸城经营户在义乌经商时间分布

第二节　经营户语言习得情况

一　经营户幼年时期母语习得情况

表3-6　　　　　　　　　　经营户最先学会的语言

		频率	百分比（%）	有效百分比（%）	累计百分比（%）
有效	普通话	473	39.5	39.5	39.5
	方言	719	60.0	60.0	99.5
	其他语言	6	0.5	0.5	100.0
	合计	1198	100.0	100.0	

　　统计表明，60.0%的经营户幼年时母语先习得方言，39.5%的经营户认为自己母语先习得普通话，另有0.5%的经营户母语习得其他语言。这个结果跟研究者预期有一定差距，在以南方方言区经营户占多数的样本中，原本预期母语习得方言的比例应该更高一些，相应地母语习得普通话的要低一些，我们利用SPSS软件系统，结合国别、省份、年龄等社会变量分析母语习得情况原因。大致归纳出以下几个原因：（1）来自北方方言区的人通常认为自己自幼习得的北方话就是普通话；（2）30岁以下的经营户母语先习得普通话的占较高比例，跟母语习得方言的比例基本持平，这跟近几十年来国家大力推广普通话的良好氛围有关；（3）经济发达地区，如浙江、福建、广东、上海等地，虽然地处南方方言区，但因为经济、交通发达等综合因素，母语习得普通话的比例明显比经济落后地区要高一些。因为交叉分析表篇幅过大，我们以浙江为例截取了一部分图表（如表3-7）。图中我们可以看出，浙江经营户当中，先习得普通话为母语的以30岁以下为主，其中20—29岁年龄段的经营户先习得普通话的比例和先习得方言的比例几乎持平，然后所占比例逐步下降，60岁以上没有人是先习得普通话的。

表 3-7　　　　　　　　　经营户年龄与最先学会的语言交叉调查表

				最先学会的语言			合计
				普通话	方言	其他语言	
浙江省	年龄	20岁以下	计数	11	17	0	28
			年龄的百分比	39.3%	60.7%	0	100.0%
		20—29岁	计数	136	141	1	278
			年龄的百分比	48.9%	50.7%	0.4%	100.0%
		30—39岁	计数	114	210	0	324
			年龄的百分比	35.2%	64.8%	0	100.0%
		40—49岁	计数	48	120	0	168
			年龄的百分比	28.6%	71.4%	0	100.0%
		50—59岁	计数	10	20	0	30
			年龄的百分比	33.3%	66.7%	0	100.0%
		60岁以上	计数	0	3	0	3
			年龄的百分比	0	100.0%	0	100.0%
	合计		计数	319	511	1	831
			年龄的百分比	38.4%	61.5%	0.1%	100.0%

二　经营户习得普通话时间

表 3-8　　　　　　　　经营户开始说普通话的时间调查表

		频率	百分比（%）	有效百分比（%）	累计百分比（%）
有效	上学前	361	30.1	30.1	30.1
	上学后	714	59.6	59.6	89.7
	工作以后	99	8.3	8.3	98.0
	来国际商贸城以后	24	2.0	2.0	100.0
	合计	1198	100.0	100.0	

　　我们将经营户习得普通话的时间分为 4 个时间段，上学前、上学后、工作以后和来国际商贸城以后。从上面的统计可以看出，过半数即 59.6%的经营户是上学后习得普通话的，其次是上学前习得的占 30.1%，工作以后习得的只占 8.3%，来国际商贸城经商后才习得的仅为 2.0%，几乎可以忽略统计。合计 89.7%的经营户习得普通话在上学前后，说明 50 多年来我们国家普通话的普及推广工作是卓有成效的，尤其是义务教育，让大部分人接受到了以普通话为教学语言的规范的学校教育。

三　经营户目前会使用的外语

　　中国小商品城每天客商达 4 万人次，其中外商达 5000 人次，90%以上商位承接外贸业务，商品销往 140 多个国家和地区。这样的国际大商贸背景下，经营户们所掌握的语言实际已成为他们重要的交际交流和贸易工具，掌握一至两门外语的经营户将如虎添翼，在商场如鱼得水。我们设此选项的目的就是想清楚地了解中国小商品城经营户所掌握的外语情况。

　　从表 3-9 可知，64.4%的经营户会使用的外语是英语；其次是韩语，有 22 人，占 1.8%；阿拉伯语和俄语分别仅占 0.3%和 0.2%，其他外语占 0.3%。我们据此可以得出结论：英语在中国小商品城是绝对强势外语，没有其他外语可以与之抗衡。需要说明的一点是，共计有 394 名，即占 32.9%的经营户没有选择会使用的语言，这些人是属于不太能听懂也不太会说或者完全听不懂也不会说这两个等级的。问卷中的这个选项与别的题稍微有点儿差别，是先选会使用的外语然后再选外语水平，可参见附录调查问卷第 16 题。

表 3-9 经营户会使用的外语调查表

		频率	百分比（%）	有效百分比（%）	累计百分比（%）
有效	英语	772	64.4	96.0	96.0
	韩语	22	1.8	2.7	98.8
	阿拉伯语	4	0.3	0.5	99.3
	俄语	2	0.2	0.2	99.5
	其他	4	0.3	0.5	100.0
	合计	804	67.1	100.0	
缺失	0	394	32.9		
合计		1198	100.0		

四 经营户习得外语的途径

我们将经营户习得外语的途径大致分成 6 类，即：从没学过、在学校跟老师学、上培训班学、自学、跟"老外"接触中学、其他方法。需要说明的是，这里的外语我们不仅仅指英语，除了先习得的母语方言、普通话以外，经营户所习得的外语可以是英语、韩语、俄语、阿拉伯语等，我们没有要求经营户在这一项调查中填写习得外语的种类（后面选项有经营户会使用的语言这一项，可以在后面加以说明）。

表 3-10 经营户学习外语的途径调查表

		频率	百分比（%）	有效百分比（%）	累计百分比（%）
有效	从没学过	284	23.7	23.8	23.8
	在学校跟老师学	687	57.3	57.5	81.3
	上培训班学	81	6.8	6.8	88.0
	自学	44	3.7	3.7	91.7
	跟"老外"接触中学	88	7.3	7.4	99.1
	其他方法	11	0.9	0.9	100.0
	合计	1195	99.7	100.0	
缺失	0	3	0.3		
合计		1198	100.0		

从表 3-10 统计可知，过半数即 57.5% 的经营户是在学校跟老师学的外语，这是学习外语的最主要途径。6.8% 的经营户是上培训班学习的，

还有 3.7% 靠自学，7.3% 的经营户是跟"老外"接触中学。后三种习得外语的方式我们可以推测，是出于中国小商品城经商的需要而选择的学习途径。我们从 SPSS 软件生成的文化程度、年龄和学习外语途径交叉表可以看出，23.8% 的经营户自报从没学过外语，这些经营户主要是集中在不识字、小学、初中文化程度范围，而且年纪也处在中老年段较多。另外也有 11 人选择其他方法学习的，我们查看了问卷中选其他项的具体说明，有的是因为出国而在国外学习的外语，有的是跟父母或朋友学的，有的是生活中因为有外国朋友，为增进交流而向外国朋友学的，因为设计问卷前估计这样的习得外语途径不会太多，所以我们没有在问卷中专设选项备选，实际调查情况也是如此。

第三节　经营户语言使用水平

对经营户使用水平的考察，包括对其义乌话、普通话、外语水平的考察①。

在操作过程中，我们把语言使用水平分为六个评定等级，即：能流利准确地使用；较流利使用；基本能交谈但不很熟练；能听懂但不太会说；不太能听懂也不太会说；完全听不懂也不会说。

一　经营户义乌话使用水平

表 3-11　　　　　　　　经营户义乌话使用水平调查表

		频率	百分比（%）	有效百分比（%）	累计百分比（%）
有效	能流利准确地使用	307	25.6	25.6	25.6
	较流利使用	97	8.1	8.1	33.7
	基本能交谈但不很熟练	71	5.9	5.9	39.6
	能听懂但不太会说	231	19.3	19.3	58.9
	不太能听懂也不太会说	247	20.6	20.6	79.5
	完全听不懂也不会说	245	20.5	20.5	100.0
	合计	1198	100.0	100.0	

①　因样本量过大，不适合一对一考察，所以考察过程中采用经营户自我评定语言水平的办法。

　　义乌话是小商品城内大部分义乌经营户的母语，来自东阳、浦江等周边县市的经营户虽然所持方言有明显差异，但基本上交流无碍，从表3-11统计可以看出，25.6%的经营户能流利准确地使用义乌话，8.1%的经营户能较流利使用，5.9%的经营户基本能交谈但不很熟练，也就是说，累计39.6%的经营户用义乌话交流没有什么问题。19.3%的经营户能听懂但不太会说，不太能听懂也不太会说的占20.6%，完全听不懂也不会说的占20.5%，计41.1%的经营户基本听不懂也不会使用义乌方言。虽然中国小商品城的经营户来源地较为复杂，但从统计结果来看，过半数的经营户是能听懂义乌话的，义乌话在市场内无疑是较为通行的强势方言。

二　经营户普通话使用水平

表3-12　　　　　　　　　　经营户普通话使用水平调查表

		频率	百分比（%）	有效百分比（%）	累计百分比（%）
有效	能流利准确地使用	710	59.3	59.3	59.3
	较流利使用	365	30.5	30.5	89.7
	基本能交谈但不很熟练	66	5.5	5.5	95.2
	能听懂但不太会说	29	2.4	2.4	97.7
	不太能听懂也不太会说	18	1.5	1.5	99.2
	完全听不懂也不会说	10	0.8	0.8	100.0
	合计	1198	100.0	100.0	

　　在1198个有效样本中，自我评定能流利准确地使用普通话的比例高达59.3%，较流利使用普通话的占30.5%，基本能交谈但不很熟练的占5.5%，三项总计95.3%，说明普通话在经营户语言使用中的超强势地位。在一个外来人口大大超过当地居民的商贸城市，中国小商品城就是这个城市的浓缩版，作为国家通用语言的普通话，其社会价值和经济价值在市场里得到充分的体现，掌握好普通话就等同于掌握了交际和贸易的强劲手段。

　　完全听不懂也不会说普通话的仅占0.8%，共计10个人。我们从SPSS生成的国别、省份和普通话水平交叉分析表中看到，这10个人中，浙江人8个，福建人1个，韩国人1个。外籍人士不会说汉语是预估之中的，但是浙江和福建都属于经济商贸较发达地区，有9人听不懂也不会说普通话应该是非正常现象（在此，我们不排除有被调查者在填写问卷过程中所持的过于随意的态度）。

三 经营户外语使用水平

表 3-13 经营户外语使用水平调查表

		频率	百分比（%）	有效百分比（%）	累计百分比（%）
有效	能流利准确地使用	46	3.8	4.8	4.8
	较流利使用	52	4.3	5.5	10.3
	基本能交谈但不很熟练	175	14.6	18.4	28.7
	能听懂但不太会说	86	7.2	9.0	37.7
	不太能听懂也不太会说	340	28.4	35.7	73.4
	完全听不懂也不会说	253	21.1	26.6	100.0
	合计	952	79.5	100.0	
缺失	0	246	20.5		
合计		1198	100.0		

根据前面的数据统计，在会使用外语的经营户中，96.0%的人选择了英语，所以表3-13的统计数据基本所指的就是英语水平了。从表3-13可知，经营户由于受总体文化程度等因素影响，外语水平明显偏低，仅有4.8%和5.5%的经营户能流利准确或较流利使用，基本能交谈的稍多，占18.4%，能听懂以上水平的累计占37.7%。62.3%的经营户外语水平处在不太能听懂也不太会说或完全听不懂也不会说这两个层级，即一半以上经营户无法用外语与客商交流。另外，这一选项有246人未选，这是我们设计问卷时注意到的问题，可以推断这246人应该是自我评价不会外语的，与自评为完全听不懂也不会说的经营户人数253人累加，我们可以认为，计有499名经营户是完全不懂外语的。

第四节　经营户每天使用语言的时间

一　经营户每天使用义乌话时间

中国小商品城经营户来源地是呈放射状分布的，以义乌本地为中心向浙江省全省范围至全国各省市乃至国外辐射，既然是义乌经营户为主，那么市场内成为交际交流贸易手段的强势方言必然是义乌话，占 47.1% 的经营户每天都在使用义乌方言，时间长短从 1 小时以内到 5 小时以上不等，14.9% 的经营户每天使用义乌话时间在 5 小时以上，说明义乌话在部分经营户生活中占据着其他语言所不可替代的地位。但我们仍清楚地看到，52.9% 的经营户从不使用，也即大部分经营户在日常交流交际贸易中是不会也不需要使用义乌方言的。

表 3-14　　　　　　　　经营户每天使用义乌话时间

		频率	百分比（%）	有效百分比（%）	累计百分比（%）
有效	从不使用	634	52.9	52.9	52.9
以内	1 小时	108	9.0	9.0	61.9
	1—2 小时	56	4.7	4.7	66.6
	2—3 小时	66	5.5	5.5	72.1
	3—4 小时	82	6.8	6.8	79.0
	4—5 小时	74	6.2	6.2	85.1
以上	5 小时	178	14.9	14.9	100.0
	合计	1198	100.0	100.0	

二　经营户每天使用普通话时间

表 3-15　　　　　　　　经营户每天使用普通话时间

		频率	百分比（%）	有效百分比（%）	累计百分比（%）
有效	从不使用	31	2.6	2.6	2.6
以内	1 小时	84	7.0	7.0	9.6
	1—2 小时	46	3.8	3.8	13.4
	2—3 小时	78	6.5	6.5	19.9
	3—4 小时	156	13.0	13.0	33.0
以上	4 小时	176	14.7	14.7	47.7
以上	5 小时	627	52.3	52.3	100.0
	合计	1198	100.0	100.0	

与上节调查结果惊人统一的是，在 52.9% 的经营户从不使用义乌话的同时，有 52.3% 的经营户每天使用普通话的时间在 5 小时以上，累计 97.4% 的经营户每天或多或少都在使用普通话进行市场内外的交际交流贸易。仅有 2.6% 的经营户从不使用普通话，这跟表 3-12 所列数据基本一致，累计有 2.3% 的经营户不太能听懂也不太会说或完全听不懂也不会说普通话，这属于极个别的现象。普通话作为国家通用语言在市场流通语言中占据着最重要地位。普通话在经营户当中的这种通用程度说明，市场经营户都具有较好的自觉使用普通话进行交流交易的意识，而大型市场的交际交流贸易需要也同样刺激经营户使用普通话的积极性。

三 经营户每天使用外语时间

表 3-16 经营户每天使用外语的时间

		频率	百分比（%）	有效百分比（%）	累计百分比（%）
有效	从不使用	573	47.8	47.8	47.8
以内	1 小时	421	35.1	35.1	83.0
	1—2 小时	81	6.8	6.8	89.7
	2—3 小时	35	2.9	2.9	92.7
	3—4 小时	45	3.8	3.8	96.4
以上	4 小时	43	3.6	3.6	100.0
	合计	1198	100.0	100.0	

我们从表 3-16 中欣喜地发现，52.2% 的经营户每天或多或少都在使用外语，虽然其中 35.1% 的经营户每天使用外语的时间在 1 小时以内，但我们有理由认为，在市场内，经营户与外商打交道时用简单的外语招呼客人和讨价还价已经是较为普遍的现象了。鉴于前面调查结果显示 96.0% 被调查经营户选择会使用的外语为英语，所以表 3-16 的分析基本可以认为是经营户每天说英语的时间，其他语种即使有人使用在分析时也不具备区别度。对一个外向度高达 60% 以上的大型涉外市场来说，英语作为国际通用语言，毫无疑问已成为市场内最强势的外语。我们可以乐观地估计，目前占 47.8% 的从不使用英语的经营户会因为形势所驱，逐渐提升自己的英语水平和增加说英语的时间，以适应市场需求，表 3-16 从不使

用英语的百分比将逐渐降低。

第五节　经营户语码转换情况

在交际过程中，交谈者为了交际顺利进行，会根据交谈对象的不同而使用不同的交际手段、交际策略，其中包括对不同的人使用不同的语言或方言。Bell（1984）[1] 就提出了听众设计理论，即说话者根据对话者的不同而设计言语。在特定的言语社区中，这样的听众设计理论将会呈现出一种共性。

所谓言语社区，徐大明在《当代社会语言学》一书中认为，言语社区是根据语言行为和语言态度的差别而区分的自然交际集合体。这个定义既考虑了语言的外部因素，又考虑了语言的内部使用者因素，而且还考虑到了言语社区的多元性。义乌中国小商品城就是这样一个自然交际集合体，人们在市场贸易过程中出于交流交际贸易的目的，在市场这个特定语言使用区域里遵循一定的听众设计理论，形成了较有共性的语言行为和语言态度。在这个言语社区内，以 5 万多市场经营户为主体的 20 万从业人员（包括经营户雇佣员工、市场管理人员等）每天与客流量高达 20 万人的省内外、海内外的客商发生经济行为，同时必不可少地进行着语言接触。掌握不同语言或方言的人们在语言接触中根据需要适时地调整语言策略和语言手段，通过必要的语码转换来满足双方的交际需要，达到双赢的贸易目的。

语码转换（Code-switching）是指两种或多种语言、方言及其变体之间的转换，是语言文化接触和跨文化交际中的必然结果，是语言应用过程中的普遍现象。关于语码转换，基本上有两种对立的看法，一种认为这是不完全的语言习得的结果，说话人不能使用同一种语言准确表达，不得不求助于其他语言；另一种看法是语码转换反映出一个人的语言交际能力，说明人们掌握了两种语言后能够根据对象、场合、话题等因素来选择适合的语码。[2]

语码转换是语言接触的产物，在双语、多语或多方言并存的言语社区

---

① Bell, "A (1984) Language style as audience design", Language in Society 13, pp. 145 - 204.

② 徐大明、陶红印、谢天蔚：《当代社会语言学》，中国社会科学出版社 2004 年版，第 179 页。

中，语码转换几乎不可避免。语码转换的原因各有不同，有的是受语言能力限制产生的语码转换，经营户由于普通话或外语水平有限，在打招呼、进行商品优缺点介绍、讨价还价时，不得不在交易过程中穿插方言、普通话或外语，甚至利用计算器、配合表情及肢体语言以便达到交际目的；有的是受交际对象影响的语码转换，经营户要善于察言观色，根据对象来源地等显著特征及时主动进行语码转换，获得对方情感认同，从而缩短人际距离，增加交易成功概率。

研究中国小商品城这个特定言语社区的语言状况，我们必须关注到市场经营户在频繁的语言接触中语码转换的情况，即针对不同的对象、在不同的交际场合他们的语言使用情况。

本调查专门设计了一个图表式的问卷选项（见附录调查问卷第 24题），设置了 9 个问题，分别是"您会用的语言""您和市场内其他经商人员说话所用语言""您和市场管理人员说话所用语言""您和省内客商交易最常使用语言""您和省外客商交易最常使用语言""您和'老外'最常使用的一种语言""您和'老外'打招呼能用的语言""您和'老外'讨价还价能用的语言""向'老外'介绍商品优缺点能用的语言"，9 个问题中除了"您和'老外'最常使用的一种语言"是单项选择外，其余均为多项选择题。各问题基本覆盖了经营户在中国小商品城这个特殊的交际场合中所接触到的不同的言语交际对象。

在所提供的选项中，我们列出了 12 个选项作为备选语言。这 12 个选项是在广泛了解和征求市场经营户和管理人员意见后定下的，是根据市场人员来源地分布及客商来源地分布情况而设的，分别是 1＝普通话、2＝义乌话（包括金华地区其他方言，不再另行分类）、3＝温州话、4＝广东话、5＝福建话、6＝汉语其他方言、7＝少数民族语言、8＝英语、9＝韩语、10阿拉伯语、11＝俄语、12＝其他国家语言（请注明具体语言）。

我们希望通过调查市场经营户针对不同对象的语码转换情况，进行分析归纳，以便更清楚地了解目前中国小商品城市场经营户的语言使用情况。

我们在下面的对多项选择进行的频次分析中，需要说明的一点是，在传统的问卷调查中，多选题通常都没有显示缺失值，因为录入数据时研究人员通常把没有选中的行为编码为特定的变量值。但是没有被选中的选项实际上应该是空值，在 SPSS 数据中表现为系统缺失值。我们在具体分析中将不计系统缺失，按有效选项进行分析。

在下面的各个多项选择频次分析表中，第一列为变量值的标签，第二列是每个变量值在全部 12 个变量中（即 12 种语言中）出现的次数，第三列是每个变量值次数在全部变量值总次数中所占的百分比，最后一列是每个变量值的次数在全部被调查者中所占的百分比。

一　经营户会使用的语言

本题选项和上文中已经分析过的经营户会使用的外语项是有区别意义的，会使用的外语选项仅限外语语种，而且是单项选择，也就是调查经营户能使用的外语中最擅长的一种，而本项选择为多项选择，目的是考察市场经营户掌握各种语言的总体使用情况。

本项调查中，有 26 人未填写结果，所以此 26 人的选项确定为空项，在 SPSS 数据中表现为系统缺失值，共计 1172 人的选项为有效选项。

从下面的频次分析我们可以看出，98.6% 的经营户选择了会用普通话，37.5% 选择会用义乌话，其次是英语，选择的比例占 26.0%，选择其他会使用的方言按比例高低依次为温州话、广东话、福建话，选择会使用的外语比例不高，但也有一定数量，不可忽视，依次为韩语、俄语、阿拉伯语，会使用其他国家语言的占 0.9%，我们从问卷上看，有选法语、泰语、西班牙语等。

表 3-17　　　　　　　　　经营户语言使用统计表

		反应		百分比
		频率	百分比	
会用的语言	普通话	1156	50.5%	98.6%
	义乌话	440	19.0%	37.5%
	温州话	116	5.0%	9.9%
	广东话	77	3.3%	6.6%
	福建话	43	1.9%	3.7%
	汉语其他方言	133	5.7%	11.3%
	少数民族语言	5	0.2%	0.4%
	英语	305	13.2%	26.0%
	韩语	21	0.9%	1.8%
	阿拉伯语	3	0.1%	0.3%
	俄语	4	0.2%	0.3%
	其他国家语言	11	0.5%	0.9%
合计		2314	100.0%	197.4%

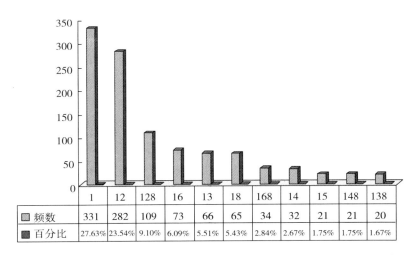

	1	12	128	16	13	18	168	14	15	148	138
频数	331	282	109	73	66	65	34	32	21	21	20
百分比	27.63%	23.54%	9.10%	6.09%	5.51%	5.43%	2.84%	2.67%	1.75%	1.75%	1.67%

1＝普通话；2＝义乌话；3＝温州话；4＝广东话；5＝福建话；6＝汉语其他方言；8＝英语

图 3-3　经营户语言使用频数统计柱状图

将多项选择的数据输入 EXCEL 表格，发现从 12 个备选项中生成了 65 种语言使用模式，我们将比例超过 1.00%的语言使用模式提取并制成了三维柱状图加以说明。从图 3-3 中我们看出，选择单一模式普通话的占 27.63%，这部分经营户意味着只会说普通话；选择会使用普通话和义乌话的占 23.54%；再其次选择同时会使用普通话、义乌话、英语的占 9.10%；其余模式所占百分比依次递减。从经营户掌握的语言使用模式来看，还是以普通话、义乌话、英语占优势，尤其是普通话，几乎每种模式中都包含，选择比例高达 98.6%，其强势的主体地位是没有其他语言可以替代的。

二　与市场内其他经商人员交流所用语言

市场内经商人员来源地我们之前已经分析过，以浙江籍为主，其他各省各民族均有分布，甚至也有韩国经营户，本选项旨在调查市场内经营户互相之间交流所选择使用的语言情况。

本项调查中，有 39 人未填写结果，所以此 39 人的选项确定为空项，在 SPSS 数据中表现为系统缺失值，共计 1159 人的选项为有效选项。

从表 3-18 的频次分析中我们看到，普通话一枝独秀，有 96.2%的经营户选择会用普通话，其次为义乌话，有 21.5% 的经营户选择，再次为温州话，选择比例为 4.7%，然后是广东话与福建话。说明除了普通话作为市场通用语之外，来自同一个省市或地区的经营户老乡之间会用家乡话进行交流。需要注意的是，有 2.9% 的经营户选择英语，这是一个比较蹊跷的数据，因为市场内其他国籍的只有 9 名韩国经营户，并没有来自英语国家的经营户，据此我们可以判定该数据不排除被调查者粗疏看选项随意选择答案的可能（在本节其后的一些统计结果中均存在同一问题，我们不再另作分析）。有 5 名经营户选择韩语属正常范围，韩国人在一起经商，互相可以用韩语交流。

表 3-18　　　　　经营户与市场经商人员交流所用语言统计表

	反应		百分比
	频率	百分比	
与市场经商人员交流所用语言			
普通话	1115	74.0%	96.2%
义乌话	249	16.5%	21.5%
温州话	54	3.6%	4.7%
广东话	15	1.0%	1.3%
福建话	14	0.9%	1.2%
汉语其他方言	20	1.3%	1.7%
少数民族语言	1	0.1%	0.1%
英语	34	2.3%	2.9%
韩语	5	0.3%	0.4%
合计	1507	100.0%	130.0%

将多项选择的数据输入 EXCEL 表格，发现从 12 个备选项中生成了 27 种语言使用模式，我们将比例超过 1.00% 的语言使用模式提取并制成了三维柱状图加以说明。从图 3-4 中我们看出，选择单一模式普通话进行经营户之间交流的比例高达 66.11%；选择使用普通话和义乌话同时使用的比例陡降，为 17.36%；其余模式比例均在 10% 以下了，从高到低依次为普通话与温州话共用、单用义乌话、普通话与英语共用、普通话与广东话共用。单用义乌话这种模式，有的是因为不具备普通话能力，有的也可能因为周边商位基本上都是义乌同乡在经营，所以单纯使用义乌话也可

以达到与周围经营户沟通的目的。

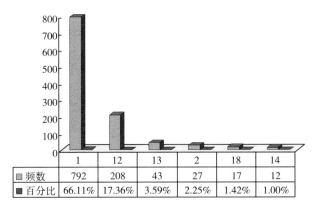

	1	12	13	2	18	14
频数	792	208	43	27	17	12
百分比	66.11%	17.36%	3.59%	2.25%	1.42%	1.00%

1=普通话；2=义乌话；3=温州话；4=广东话；8=英语

图 3-4　经营户与市场经商人员交流所用语言频数统计柱状图

三　与市场管理人员交流所用语言

市场管理人员包括办公室行政人员、摊位管理员等，经营户接触较多的应该是摊位管理员。据了解，市场管理员一般 2 个人负责一个区块的日常管理工作，一个区块有 300 多个商位，每个楼层都分成几个区块不等。市场管理人员也是经营户较多发生语言接触的对象。

本项调查中，有 38 人未填写结果，所以此 38 人的选项确定为空项，在 SPSS 数据中表现为系统缺失值，共计 1160 人的选项为有效选项。

从下面的频次分析可以看到，选择普通话进行此项交流的高达 96.3%，其次为义乌话，占 15.0%，我们可以推断，市场管理人员当中也是以义乌本地人为主的，义乌经营户遇到义乌籍管理人员，为了沟通关系，拉近彼此距离，会选择义乌话进行交流。

表 3-19　　　　经营户与市场管理人员交流所用语言统计表

	反应		百分比
	频率	百分比	
与市场管理人员交流所用语言			
普通话	1117	84.1%	96.3%
义乌话	174	13.1%	15.0%
温州话	7	0.5%	0.6%

续表

	反应		百分比
	频率	百分比	
广东话	3	0.2%	0.3%
福建话	3	0.2%	0.3%
汉语其他方言	5	0.4%	0.4%
少数民族语言	2	0.2%	0.2%
英语	15	1.1%	1.3%
韩语	2	0.2%	0.2%
合计	1328	100.0%	114.5%

将多项选择的数据输入 EXCEL 表格，发现从 12 个备选项中生成了 16 种语言使用模式，我们将比例超过 1.00% 的语言使用模式提取并制成三维柱状图加以说明。从图 3-5 中我们看出，选择单一模式普通话与市场管理人员进行交流的比例高达 79.47%，选择使用普通话和义乌话的占 12.60%，单选义乌话的只占 1.84%。

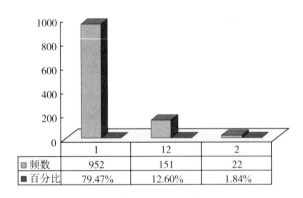

1=普通话；2=义乌话

图 3-5 经营户与市场管理人员交流所用语言频数统计图

四 与省内客商交易最常使用的语言

前两个选项主要着眼于了解对经营户之间、经营户与市场管理人员之间的工作、生活等日常交流的语言使用情况，从本选项开始了解经营户与不同来源地的客商之间的语言使用情况。

本项调查中，有 47 人未填写结果，所以此 47 人的选项确定为空项，在 SPSS 数据中表现为系统缺失值，共计 1151 人的选项为有效选项。

从表 3-20 的频次分析中我们仍看到，选择普通话进行此项交流比例稳中有升，升至 96.5%，而选择义乌话的比例明显下降，降至 5.3%。究其原因，虽然客商来自浙江省内各地，基本同属吴方言区，但吴方言区下辖不同方言区片，自古山多水隔，基本呈现"十里不同音"方言格局，不用普通话一般难以互相沟通，所以义乌话的作用明显减弱。

表 3-20　　　　　经营户与省内商客交易语言使用情况统计表

	反应		百分比
	频率	百分比	
与省内客商交易最常使用语言			
普通话	1111	89.7%	96.5%
义乌话	61	4.9%	5.3%
温州话	11	0.9%	1.0%
广东话	9	0.7%	0.8%
福建话	5	0.4%	0.4%
汉语其他方言	10	0.8%	0.9%
少数民族语言	2	0.2%	0.2%
英语	26	2.1%	2.3%
韩语	3	0.2%	0.3%
合计	1238	100.0%	107.6%

将多项选择的数据输入 EXCEL 表格，发现从 12 个备选项中生成了 19 种语言使用模式，我们将比例超过 1.00% 的语言使用模式提取并制成三维柱状图加以说明。从图 3-6 中我们看出，选择单一模式普通话与省内客商进行交流的比例独占鳌头，高达 85.81%，其后比例由高到低的语言选用模式依次为普通话和义乌话共用、义乌话单用、普通话与英语共用、英语单用，后两者的信度值得商榷。

五　与省外客商交易最常使用的语言

本项调查中，有 86 人未填写结果，所以此 86 人的选项确定为空项，在 SPSS 数据中表现为系统缺失值，共计 1112 人的选项为有效选项。从调查结果来看，我们设计选项时说明得不够清楚，有不少经营户将"省外

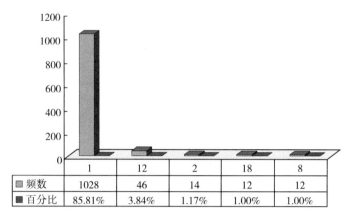

1＝普通话；2＝义乌话；8＝英语

图3-6　经营户与省内商客交易语言使用频数统计图

客商"理解成浙江省以外的国内外客商了,因此选项结果与我们所预期的稍有偏差。选择普通话与省外客商交流的比例仍居榜首,有88.9%的经营户选择此项;选择义乌话的比例锐减,仅占2.7%;选择英语的比例高达15.3%,主要是此项问卷设置的不确定性,没有限制好精确对象选择范围所致,但这也说明英语在这里的使用率还是比较高的。

表3-21　义乌国际商贸城经营户与省外商客交易语言使用情况统计表

	反应		百分比
	频率	百分比	
与省外客商交易最常使用语言			
普通话	989	80.3%	88.9%
义乌话	30	2.4%	2.7%
温州话	7	0.6%	0.6%
广东话	10	0.8%	0.9%
福建话	6	0.5%	0.5%
汉语其他方言	6	0.5%	0.5%
少数民族语言	2	0.2%	0.2%
英语	170	13.8%	15.3%
韩语	6	0.5%	0.5%
阿拉伯语	4	0.3%	0.4%
其他国家语言	1	0.1%	0.1%
合计	1231	100.0%	110.7%

　　将多项选择的数据输入 EXCEL 表格，发现从 12 个备选项中生成了 23 种语言使用模式，我们将比例超过 1.00% 的语言使用模式提取并制成三维柱状图加以说明。从图 3-7 中我们可以看出，选择单一模式普通话与省内客商进行交流的比例达 73.46%，其后比例由高到低的语言选用模式依次英语单用、普通话与英语共用、普通话与义乌话共用。

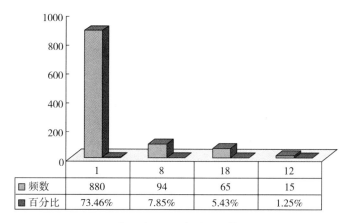

	1	8	18	12
■ 频数	880	94	65	15
■ 百分比	73.46%	7.85%	5.43%	1.25%

1=普通话；2=义乌话；8=英语

图 3-7　义乌国际商贸城经营户与省外客商交易语言使用频数统计图

六　与"老外"交易最常使用的语言

　　以上两项调查的是经营户与省内外客商交流时的语言使用情况，以下四项旨在调查研究经营户与国外客商交流时所用的语言模式及使用情况。

　　本项调查是关于语码转换情况这一大类里唯一的一个单选题，有 86 人未填写结果，所以此 89 项为缺失值，共计 1109 人的选择结果为有效选项。从表 3-22 显示结果来看，选择普通话、英语为最常使用的与外国客商交流的语言，所占比例分别为 53.1% 和 44.8%，合计为 97.9%，选择其他语言的种类所占比例微乎其微，可见市场中最流通的与老外打交道的语言为普通话和英语，其他语言无可匹敌。从我们访谈结果也可知，不少外商多少也能说几句打招呼或讨价还价的普通话，所以经营户不懂英语用普通话有时也能达到交流的目的。

表3-22　义乌国际商贸城经营户与外国商客交易语言使用情况统计表

	频率	百分比（%）	有效百分比（%）	累计百分比（%）
与"老外"最常使用的语言				
阿拉伯语	2	0.2%	0.2%	0.2%
普通话	589	49.2%	53.1%	53.3%
义乌话	6	0.5%	0.5%	53.8%
温州话	1	0.1%	0.1%	53.9%
汉语其他方言	5	0.4%	0.5%	54.4%
少数民族语言	1	0.1%	0.1%	54.5%
英语	497	41.5%	44.8%	99.3%
韩语	6	0.5%	0.5%	99.8%
其他国家语言	2	0.2%	0.2%	100.0%
合计	1109	92.6%	100.0%	
缺失	89	7.4%		
合计	1198	100.0%		

七　与"老外"打招呼能用的语言

上一个单选题的目的是了解经营户与"老外"交流最常使用的语言，接下来三个选项涉及与"老外"交流时具体的场合。

本项调查中，有71人未填写结果，所以此71人的选项确定为空项，在SPSS数据中表现为系统缺失值，共计1127人的选项为有效选项。在此项调查中，使用英语的比例直线上升，攀升至62.8%，说明简单的问候式英语一般的经营户都能说，以此拉近距离，招徕生意。会使用普通话与"老外"打招呼的占54.3%，半数以上的经营户选择普通话可以作为与外商打招呼的语言，可见以普通话打招呼问候也是一般外商都能接受或乐于接受的语言形式。值得注意的是，有26位经营户选择了韩语作为能与外商打招呼方式，还有10位选择阿拉伯语，2位选择俄语，选择能用其他国家语言的有6位，虽然总体数目不大，却有着积极的意义，说明有一定数量的经营户能运用小语种语言与外商打招呼，礼貌问候。

表 3-23　　　　　　　经营户与外国客商问候语言使用情况统计表

	反应		百分比
	频率	百分比	
和"老外"打招呼能用语言			
普通话	612	43.6%	54.3%
义乌话	29	2.1%	2.6%
温州话	5	0.4%	0.4%
广东话	2	0.1%	0.2%
福建话	1	0.1%	0.1%
汉语其他方言	3	0.2%	0.3%
少数民族语言	1	0.1%	0.1%
英语	708	50.4%	62.8%
韩语	26	1.9%	2.3%
阿拉伯语	10	0.7%	0.9%
俄语	2	0.1%	0.2%
其他国家语言	6	0.4%	0.5%
合计	1405	100.0%	124.7%

将多项选择的数据输入 EXCEL 表格，发现从 12 个备选项中生成了 33 种语言使用模式，我们将比例超过 1.00% 的语言使用模式提取并制成三维柱状图加以说明。从图 3-8 中我们看出，选择单一模式英语的比例首次超过了普通话，为 39.07%；其次为单选普通话的模式，占 32.05%；普通话和英语共用的模式占 16.19%，即这些经营户有时用普通话与"老外"打招呼，有时候也用英语；超过 1% 经营户选用的语言模式首次出现了英语和韩语共用的模式，说明市场里韩国客商不少，能用韩语打招呼的经营户也占一定比例。几项累加，可见过半数的人都会选择用英语跟"老外"打招呼。

八　与"老外"讨价还价能用的语言

本项调查中，有 108 人未填写结果，所以此 108 人的选项确定为空项，在 SPSS 数据中表现为系统缺失值，共计 1090 人的选项为有效选项。与仅仅跟"老外"打招呼相比，讨价还价的难度相对增加，所以选择普通话的比例再度升至选择英语的比例之上，为 62.2%，而英语为 53.4%。

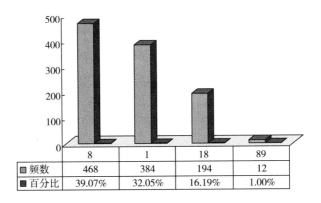

	8	1	18	89
■ 频数	468	384	194	12
■ 百分比	39.07%	32.05%	16.19%	1.00%

1=普通话；8=英语；9=韩语

图 3-8　经营户与国外商客问候语言使用频数统计图

从对经营户的访谈中获知，经营户们中有相当比例的人认为，在市场内跟"老外"讨价还价，如果说不好英语，最有效的辅助手段就是使用计算器，这是不得已的情况下最直接便捷立竿见影的交流方式。

表 3-24　　　　经营户与外国商客议价语言使用情况统计表

	反应		百分比
	频率	百分比	
和"老外"讨价还价能用语言			
普通话	678	51.2%	62.2%
义乌话	20	1.5%	1.8%
温州话	5	0.4%	0.5%
广东话	2	0.2%	0.2%
福建话	1	0.1%	0.1%
汉语其他方言	7	0.5%	0.6%
少数民族语言	1	0.1%	0.1%
英语	582	43.9%	53.4%
韩语	14	1.1%	1.3%
阿拉伯语	6	0.5%	0.6%
俄语	2	0.1%	0.2%
其他国家语言	7	0.5%	0.6%
合计	1325	100.0%	121.6%

　　将多项选择的数据输入 EXCEL 表格，发现从 12 个备选项中生成了 30 种语言使用模式，但根据观察，30 种语言使用模式的分布高度集中于三种语言模式，其余所占比例均不足 1%。从三维柱状图 3-9 我们可以清晰地看到，由于讨价还价的英语已经有一定难度，所以单选普通话模式的又位列第一了，占有效样本量的 38.98%，也可以认为这些经营户认为使用普通话讨价还价也能达到商品交易的效果；单选英语模式的还是占较大比例，有 31.39% 的经营户选择使用英语跟"老外"讨价还价；还有 15.36% 的经营户选择普通话与英语共用的语言使用模式与"老外"讨价还价，英语不够用的时候普通话作补充；其余各种语言使用模式虽然数量不少，但均不成气候，影响可以忽略不计。

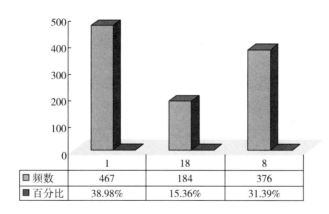

1=普通话；8=英语

图 3-9　经营户与外国客商议价语言使用频数柱状统计图

九　向"老外"介绍商品优缺点能用的语言

　　本项调查中，有 112 人未填写结果，所以此 112 人的选项确定为空项，在 SPSS 数据中表现为系统缺失值，共计 1086 人的选项为有效选项。向"老外"介绍商品优缺点，属于陈述性内容，难度比前两个选项继续增大，我们预估选择普通话的人将增多，而使用英语陈述的人会相对减少。频次分析表 3-25 中印证了我们的预期，选择向"老外"介绍商品优缺点使用普通话的达到 66.5%，使用英语的降至 47.2%，选择其他语言的比例极小。

表3-25　　经营户向外国客商介绍商品优缺点时语言使用情况统计表

| | 反应 | | 百分比 |
	频率	百分比	
和"老外"讨价还价能用的语言			
普通话	722	56.1%	66.5%
义乌话	24	1.9%	2.2%
温州话	5	0.4%	0.5%
广东话	1	0.2%	0.2%
福建话	1	0.1%	0.1%
汉语其他方言	2	0.2%	0.2%
少数民族语言	1	0.1%	0.1%
英语	513	39.8%	47.2%
韩语	11	0.9%	1.0%
阿拉伯语	2	0.2%	0.2%
俄语	2	0.2%	0.2%
其他国家语言	4	0.3%	0.4%
合计	1288	100.0%	118.6%

将多项选择的数据输入 EXCEL 表格，发现从 12 个备选项中生成了 25 种语言使用模式，我们将比例超过 1.00% 的语言使用模式提取并制成三维柱状图加以说明。从图 3-10 中我们看出，选择单用普通话向"老外"介绍商品优缺点的占总样本量的 44.74%，单用普通话的占 28.30%，英语和普通话共用的占 13.36%。从后三个选项分析我们可以清晰地看到，在与外商的贸易交往中，只有普通话和英语是起主要作用的，两者地位没有其他语言可以代替。与此同时，随着与外商语言交流的深入，英语难度逐步增大，则选择使用英语模式的人数比例就相对下降，而选择普通话使用模式的人数比例就相对上升，选择英语和普通话两种语言共用的模式基本处于第三的位置。

十　经营户自评是否能灵活转换使用的语言

在前面 9 项针对不同对象不同场合经营户语码转换情况的具体调查之后，我们单独设置了一个选项，让经营户对自己"针对不同客商是否能灵活转换使用的语言"这项能力做一个自我评估，备选项只提供"能"

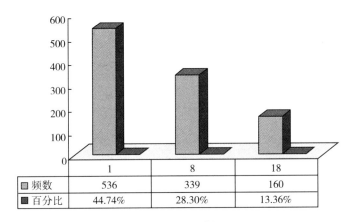

1＝普通话；8＝英语

图3-10　经营户向外国客商介绍商品优缺点时语言使用频数统计图

与"不能"两个。本选项统计结果缺失66人，此66人视为无效样本。从数据显示，认为自己能灵活转换语码的为343人，仅占有效百分比的30.3%，自评不能灵活转换语码的789人，占有效百分比的69.7%，说明绝大多数人对自己的语码转换能力是缺乏足够信心和肯定的。

　　以下我们结合性别、年龄、文化程度等几个常规社会变量进行交叉分析，试图归纳出这些常规变量对语码转换能力的影响程度高低的变化规律。

表3-26　　　　　　　经营户是否能语码转码＊性别交叉制表

是否能语码转换的百分比		性别		合计
		男	女	
是否能语码转换	能	51.3%	48.7%	100.0%
	不能	47.3%	52.7%	100.0%
合计		48.5%	51.5%	100.0%

　　从性别与语码转换能力交叉分析来看，男性自我评价能灵活转换使用语言的比例略高于女性，高出2.6%，区别意义不大，不足以说明男性语码转换能力强于女性。

表 3-27　　　　　　　经营户年龄 * 是否能语码转码交叉制表

		是否能语码转换		合计
		能	不能	
年龄	20 岁以下	31.3%	68.7%	100.0%
	20—29 岁	32.6%	67.4%	100.0%
	30—39 岁	28.2%	71.8%	100.0%
	40—49 岁	29.5%	70.5%	100.0%
	50—59 岁	35.1%	64.9%	100.0%
	60 岁以上	20.0%	80.0%	100.0%
合计		30.3%	69.7%	100.0%

从年龄与语码转换能力交叉分析来看，还是能看出区别性特征的，自我评价能灵活转换使用语言的比例最高的为 50—59 年龄段，占 35.1%，其次为 20—29 岁、20 岁以下这两个年龄段，分别为 32.6% 和 31.3%，这三个年龄段的自我评价比平均值 30.3% 略高；30—39 岁、40—49 岁两个年龄段比例略低于平均值；60 岁以上对自己的语码转换能力普遍持否定态度。

表 3-28　　　　　　经营户文化程度 * 是否能语码转换交叉制表

		是否能语码转换		合计
		能	不能	
文化程度	不识字	45.5%	54.5%	100.0%
	小学	23.4%	76.6%	100.0%
	初中	25.7%	74.3%	100.0%
	高中或中专	29.2%	70.8%	100.0%
	大专	37.7%	62.3%	100.0%
	本科及以上	55.4%	44.6%	100.0%
合计		30.3%	69.7%	100.0%

从文化程度与语码转换能力交叉分析表来看，区别性特征非常显著。对语码转换能力的自我肯定比例由小学文化程度向本科及以上文化程度递增，尤其是本科及以上学历的自我肯定比例为 55.4%，远远高出平均值 30.3%。此项分析表明，文化程度越高，灵活运用语言的能力也越强，即

语码转换能力越强。需要说明的是，不识字这一栏的自我肯定能力也很高，但是参看前面的分析，文盲一共只有 11 人，占样本总量的 1% 都不到，不具备说服力。

从以上三项交叉分析我们可以看出，文化程度对语码转换能力的影响是最大的，年龄和性别也有一定影响，但不是很大，我们另外也对行业、经商时间等变量进行了交叉分析，区别性特征不是很明显，所以分析结果不在此列出。

第六节　小　　结

本章我们分别从中国小商品城经营户基本信息、语言习得情况、目前语言使用水平、每天使用语言的时间以及在不同交际对象、交际场合下语码转换情况等方面对经营户的语言使用情况进行了分析。

在我们所调查的 1198 个经营户样本中，有 9 名经营户为韩国国籍，占 0.8%，除 3 个样本缺失外，其余均为中国公民。从民族构成来看，汉族占 97.4%，其余四个少数民族分别为朝鲜族、蒙古族、维吾尔族、壮族，实际分布状态下，民族涉及面会更广。样本以浙江省经营户为主，共计 831 人，其余经营户来源呈多样化特点，分别来自 28 个省、市、自治区，按比例高低，排名靠前的省份依次为广东、福建、江西、江苏、河南、安徽、湖南、湖北，可见经营户还是以长江以南经济较发达，商贸较活跃的地区为主。样本中男性 576 人，占 48.1%，女性 622 人，占 51.9%，男女性别比例基本保持均衡。被调查经营户以中青年为主，20 至 49 岁样本占总数的 92.1%，其中又以青年为主力，20 至 39 岁样本占 73.2%。文化程度比较集中，以初中、高中及大专占多数，为 86.4%，本科及以上学历只占 5.6%，文盲比例极低，不到 1%。文化程度基本随年龄段的上升呈递减趋势，高学历的比较集中于 20—29 岁这个年龄段。中国小商品城共有 41 个行业，调查 61.4% 的经营户分布于工艺品、小五金、饰品、日用百货、袜业等十大行业，其中饰品、化妆品、服装等性别特征较明显的行业中女性经营户比例显著高于男性。中国小商品城自建立至今已近 30 年，从经营户在义乌经商的时间来看，以 3—10 年的群体居多，且经商时间长、较为稳定的基本以浙江本地经营户为主。

在语言习得情况方面，我们调查了经营户母语习得情况，普通话和外语习得时间、途径。60.0%的经营户幼年时母语先习得方言，39.5%的经营户先习得普通话，另有 0.5%的经营户先习得其他语言，年龄段越低母语习得普通话的比例越高。合计有 89.7%的经营户习得普通话是在上学前后，说明 50 多年来我们国家普通话的普及推广工作是卓有成效的，尤其是义务教育，让大部分人接受到了以普通话为教学语言的规范的学校教育。参加调查的经营户中 64.4%选择使用的外语是英语，其次是韩语、阿拉伯语和俄语等，但所占比例极低，可以推断，英语由于其附着的经济价值，在中国小商品城是绝对强势语言，没有其他外语可以与之抗衡。经营户习得外语的主要途径是学校教育，57.5%的经营户是在学校跟老师学的外语。而跟"老外"接触过程中习得外语是除学校教育外的一个值得引起重视的学习途径，这种学习方式可以说是因为中国小商品城 60%以上外向度的大环境促成的，经济贸易的需求成为经营户学习外语的动力，但与此同时还存在着 23.7%的经营户从没学过外语的情况，这跟部分经营户文化程度低，年龄偏大也有关系，也说明商城经营户学习外语还有很大的拓展空间。

我们通过经营户自评来大致判定经营户目前使用义乌话、普通话和英语的水平。这三种语言分别代表了地方强势方言、国内强势语言（国家通用语）和全球强势语言，我们通过了解经营户们使用不同通用范围的语言时所能达到的水平来判断这三种强势语言的影响力大小。统计结果显示，累计 39.6%的经营户用义乌话交流没有什么问题，过半数的经营户能听懂义乌话，可见义乌话在市场内的流通程度是相当高的。能流利准确地使用普通话的比例高达 59.3%，较流利使用普通话的占 30.5%，基本能交谈但不很熟练的占 5.5%，三项总计高达 95.2%，说明普通话在经营户语言使用中的超强势地位。在一个外来人口大大超过当地居民的商贸城市，中国小商品城就是城中之城，作为国家通用语言的普通话，其社会价值和经济价值在市场里得到充分的体现，掌握好普通话就等同于掌握了交际和贸易的强劲手段，人们把能说标准流利的普通话作为经商的必备条件。经营户由于受文化程度等因素影响，外语总体水平明显偏低，在有效样本中，仅有 4.8%和 5.5%的经营户能流利准确或较流利使用，能听懂以上水平的累计占 37.7%，62.3%的经营户外语水平处在不太能听懂也不太会说或完全听不懂也不会说这两个层级，即一半以上经营户无法用外语与客商交流。

　　受经营户来源地分布的影响，义乌经营户以过半数的绝对优势占据了市场，占47.1%的经营户每天都在使用义乌方言，时间长短从1小时以内到5小时以上不等，说明义乌话在部分经营户生活中占据着其他语言所不可替代的地位，也是市场内最通用的方言。与此同时，累计97.4%的经营户每天或多或少都在使用普通话进行市场内外的交际交流贸易，说明市场经营户都具有较好的自觉使用普通话进行交流交易的意识，而大型市场的贸易需求也同样刺激经营户使用普通话的积极性。在国际商贸城内，每天大约有5000人次的外商客流，虽然有的外商自带翻译，但也需要经营户们用简单英语招徕生意，52.2%的经营户自报每天或多或少都在使用外语，虽然其中35.1%的经营户每天使用外语的时间在1小时以内，但我们可以乐观地认为，在市场内，经营户与外商打交道时用简单的外语招呼客人和讨价还价已经是较为普遍的现象了，而且随着市场国际化进程的加速，经营户们使用外语的时间会增加，水平也会逐渐提高。

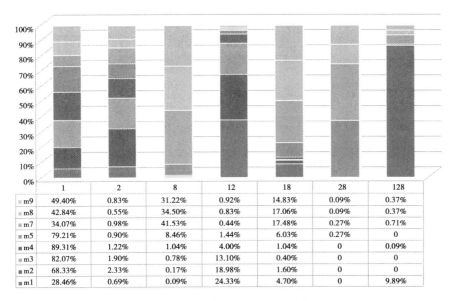

	1	2	8	12	18	28	128
m9	49.40%	0.83%	31.22%	0.92%	14.83%	0.09%	0.37%
m8	42.84%	0.55%	34.50%	0.83%	17.06%	0.09%	0.37%
m7	34.07%	0.98%	41.53%	0.44%	17.48%	0.27%	0.71%
m5	79.21%	0.90%	8.46%	1.44%	6.03%	0.27%	0
m4	89.31%	1.22%	1.04%	4.00%	1.04%	0	0.09%
m3	82.07%	1.90%	0.78%	13.10%	0.40%	0	0
m2	68.33%	2.33%	0.17%	18.98%	1.60%	0	0
m1	28.46%	0.69%	0.09%	24.33%	4.70%	0	9.89%

图3-11　经营户语码转换汇总分析图

　　m1＝您会用的语言；m2＝您和市场内其他经商人员说话所用语言；m3＝您和市场管理人员说话所用语言；m4＝您和省内客商交易最常使用语言；m5＝您和省外客商交易最常使用语言；m7＝您和"老外"打招呼能用的语言；m8＝您和"老外"讨价还价能用的语言；m9＝向"老外"介绍商品优缺点能用的语言。

　　我们将经营户在市场内针对不同对象在不同场合的语码转换情况用图 3-11 进行汇总分析，因为 9 个选项中 m6 是单选题，所以不在此图中显示。12 种备选语言由经营户选择产生的组合模式高达 60 多种，但基本都集中在义乌话、普通话和英语三种语言组合产生的模式，因此我们在图中只统计了这三种语言产生的组合被经营户选中的比例。图中 1 指普通话，2 指义乌话，8 指英语。从图中我们看出，在 m1—m5 选项中，经营户交流的对象是国内人员，因此语码主要在普通话和义乌话之间转换，语言模式的组合主要是单用普通话、普通话和义乌话混用两种；在 m7—m9 选项中，经营户交流的对象是外商，因此语码主要在普通话和英语之间转换，语言模式的组合主要是单用普通话、单用英语、普通话和英语混用三种。

　　身处客流量以数万计的大型涉外市场，面对来自不同地域的国内外客商，认为自己能灵活转换语码的经营户仅占有效百分比的 30.3%，自评不能灵活转换语码的占有效百分比的 69.7%，说明绝大多数人对自己的语码转换能力缺乏足够信心和肯定。我们发现，性别、年龄等因素对经营户语码转换能力影响不大，而文化程度这个变量对语码转换起着举足轻重的作用，文化程度越高，灵活运用语言的能力也越强，即语码转换能力越强。

第四章

中国小商品城经营户语言态度研究

　　语言态度指人们在社会认同、社会环境等因素的影响下，由有关语言文字的知识、感情和行为倾向等因素所形成的一种语言心理现象，主要反映的是语言人的主观愿望、看法和评价。

　　美国城市方言学派的代表人物拉波夫曾指出，语言的差异并不是纯语言的，而是由一定的社会环境决定的，语言本身无所谓好或坏，无所谓完善或不完善，对某种语言的评价是由使用该语言的人或社会集团的社会地位、文化修养等因素决定的。既然人们对某种语言的毁誉态度取决于使用这种语言的人的社会地位，那么这评价必将对语言的使用者发生深刻的影响。经济发达、文化根基深厚的社会流行的语言，必定会获得较高的威信，其他社会集团、其他文化层次的人就会对这种语言产生文明崇拜。①这种对语言所产生的文明崇拜就是语言态度。

　　语言态度研究是社会语言学研究的一个重要课题，人们对不同语言及语言变体的态度，不仅反映了使用这些语言的人们之间的关系，也反映了人们的社会经济地位和社会价值。通过研究这些影响语言的社会因素，可以预见语言的发展，考察语言的使用，制定正确的语言政策，研究语言的教学问题，等等。

　　我们对于中国小商品城经营户的语言态度展开调查和研究，可以使我们进一步了解市场语言使用现状并预测未来的发展，也可以为当地政府部门制定相关的语言政策时提供理论依据和参考意见。

　　研究语言态度的一般方法，除了法国学者兰伯特（Lambert W. E,1963）首创的"变语配对法"外，还有总加量表、语义差异量表、直接调查、间接调查等方法。对中国小商品城经营户所展开的语言态度调查，

---

　　①　冯志伟：《现代语言学流派》，陕西人民出版社 1987 年版，第 323 页。

我们采用的是以总加量表的形式进行问卷调查。总加量表又称里克特量表，是 1932 年由里克特提出并使用。总加量表是最简单、同时也是使用最为广泛的量表。其主要目的是用来测量人们对某一事物的看法和态度，主要形式是询问答卷者对某一陈述的判断，并以不同的等级顺序选择答案。总加量表按可供选择的答案数量的不同，可以分为两项选择和多项选择两种形式。两项式选择只设"同意、不同意"，或"是、否"两项可供选择的答案。这次调查我们采用了多项式选择，设计了经营户语言学习意愿、经营户对其子女的语言学习期待、及对义乌话、普通话、英语的主观评价三类问题，并将备选项设计成 5 个程度级，如"很不愿意，不愿意、无所谓、愿意、非常愿意"，或 6 个程度级，如"很好听、好听、一般、不好听、难听、无所谓""用处大、有用处、一般、用处不大、没用处、无所谓"等。

第一节　经营户的语言学习意愿

一　经营户语言学习意愿基本情况

表 4-1　　　　　　　　经营户语言学习意愿基本情况

	是否愿主动学义乌话		是否愿主动学普通话		是否愿主动学外语	
	频率	百分比	频率	百分比	频率	白分比
很不愿意	49	4.1%	18	1.5%	23	1.9%
不愿意	107	8.9%	24	2.0%	41	3.4%
无所谓	534	44.6%	306	25.6%	303	25.3%
愿意	373	31.2%	543	45.4%	592	49.5%
非常愿意	133	11.1%	305	25.5%	238	19.9%
合计	1196	100.0%	1196	100.0%	1197	100.0%

我们设计了三个题目来考察经营户的语言学习意愿，分别是"您是否愿意主动学习义乌话""您是否愿意主动学习普通话""您是否愿意主动学习外语"。从我们对经营户调查结果的频次分析中可以看出，对于强势方言义乌话，有 42.3% 的经营户是愿意或非常愿意学习的，44.6% 的经营户持无所谓的中立态度，只有 13.0% 的经营户对学习义乌话持反对态

度。对于民族共同语普通话，持积极学习态度的经营户比例陡增至
70.9%，仅有 3.5%的经营户表示反对，另有 25.6%的表示无所谓。而对
于外语，69.4%的愿意或非常愿意学，持积极态度的比例几乎与学习普通
话的比例持平，反对的比例同样很低，仅占 5.3%，无所谓的占 25.3%。

　　总体来看，我们调查的经营户中，约七成左右愿意主动学习普通话和
外语，可以说他们在对普通话和外语的学习上，整体来说态度是相当积极
的。普通话作为国家通用语言，是不同地区人们之间重要的交际工具，其
重要性和权威性在社会上已得到广泛的肯定，所以经营户对学习普通话基
本有着较为一致的认同。在国际性的商贸城市，身处外向度极高的大型涉
外市场，掌握一门外语的重要性经营户们同样了然于心，因此对学习外语
的积极认同程度几乎与普通话等同。相比较而言，义乌话作为市场所在地
的流通方言，在市场里已不再是承担最主要交际功能的语言变体，虽然四
成多的经营户愿意主动学习，但这其中包含了大部分义乌本地及周边县市
经营户，可见义乌话在市场内部受重视程度显然不及普通话和英语。

二　经营户语言学习意愿的共时差异分析

　　社会语言学认为，人们处在社会化进程当中，其性别、年龄、文化程
度等因素就具有了社会特征，成为社会语言学研究的一个个变量，这些变
量是否影响、如何影响着中国小商品城经营户语言态度的，这是我们在本
章中需要探讨研究的问题。

　　我们采取单因素方差分析的方法对主要变量进行分析。单因素方差分
析也称一维方差分析，它检验由单一因素影响的一个（或几个相互独立
的）因变量由因素各水平分组的均值之间的差异是否具有统计意义。还
可以对该因素的若干水平组中哪一组与其他各组均值之间具有显著性差异
进行分析，即进行均值的多重比较。①

　　统计检验的结果显示，经营户语言学习意愿在很多方面表现出差异。
在一些常见的社会变量，如性别、年龄、文化程度上表现出差异，还有在
义乌经商时间、经营的行业等变量上也有差异。

---

　　① 补充说明：方差分析（Analysis of Variance，ANOVA），又称"变异数分析"或"F 检
验"，是 R. A. Fisher 发明的，用于两个及两个以上样本均数差别的显著性检验。目的是通过数据
分析找出对该事物有显著影响的因素，各因素之间的交互作用，以及显著影响因素的最佳水平
等。F 值即 F 比值，也称方差比值。

性别

不同群体在语言使用上明显地表现出性别差异，过去许多学者对此作了很多有意义的探索，并得出重要结论。从社会语言学建立之初就开始了。很多学者围绕这一研究内容作了很多有意义的探索，得出一些结论，如女性和男性使用语言在词语的选用、语气的强硬等方面表现出一些差异，女性总比男性更倾向于使用标准变体和标准变式，女性处于语言变化的领先地位等。但是随着研究世界范围的展开，研究群体的扩展，也有一些结论受到了质疑，如有一些学者在对非西方工业国家的调查中发现了一些相反的情况。[1]

社会语言学所考察的性别差异现象，不涉及"语法性别"和"生物性别"，而主要是由考察社会因素引起的"社会性别"现象。我们对中国小商品城经营户语言使用的性别差异所作的调查分析见表4-2。

表4-2　　　　　　　　　　对性别变量的方差分析

	F	显著性
是否愿意主动学义乌话	1.211	0.271
是否愿意主动学普通话	0	0.994
是否愿意主动学外语	23.842	0

从上表对性别变量的方差分析结果可以看出，男性经营户和女性经营户在学习义乌话的主观意愿（sig=0.271>0.05）[2] 和学习普通话的主观意愿（sig=0.994>0.05）上，没有明显差别。而在学习外语的主观意愿（sig=0<0.05）上，男性和女性存在明显差异。

表4-3　　　　　　　　　　按性别分组的均值比较报告表

性别		是否愿意主动学义乌话	是否愿意主动学普通话	是否愿意主动学外语
男	均值	3.31	3.86	3.70
	N	575	576	575

---

① 徐大明等：《当代社会语言学》，中国社会科学出版社1997年版，第88页。

② sig值（显著性）是统计学方差检验值，sig<0.05证明研究的差异经过检验，具有统计学上的意义。

续表

性别		是否愿意主动学义乌话	是否愿意主动学普通话	是否愿意主动学外语
	标准差	0.938	0.824	0.900
女	均值	3.41	3.97	3.93
	N	621	620	622
	标准差	0.935	0.868	0.795
总计	均值	3.36	3.91	3.82
	N	1196	1196	1197
	标准差	0.854	0.848	0.938

均值比较结果显示①，经营户对于三种语言的学习意愿均值不同，学习义乌话意愿的均值为 3.36，即无所谓态度；而学习普通话和外语的意愿均值分别为 3.91 和 3.82，即愿意主动学习，其中又以学习普通话的主观意愿均值最高，为 3.91。从性别差异来看，女性均值普遍高于男性，在义乌话和普通话学习意愿均值上，女性均高出男性 0.10 左右；而在外语学习意愿上均值差异更显著一些，女性比男性高出 0.23。

不同性别经营户语言学习意愿差异研究的结果，在一定程度上验证了女性比男性更倾向于学习并使用通用语言，而女性比男性更愿意学习外语，这一点符合女性在语言学习和使用中的先导倾向。实际上这也印证了由于两性生理、心理特征等导致的语言学习和使用上的不同，女性的语言学习意愿比男性更容易为功利目的所驱动，女性更愿意自己能说一口标准流利的普通话，也更愿意掌握一门能带来经济效益最大化的外语。

年龄

社会语言学认为，人类一旦进入社会化进程，年龄段的差异就具有了社会因素的性质；在不同的年龄段，人们对不同的集体，会有不同的认同感，从而对其语言产生不同的影响。调查、记录和比较语言的年龄差异（age grading），是研究语言微观演变的极其重要的途径。社会语言学的大量调查表明，年龄和语言的变化有着密切的关系。我们在研究大型涉外市

---

① 表 4-3 中 N 指参加检验的样本数。本研究中，均值 1.5 以下的为很不愿意，均值在 1.5—2.5 之间的为不愿意，均值在 2.5—3.5 之间的为无所谓，均值在 3.5—4.5 之间的为愿意，均值在 4.5 以上的为非常愿意。

场的语言状况时，就哪些因素影响着人们语言的选择意愿和使用来看，年龄因素是不可忽视的一个变量。

表 4-4　　　　　　　　　　　　　对年龄变量的方差分析

	F	显著性
是否愿意主动学义乌话	1.471	0.196
是否愿意主动学普通话	1.093	0.362
是否愿意主动学外语	1.625	0.150

年龄变量的方差分析结果显示，不同年龄段经营户在学习义乌话的主观意愿（sig = 0.196 > 0.05）、学习普通话的主观意愿（sig = 0.362 > 0.05）和学习外语的主观意愿（sig = 0.150 > 0.05）上没有显著性差别。从均值比较报告表相关数据来看，不同年龄段经营户对于学习义乌话的意愿基本持无所谓态度，只有 60 岁以上年龄段的学习意愿均值为4.20，但 60 岁以上 N 值即样本量仅为 5 个，在统计上基本不具有分辨意义。学习普通话的主观意愿，不同年龄段均值都在 3.5—4.5 之间，即愿意学习，在年龄段的高低两端，均值呈增高趋势。不同年龄段学习外语的意愿均值也在"愿意"区间，但均值分布呈现出年龄越低学习外语意愿均值越高的趋势，可见从学习外语的角度出发，年轻人更能体会到外语的重要性，这跟全社会近年掀起的外语热有一定关系，英语作为全球通用语言，越来越受到年轻人的重视。年龄段越低，接受外部社会刺激越敏感，也就越能够做出相应的信息回馈，这同样体现在对外语的学习意愿上。

文化程度

受教育程度一直是社会语言学研究中一个重要的社会变量。国家、地区的经济发展和社会进步与社会成员文化素质的提高密切相关。社会成员文化素质的高低，表明人们认识社会、推动经济社会向前发展能力的强弱，是经济持续发展的至关重要的因素。大多数研究表明，普通话在我国具有较高威望，能够标识人们的社会地位和文化修养，因此，普通话水平及其使用频率常常与人们的教育程度成正比。而改革开放以来，英语越来越受到国民的重视，其社会地位和经济地位凸显，英语水平一般来说也跟受教育程度成正比。从中国小商品城经营户语言学习意愿来看，文化程度同样是很关键的一个影响因素。

对文化程度变量的方差分析显示，不同文化程度的经营户在学习义乌话的主观意愿（sig=0.387>0.05）、学习普通话的主观意愿（sig=0.311>0.05）上没有显著性差别，但在主动学习外语的意愿（sig=0<0.05）上有着显著差异。我们从均值比较报告表4-5可以看出，不同文化程度的经营户在学习义乌话的主观意愿上均值都处在2.5—3.5之间，即持无所谓态度；在学习普通话的主观意愿上，均值都处于3.5—4.5之间，即愿意主动学习普通话，此项均值以本科及以上文化程度为最高，为4.13；在是否愿意主动学习外语这一项上，不同文化程度经营户的均值呈现出随着文化程度的增高，外语学习主观意愿均值增强的趋势，不识字的和小学文化程度的经营户学习意愿均值在3.5以下，即持无所谓态度，初中及以上文化程度均值在3.5—4.5之间，即持愿意学习的态度。文化程度越高，与外商接洽交流的障碍越小，贸易成功的可能性越大，学习并提升自己外语水平的要求也就越迫切，可见，在学习外语的主观意愿上，文化程度的高低是个相当重要的影响因子。

表4-5　　　　　　　　　　按文化程度分组的均值比较报告表

文化程度		是否愿意 主动学义乌话	是否愿意 主动学普通话	是否愿意 主动学外语
不识字	均值	3.18	3.91	3.18
	N	11	11	11
	标准差	1.250	0.701	0.328
小学	均值	3.38	3.74	3.44
	N	84	84	85
	标准差	0.877	0.762	0.993
初中	均值	3.35	3.87	3.73
	N	441	440	440
	标准差	0.906	0.842	0.818
高中或中专	均值	3.39	3.96	3.93
	N	432	432	432
	标准差	0.945	0.821	0.798
大专	均值	3.39	3.90	3.90
	N	161	162	162
	标准差	0.936	0.960	0.865

文化程度		是否愿意 主动学义乌话	是否愿意 主动学普通话	是否愿意 主动学外语
本科及以上	均值	3.18	4.13	4.07
	N	67	67	67
	标准差	1.114	0.869	0.893
总计	均值	3.36	3.91	3.82
	N	1196	1196	1197
	标准差	0.938	0.848	0.854

经商时间

一个言语社区的语言状况不可能是短时期内形成的,它有一个相对缓慢的发展过程。经营户在义乌的经商时间长短是否会影响他们语言学习的主观意愿,这也是我们在此需要考察的一个不可忽视的变量。

表 4-6　　　　　　　　　　对经商时间变量的方差分析

	F	显著性
是否愿意主动学义乌话	0.533	0.752
是否愿意主动学普通话	1.160	0.327
是否愿意主动学外语	3.515	0.004

对经商时间变量的方差分析显示,在义乌经商时间不同的经营户在学习义乌话的主观意愿(sig = 0.752 > 0.05)、学习普通话的主观意愿(sig = 0.327 > 0.05)上没有显著性差别,但在主动学习外语的意愿(sig = 0.004 < 0.05)上有着显著差异。均值比较报告表生成结果说明,在义乌经商时间 10 年以下的经营户对于学习义乌话的主观意愿均值都在 3.5 以下,即持无所谓态度,而经商时间在 10 年以上的经营户对于学习义乌话表现出愿意学习的积极态度,我们不难理解,在义乌经商、生活 10 年以上,其学习、事业、家庭各个方面基本已经融入义乌当地的生活,而义乌本地人就自不必说了,持积极学习义乌话的态度在情理之中。在学习普通话的主观意愿上,呈现出随着经营户在义乌经商时间的增长,普通话学习主观意愿均值逐渐增强的趋势,我们可以这么解读这个现象,即在义乌经商时间越长,对于普通话这一国内强势语言的经济价值认识越清晰,主观

学习意愿也就越强。对于外语学习的主观意愿均值分布呈不规则态势，但各经商时间段均值都在愿意学习这一档。从总体均值来看，普通话均值3.91>外语均值3.82>义乌话均值3.36。

　　籍贯与行业分布

表 4-7　　　　　　　　　　　　对籍贯变量的方差分析

	F	显著性
是否愿意主动学义乌话	2.008	0.003
是否愿意主动学普通话	1.036	0.415
是否愿意主动学外语	1.909	0.006

表 4-8　　　　　　　　　　　　对不同行业变量的方差分析

	F	显著性
是否愿意主动学义乌话	3.857	0
是否愿意主动学普通话	2.442	0.007
是否愿意主动学外语	3.832	0

　　我们将调查问卷里经营户背景信息中的其余两项，籍贯与经营行业两个变量也进行了方差分析。分析结果显示，不同籍贯的经营户在学习普通话的主观意愿（sig=0.415>0.05）上没有明显差异，而在学习义乌话主观意愿（sig=0.003<0.05）和学习外语主观意愿（sig=0.006<0.05）上有着显著差异。从均值比较来看，不同籍贯的经营户对于普通话学习均持愿意主动学习的积极态度，而对于义乌话的学习意愿，大部分均值处在无所谓这一档，也有少部分持愿意学习态度。不同籍贯的经营户学习外语的主观意愿从均值上看都是持愿意主动学习的态度。学习三种语言的主观愿望总体均值分别为，普通话均值3.91>外语均值3.82>义乌话均值3.37。

　　在中国小商品城从事不同行业的经营户，在学习语言的主观意愿上（三项 sig 值均小于0.05）均表现出明显差异。均值比较报告显示，学习义乌话、普通话、外语的主观意愿总体均值分别为，普通话均值3.91>外语均值3.82>义乌话均值3.36。不同籍贯经营户在学习普通话主观意愿上均值比较一致，都处在愿意学习这一档；而对于义乌话的主动学习意愿，大部分籍贯的经营户均值在无所谓这一档，也有少部分在愿意学习这一档；对于外语的主动学习意愿，大部分籍贯的经营户持积极的正面的即愿意学习的态度，少部分为无所谓态度。从外语学习意愿均值分布来看，经营外向度较高的行业，如饰品、钟表、工艺品等行业，其均值一般高于外向度相对较低的行业，如化妆品、玩具，前三者均值都在 3.5—4.5 之间，而后二者均值在低于 3.5，说明外向度高的行业本身向经营户发出了要求其掌握和提升外语水平的潜在需求，在这样的贸易环境中，经营户的学习愿望自然被激发，显得相对强烈。

第二节　经营户对子女的语言学习期望

一　经营户对子女语言学习期望基本情况

表 4-9　　　　　　　　经营户对子女语言学习期望基本情况

	是否希望子女义乌话		是否希望子女学普通话		是否希望子女学外语	
	频率	百分比	频率	百分比	频率	百分比
很不希望	46	3.8%	15	1.3%	19	1.6%
不希望	94	7.8%	19	1.6%	14	1.2%
无所谓	474	39.6%	145	12.1%	123	10.3%
希望	432	36.1%	482	40.3%	411	34.3%
非常希望	152	12.7%	536	44.8%	630	52.6%
合计	1198	100.0%	1197	100.0%	1197	100.0%

我们设计了三个题目来考察经营户对子女的语言学习期望，分别是"您是否希望您的子女学会义乌话""您是否希望您的子女能说标准的普通话""您是否希望您的子女掌握外语"。

从我们对经营户调查结果的频次分析中可以看出，对于当地通用的强势方言义乌话，有 11.6% 的经营户反对子女学习，39.6% 持无所谓的中立态度，48.8% 的经营户对子女学习义乌话是正面支持的。对于民族共同语普通话，积极支持子女学习的经营户比例大幅度攀升至 85.1%，仅有 2.9% 经营户表示反对，另有 12.1% 的经营户对子女学习普通话持无所谓态度。而对于子女学习外语的期望，正面支持比例超过普通话近 2 个百分点，即 86.9% 的经营户希望或非常希望子女能掌握外语，反对的比例同样很低，仅占 2.8%，无所谓的占 10.3%。

总体来看，我们调查的经营户中，近九成经营户希望自己的子女掌握标准的普通话和外语，说明不管经营户本人年龄、文化程度等背景如何，他们对子女的语言期望普遍都相当高。而对子女学习外语的期望甚至超过了国家通用语普通话，这是经营户们身处国际性商贸城市，经常与外商打交道而产生的对外语的迫切需求。掌握外语，就更有可能接下一张张外贸订单，更有可能促成一桩桩跨国贸易，语言产生经济效益，语言与经济相辅相成，这在中国小商品城的经营户中已基本达成共识。近半数经营户支持子女学习义乌话，一是说明义乌话对于本地人学习生活、继承传统文化有着重要作用，二也说明外地经营户欲扎根义乌也希望自己的子女能习得本地方言以融入当地人的生活之中。但是显而易见，经营户对子女学习外语和普通话的期望值是远远高于义乌话的，义乌话的适用范围相比前两者毕竟相对狭小得多。

二　经营户对子女语言学习期望的共时差异分析

性别

表 4-10　　　　　　　　　　　　对性别变量的方差分析

	F	显著性
是否希望子女学义乌话	0.363	0.547
是否希望子女学普通话	2.048	0.153
是否希望子女学外语	5.842	0.016

从表 4-10 对性别变量的方差分析结果可以看出，男性经营户和女性经营户在希望子女学习义乌话的态度（sig＝0.547>0.05）和学习普通话的态度（sig＝0.153>0.05）上，没有明显差异，而在希望子女学习外语的态度（sig＝0.016<0.05）上，男性和女性存在明显差异。

表 4-11　　　　　　　　　　　按性别分组的均值比较报告

性别		是否希望子女学义乌话	是否希望子女学普通话	是否希望子女学外语
男	均值	3.44	4.16	4.28
	N	576	576	576
	标准差	0.963	0.887	0.892

续表

性别		是否希望子女 学义乌话	是否希望子女 学普通话	是否希望 子女学外语
女	均值	3.48	4.35	4.42
	N	622	621	621
	标准差	0.925	0.752	0.770
总计	均值	3.46	4.26	4.35
	N	1198	1197	1197
	标准差	0.943	0.824	0.834

　　均值比较结果显示①，经营户对于子女学习三种语言的态度均值不同，学习义乌话的均值为 3.46，即无所谓态度，但均值较接近于 3.5，即态度接近于希望子女学习；而希望子女学习普通话和外语的态度均值分别为 4.26 和 4.35，即希望子女掌握普通话与外语，均值接近于非常希望这一档，且学习外语的态度均值高于学习普通话。从性别差异来看，女性的三项均值都高于男性，在希望子女学习义乌话、普通话和外语的态度均值上，女性分别高出男性 0.04、0.19 和 0.14，即女性比男性更希望自己的子女学会义乌话并掌握标准的普通话和外语。造成这种差异的主要原因是，女性对于标准语的热衷程度一般要高于男性，在我国当前的社会，传统的家庭结构中往往女性比男性承担更多的抚养和教育子女的职责。女性所持有的这种语言态度，使得她们在教育子女时更希望子女学习标准普通话和外语，母亲的这种倾向势必会对其子女未来的语言选择和语言态度造成一定影响。F. Parker 对这种现象解释说："女性语言的更标准化可能反映了妇女是儿童护理人的传统角色和她们对下一代传授具有更高价值语言的关心。另外，当其他途径（如更大的赚钱能力）把她排斥在外时，使用标准语言可能是她们获得更高社会地位的一种方法。"②

---

　　①　本研究中，均值 1.5 以下的为很不希望，均值在 1.5—2.5 之间的为不希望，均值在 2.5—3.5 之间的为无所谓，均值在 3.5—4.5 之间的为希望，均值在 4.5 以上的为非常希望。

　　②　王烈琴：《论性别语言研究的现状及发展前景》，《西安外国语学院学报》2003 年第 4 期。

年龄
表 4-12　　　　　　　　　　　　对年龄变量的方差分析

	F	显著性
是否希望子女学义乌话	3.118	0.008
是否希望子女学普通话	4.348	0.001
是否希望子女学外语	8.158	0

据方差分析可知，不同年龄段的经营户在希望子女学习义乌话、普通话、外语的态度上均存在显著差异（三项 sig 值均小于 0.05）。和学习普通话的态度（sig=0.153>0.05）上，没有明显差异，而在希望子女学习外语的态度（sig=0.016<0.05）上，不同年龄段经营户之间存在明显差异。

表 4-13 均值比较结果显示，不同年龄段的经营户对于子女学习三种语言的态度均值不同，学习义乌话的均值为 3.36，即无所谓态度，希望子女学习普通话和外语的态度均值分别为 3.91 和 3.82，即希望子女掌握普通话与外语，其中希望子女掌握标准普通话的均值相对较高。从不同年龄段均值分布来看，各年龄段经营户对子女学习义乌话态度均值，都处在 2.5—3.5 之间但接近 3.5，即均持无所谓态度，但是向希望子女学习这一档靠近，其中 40—49 岁这个年龄段的态度均值为 3.46，最接近于希望子女学习义乌话。对于子女学习普通话的态度，不同年龄段态度均值都在 3.5—4.5 之间，即希望子女学习，且在年龄段的高低两端，均值呈增高趋势。不同年龄段经营户希望子女学习外语的态度均值基本在"希望"区间，但均值分布呈现出年龄段越低希望子女学习外语的态度均值越高的趋势，30 岁以下的两个年龄段希望子女学习外语的态度均值都在 4.00 左右，均值最低的在 50—59 年龄段，为 3.39，对子女学习外语还是持无所谓态度的。可见年轻人从自身经验出发，更能体会到外语在大型涉外市场的举足轻重的作用，所以他们也就更希望自己的子女不论从事何种职业，都能掌握好一门外语，将来直接或间接地为市场经济服务，更可以走出国门，将事业做得更大更强。

表 4-13　　　　　　　　　按年龄分组的均值比较报告表

年龄		是否希望子女学义乌话	是否希望子女学普通话	是否希望子女学外语
20 岁以下	均值	3. 23	4. 50	4. 65
	N	48	48	48
	标准差	1. 077	0. 715	0. 699
20—29 岁	均值	3. 39	4. 38	4. 44
	N	415	414	414
	标准差	1. 008	0. 771	0. 775
30—39 岁	均值	3. 49	4. 17	4. 29
	N	463	463	463
	标准差	0. 902	0. 863	0. 860
40—49 岁	均值	3. 59	4. 24	4. 34
	N	226	226	226
	标准差	0. 813	0. 715	0. 751
50—59 岁	均值	3. 27	3. 76	3. 88
	N	41	41	41
	标准差	1. 119	1. 220	1. 345
60 岁以上	均值	4. 40	4. 60	4. 60
	N	5	5	5
	标准差	0. 548	0. 548	0. 548
总计	均值	3. 46	4. 26	4. 35
	N	1198	1197	1197
	标准差	0. 943	0. 824	0. 834

文化程度

从方差分析可知，不同文化程度的经营户在希望子女学习义乌话的态度上存在显著差异（sig = 0 < 0.05），而在希望子女学习普通话的态度（sig = 0.080 > 0.05）和学习外语的态度（sig = 0.054 > 0.05）上，没有明显差异。

从均值报告表 4-14 中可以看出，各文化程度经营户在子女学习普通话和外语的态度上均值都比较高，均处于 3.5—4.5 之间，即持希望子女学习的态度。而在子女学习义乌话的态度均值上，不同文化程度经营户都选择了无所谓的态度，但总体均值接近 3.5，比较靠近"希望"
子女学习这一档。在希望子女学习普通话和外语的态度上，总体上呈现
出随着文化程度的增高，态度均值也随之递增的趋势。说明文化程度越
高，越能感受到强势语言普通话和英语的价值，也就对子女的标准语学
习寄予更高的期望。

表 4-14　　　　　　　　　按文化程度分组的均值比较报告表

文化程度		是否愿意 主动学义乌话	是否愿意 主动学普通话	是否愿意 主动学外语
不识字	均值	2.82	3.36	3.27
	N	11	11	11
	标准差	1.471	1.286	1.272
小学	均值	3.48	3.95	4.15
	N	85	85	85
	标准差	1.098	0.987	1.052
初中	均值	3.48	4.25	4.34
	N	441	440	441
	标准差	0.837	0.782	0.776
高中或中专	均值	3.48	4.34	4.40
	N	432	432	432
	标准差	0.941	0.756	0.820
大专	均值	3.46	4.22	4.40
	N	162	162	162
	标准差	0.979	0.890	0.814
本科及以上	均值	4.47	4.43	3.31
	N	67	67	66
	标准差	1.183	0.874	0.808
总计	均值	3.46	4.26	4.35
	N	1198	1197	1197
	标准差	0.943	0.824	0.834

经商时间

表 4-15 　　　　　　　　　　**对经商时间变量的方差分析**

	F	显著性
是否希望子女学义乌话	0.973	0.433
是否希望子女学普通话	0.930	0.461
是否希望子女学外语	0.823	0.533

　　对经商时间变量的方差分析显示，在义乌经商时间不同的经营户在对子女学习义乌话的期望（sig＝0.433＞0.05）、学习普通话的期望（sig＝0.461＞0.05）及学习外语的期望（sig＝0.533＞0.05）上都不存在显著性差异。

　　从均值比较报告表 4-16 可以看出，经营户对子女学习义乌话的期望均值随着在义乌经商时间的增长而呈递增趋势，经商时间在 10 年以下的均值基本低于 3.5，即对子女学习义乌话持无所谓态度，而在义乌经商时间 10 年以上的经营户则对子女学习义乌话持积极态度，希望他们学习，掌握当地方言，真正融入义乌本土生活。对子女学习普通话和外语的期望，经营户的态度均值未按一定规律分布，但各经商时间段均值都在"希望"子女学习这一档，较接近"非常希望"这一档，说明在义乌经商时间不同的经营户对普通话和外语的社会地位、经济地位已有普遍共识，所以对子女的学习期望很高，持积极的正面支持的态度。

表 4-16 　　　　　　　**按经商时间分组的均值比较报告表**

经商时间		是否希望子女学义乌话	是否希望子女学普通话	是否希望子女学外语
不到 1 年	均值	3.26	4.30	4.41
	N	106	105	106
	标准差	1.045	0.932	0.881
1—3 年	均值	3.23	4.26	4.37
	N	271	271	271
	标准差	0.997	0.856	0.875
3—5 年	均值	3.52	4.20	4.25
	N	364	364	364
	标准差	0.880	0.805	0.837

续表

经商时间		是否希望子女学义乌话	是否希望子女学普通话	是否希望子女学外语
5—10 年	均值	3.49	4.23	4.37
	N	319	319	319
	标准差	0.918	0.809	0.790
10—20 年	均值	3.80	4.42	4.52
	N	110	110	109
	标准差	0.822	0.709	0.753
20 年以上	均值	3.86	4.46	4.50
	N	28	28	28
	标准差	0.932	0.881	0.882
总计	均值	3.46	4.26	4.35
	N	1198	1197	1197
	标准差	0.943	0.824	0.834

籍贯与行业分布

表 4-17　　　　　　　　　对籍贯变量的方差分析

	F	显著性
是否希望子女学义乌话	2.294	0
是否希望子女学普通话	1.687	0.022
是否希望子女学外语	2.034	0.003

表 4-18　　　　　　　　　对行业变量的方差分析

	F	显著性
是否希望子女学义乌话	3.374	0
是否希望子女学普通话	2.267	0.013
是否希望子女学外语	1.615	0.097

我们对籍贯与经营行业两个变量也进行了方差分析。分析结果显示，不同籍贯的经营户在对子女学习义乌话的期望（sig =0<0.05）、学习普通话的期望（sig =0.022<0.05）和学习外语的期望（sig =0.003<0.05）上均存在着显著差异。从事不同行业的经营户在对子女学习义乌话的期望

（sig＝0＜0.05）、对子女学习普通话的期望（sig＝0.013＜0.05）上存在明显差异，在对子女学习外语的期望（sig＝0.097＞0.05）上没有明显差异。但总体来说，经营户的籍贯和行业变量方面的差异影响并不大，均值分布没有一定的相关性。

第三节　经营户的语言主观评价

从主观上讲，语言人的实际需要、感情、兴趣等也是影响语言态度的重要因素。一般而言，一种语言变体的社会文化功能越强，人们对这种语言变体的评价就会越高；语言人对一种语言变体的需要越迫切，对这种语言变体的兴趣就会越浓厚；需要越迫切，兴趣越浓厚，对这种语言变体付诸行动的倾向性就越明显，学习和掌握这种语言变体的速度就会越快。久而久之，感情就会随之加深。①

本研究中我们将分别从审美和适用两个方面就中国小商品城经营户对义乌话、普通话和英语的主观评价进行调查②，从而推断出哪种语言的社会功能相对强大，在市场中的经济地位相对较高。在问卷中我们分别以"美感"和"实用性"为评价标尺，用"很好听、好听、一般、不好听、难听、无所谓"及"用处大、有用处、一般、用处不大、没用处、无所谓"的六级刻度来评测经营户们对义乌话、普通话及英语的情感评价和适用评价。

一　经营户对义乌话、普通话、英语的审美评价

审美评价是审美主体从自己的审美经验、审美情感和审美需要出发去把握审美对象并对其做出评定的综合思维过程，是一种极为丰富而复杂的心理活动过程。审美评价是主观的，它取决于审美修养、思想水平、个人的生活情感好恶等③。经营户们对义乌话、普通话和英语做出的审美评价完全出自个人喜好，我们在进行调查时不起任何导向性作用。

---

① 王远新：《影响广西龙胜各民族语言使用特点的几个因素》，《双语教学与研究》第二辑，中央民族大学出版社 1999 年版。

② 在中国小商品城，英语是占绝对优势的外语语种，所以本调查中我们仅研究经营户对英语做出的主观评价。

③ 引自 http://baike.baidu.com/view/2722940.html？fromTaglist#ref_ ［1］。

表 4-19　　　　　　　经营户对义乌话、普通话、英语的审美评价

	义乌话美感		普通话美感		英语美感	
	频率	百分比	频率	百分比	频率	百分比
很好听	198	16.5%	386	32.2%	311	26.0%
好听	257	21.5%	474	39.6%	392	32.8%
一般	472	39.4%	289	24.1%	393	32.9%
不好听	125	10.4%	26	2.2%	45	3.8%
难听	100	8.3%	8	0.7%	18	1.5%
无所谓	46	3.8%	15	1.3%	37	3.1%
合计	1198	100.0%	1198	100.0%	1196	100.0%

从表 4-19 可以看出，经营户们对普通话的美感评价最高，计 71.8%的人认为普通话好听或很好听，仅 2.9%的人持否定态度，1.3%的人持无所谓态度，持中立态度的占 24.1%。其次是英语，58.8%的经营户对英语的美感持积极肯定态度，5.3%的人表示英语不好听或难听，3.1%的人持无所谓态度，32.9%的人保持中立态度，认为英语美感一般。对义乌话的美感评价最低，仅 38%的经营户认为义乌话好听，而持否定态度认为义乌话不好听甚至难听的占 18.7%，另有 39.4%的人保持中立。经营户对于三种语言的情感态度，从审美方面做出的主观评价呈现普通话>英语>义乌话的梯度。

审美评价的共时差异分析

性别

对性别变量的方差分析显示，不同性别的经营户在对义乌话的审美评价（sig=0.704>0.05）、对英语的审美评价（sig=0.103>0.05）上没有明显差异，而对普通话的审美评价（sig=0.043<0.05）上存在显著差异。从均值报告表可知，女性对义乌话、普通话、英语的审美评价均值都低于男性①（其中对义乌话的审美评价均值男女性基本接近），也就是对三种语言的情感评价要高于男性，显示出女性对于语言的感觉更为敏感，细腻，对于标准语体的情感认同程度更高。

---

① 本研究中，均值 1.5 以下的为很好听，均值在 1.5—2.5 之间的为好听，均值在 2.5—3.5 之间的为一般，均值在 3.5—4.5 之间的为不好听，均值在 4.5—5.5 之间的为难听，均值在 5.5 以上的为无所谓。

表 4-20　　　　　　　　　　　　　**按性别分组的均值比较报告表**

性别		义乌话美感	普通话美感	英语美感
男	均值	2.85	2.07	2.38
	N	576	576	574
	标准差	1.296	0.980	1.163
女	均值	2.84	2.00	2.25
	N	622	622	622
	标准差	1.264	0.929	1.092
总计	均值	2.84	2.03	2.31
	N	1198	1198	1196
	标准差	1.279	0.954	1.128

年龄

表 4-21　　　　　　　　　　　　　**对年龄变量的方差分析**

	F	显著性
义乌话美感	0.522	0.759
普通话美感	1.170	0.322
英语美感	3.206	0.007

　　对年龄变量的方差分析显示，不同年龄段的经营户在对义乌话的审美评价（sig=0.759>0.05）、对普通话的审美评价（sig=0.322>0.05）上没有明显差异，而对英语的审美评价（sig=0.007<0.05）上存在显著差异。从均值报告表可知，对于义乌话的审美评价均值，随着年龄段递增而递减，20 岁以下均值为 3.13，50—59 岁之间最高均值为 2.4，即年纪越大的经营户越倾向于认为义乌话好听，而越年轻的经营户越认为义乌话的美感仅仅一般，可见处于高年龄段的人因为多年来使用义乌话而产生了对方言的根深蒂固的依恋情感。宋词中一句"醉里吴音相媚好"，说的正是两位白发老人互相用吴语交流时的美好感觉。对于普通话的审美评价与义乌话审美评价情况恰恰相反，随着年龄段递增审美均值也递增，年轻人比中老年人对普通话的审美评价更高，这跟年轻人接受的教育和现代传播媒介的影响有很大关系，年轻人自出生起就受到全国良好推普氛围的影响，对普通话的欣赏、认同程度自然高于中老年人。不同年龄段对英语的审美评价均值大致都在"好听"这一档，但总体均值为 2.31，要比普通话总体

均值 2.03 高，比较接近于 "一般" 这一档。

文化程度

对文化程度的方差分析结果显示，不同文化程度的经营户在对义乌话的审美评价（sig = 0.420 > 0.05）、对普通话的审美评价（sig = 0.253 > 0.05）和对英语的审美评价（sig = 0.274 > 0.05）上均不存在显著差异。但从表 4-22 我们还是可以看出文化程度与经营户对语言的审美评价之间存在一定的相关性。经营户对义乌话的评价，均值随文化程度的增高而增高，即文化程度越高对义乌话的认同感越低。而对普通话和英语的审美评价正好相反，随着文化程度的提升，对普通话、英语的审美认同就逐渐增强。

表 4-22　　　　　　　　　按文化程度分组的均值比较报告表

文化程度		义乌话美感	普通话美感	英语美感
不识字	均值	2.45	2.18	2.27
	N	11	11	11
	标准差	1.508	1.168	1.737
小学	均值	2.71	2.24	2.46
	N	85	85	84
	标准差	1.271	1.076	1.217
初中	均值	2.79	2.08	2.40
	N	441	441	441
	标准差	1.235	0.953	1.122
高中或中专	均值	2.92	2.03	2.29
	N	432	432	431
	标准差	1.273	0.915	1.118
大专	均值	2.86	1.93	2.13
	N	162	162	162
	标准差	1.364	0.943	1.034
本科及以上	均值	2.88	1.73	2.10
	N	67	67	67
	标准差	1.365	0.978	1.169
总计	均值	2.84	2.03	2.31
	N	1198	1198	1196
	标准差	1.279	0.954	1.128

经商时间

表 4-23　　　　　　　　　　　　对经商时间变量的方差分析

	F	显著性
义乌话美感	0.898	0.481
普通话美感	1.103	0.357
英语美感	3.101	0.009

　　对经营户在义乌经商时间的方差分析结果显示，经商时间不同的经营户在对义乌话的审美评价（sig = 0.481>0.05）、对普通话的审美评价（sig = 0.357>0.05）上没有存在显著差异，而对英语的审美评价（sig = 0.009<0.05）上存在明显差异。

　　从表 4-24 可知，在义乌经商时间长短与经营户对语言的审美评价之间存在一定的相关性。经营户对义乌话的评价，均值随在义乌经商时间的增长而降低，即在义乌经商时间越长对义乌话的美感认同就越强，事实上，在义乌经商时间长的多为义乌周边地区人，所以对本地方言有着与生俱来的情感认同。而对普通话和英语的审美评价正好相反，在义乌经商时间越短，对普通话、英语的审美认同就越强。

表 4-24　　　　　　　　按经商时间分组的均值比较报告表

经商时间		义乌话美感	普通话美感	英语美感
不到 1 年	均值	2.97	1.89	2.03
	N	106	106	106
	标准差	1.30	5.83	2.941
1—3 年	均值	3.08	1.99	2.28
	N	271	271	271
	标准差	1.365	0.968	1.079
3—5 年	均值	2.80	2.09	2.36
	N	364	364	363
	标准差	1.230	0.975	1.146
5—10 年	均值	2.75	2.06	2.30
	N	319	319	318

续表

经商时间		义乌话美感	普通话美感	英语美感
	标准差	1.224	0.950	1.110
10—20 年	均值	2.70	2.05	2.49
	N	110	110	110
	标准差	1.296	1.026	1.269
20 年以上	均值	2.21	1.96	2.57
	N	28	28	28
	标准差	1.101	0.693	1.451
总计	均值	2.84	2.03	2.31
	N	1198	1198	1196
	标准差	1.279	0.954	1.128

籍贯与行业分布

我们对籍贯与经营行业两个变量也进行了方差分析，分析结果显示，不同籍贯的经营户在对普通话审美评价（sig=0.975>0.05）上没有明显差异，而在对义乌话的审美评价（sig=0.038<0.05）和对英语的审美评价（sig=0.009<0.05）上有着显著差异。与籍贯变量的方差分析结果相似，在义乌中国小商品城从事不同行业的经营户，在对普通话审美评价（sig=0.384>0.05）上不存在明显差异，而在对义乌话的审美评价（sig=0.010<0.05）和对英语的审美评价（sig=0.001<0.05）上有着显著差异。从均值报告来看，不同籍贯经营户对义乌话的审美评价差异最大，浙江人对义乌话审美认同感较强，而有的省份的经营户对义乌话较为反感，认为不好听或很难听。但总体来说，经营户的籍贯和行业变量方面的影响并不是很明显，均值分布没有一定的相关性。

表 4-25　　　　　　　　　对籍贯变量的方差分析

	F	显著性
义乌话美感	1.592	0.038
普通话美感	0.508	0.975
英语美感	1.852	0.009

表 4-26　　　　　　　　　　　对行业变量的方差分析

	F	显著性
义乌话美感	2.339	0.010
普通话美感	1.067	0.384
英语美感	3.072	0.001

二　经营户对义乌话、普通话、英语的实用性评价

从人类文化的角度看，世界上所有的语言都没有优劣之分，应该处于平等地位，但从语言在经济生活中发挥的作用来看，语言的价值却有大小之分。一般来说，社会需求越大，语言使用者社会地位越高，或使用这种语言获得的利益越大，那么这种语言的价值就越大。英语毋庸置疑已经成为当今世界价值最强势的语言，它代表的是强势经济、政治和文化，是事实上的世界通用语。而在国内，普通话被确定为国家通用语言已 60 多年，已经树立了牢固的社会威望。在义乌，受商品大潮的影响，不同地域、不同国别的人员，在语言使用中发生频繁的语言接触，义乌方言的使用人群由单一趋向复杂，义乌方言本身的功能悄然发生变化。我们在语言态度调查中设置了对语言适用性评价的选项，希望经营户从自身经验出发对语言的实际应用价值做出主观评价。

表 4-27　　　　　　经营户对义乌话、普通话、英语的实用性评价

	义乌话实用性		普通话实用性		英语实用性	
	频率	百分比	频率	百分比	频率	百分比
用处大	211	17.8%	683	57.1%	662	55.5%
有用处	373	31.4%	352	29.4%	340	28.5%
一般	324	27.3%	121	10.1%	133	11.2%
用处不大	136	11.4%	16	1.3%	24	2.0%
没用处	82	6.9%	10	0.8%	11	0.9%
无所谓	62	5.2%	14	1.2%	22	1.8%
合计	1188	100.0%	1196	100.0%	1192	100.0%

从表 4-27 经营户对语言适用性评价的频次分析结果可知，经营户对普通话实用性评价最高，共计 86.5% 的人认为普通话用处大或有用处，仅 2.1% 的人持否定态度，1.2% 的人不置可否，持中立态度认为普通话实

用性一般的占 10.1%。就英语而言，84.0%的经营户持积极肯定态度，仅2.9%的人认为用处不大或没什么用处。认为义乌话用处大或有用处的占49.2%，持否定态度的占 18.3%，保持中立态度的有 27.3%。经营户对于这三种语言，从实用性方面做出的主观评价呈现普通话>英语>义乌话的梯度。在市场经营户心目中，普通话是最具实用价值能带来最大经济效益的语言，紧随其后的是英语，受积极肯定的比例与普通话相比仅差 2.5 个百分点，最后才是当地方言义乌话，受到半数经营户的肯定。

实用性评价的共时差异分析

性别

表 4-28　　　　　　　　　　　对性别变量的方差分析

	F	显著性
义乌话美感	0.002	0.964
普通话美感	5.636	0.018
英语美感	1.952	0.163

对性别变量的方差分析显示，不同性别的经营户在对义乌话的实用性评价（sig＝0.964>0.05）、对英语的审美评价（sig＝0.163>0.05）上没有明显差异，而对普通话的审美评价（sig＝0.018<0.05）上存在显著差异。从均值比较报告表可知[1]，对义乌话的实用性评价，不同性别的经营户均值基本相同，即认为义乌话实用性一般，但是均值较偏向于"有用处"；而对普通话、英语的实用性评价均值都低于男性，也就是对后两种语言的实用性评价要高于男性，认为普通话和英语用处更大一些。

表 4-29　　　　　　　　　　按性别分组的均值比较报告表

性别		义乌话实用性	普通话实用性	英语实用性
男	均值	2.73	1.69	1.78
	N	572	575	573
	标准差	1.340	2.978	1.049
女	均值	2.75	1.57	1.63

---

[1]　本研究中，均值 1.5 以下的为用处大，均值在 1.5—2.5 之间的为有用处，均值在 2.5—3.5 之间的为一般，均值在 3.5—4.5 之间的为用处不大，均值在 4.5—5.5 之间的为没用处，均值在 5.5 以上的为无所谓。

续表

性别		义乌话实用性	普通话实用性	英语实用性
	N	616	621	619
	标准差	1.356	0.865	0.983
总计	均值	2.74	1.63	1.70
	N	1188	1196	1192
	标准差	1.349	0.923	1.018

年龄

表 4-30　　　　　　　　　　对年龄变量的方差分析

	F	显著性
义乌话实用性	0.340	0.889
普通话实用性	6.951	0
英语实用性	3.273	0.006

对年龄变量的方差分析显示，不同年龄段的经营户在对义乌话的实用性评价（sig=0.889>0.05）上没有明显差异，而对普通话的实用性评价（sig=0<0.05）和对英语的实用性评价（sig=0.006<0.05）上存在显著差异。

表 4-31　　　　　　　　　　按年龄分组的均值比较报告表

年龄		义乌话实用性	普通话实用性	英语实用性
20 岁以下	均值	3.13	1.42	1.50
	N	48	48	48
	标准差	1.468	0.846	1.031
20—29	均值	2.71	1.45	1.58
	N	410	415	413
	标准差	1.324	0.686	0.814
30—39	均值	2.77	1.77	1.80
	N	459	462	461
	标准差	1.363	1.048	1.165
40—49	均值	2.69	1.68	1.69
	N	225	225	225

年龄		义乌话实用性	普通话实用性	英语实用性
	标准差	1.327	0.948	0.977
50—59	均值	2.61	1.85	1.98
	N	41	41	40
	标准差	1.394	1.152	1.165
60岁以上	均值	2.20	1.40	1.60
	N	5	5	5
	标准差	1.304	0.548	0.894
总计	均值	2.74	1.63	1.70
	N	1188	1196	1192
	标准差	1.349	0.923	1.018

从均值报告表可知，对于义乌话实用性评价均值，随着年龄段递增而递减，20岁以下均值为3.13，50—59岁之间最高均值为2.61，也即越高年龄段的经营户越倾向于认为义乌话用处多，而越年轻的经营户越认为义乌话的实用性仅仅一般。对于普通话和英语的实用性评价与义乌话实用性评价情况恰恰相反，随着年龄段递增实用性均值也递增，30岁以下的年轻人更倾向于认为普通话和英语用处大。不同年龄段对普通话和英语的实用性评价均值大致都在"有用处"这一档，且比较接近于"用处大"，普通话实用性评价均值略低于英语，即普通话实用性比英语稍胜一筹。

文化程度

对文化程度变量的方差分析结果显示，不同文化程度的经营户在对义乌话的实用性评价（sig=0.063>0.05）、对普通话的实用性评价（sig=0.093>0.05）上不存在显著差异，而对英语的实用性评价（sig=0.002<0.05）上有明显差异。我们从均值比较报告表上看出，文化程度与经营户对语言的实用性评价之间存在一定的相关性。经营户对义乌话的实用性评价，均值随文化程度的增高而增高，即文化程度越高对义乌话的实用性认同感越低，小学及以下文化程度的倾向于认为义乌话有用处，初中及以上文化程度的认为义乌话用处仅仅一般。而对普通话和英语的实用性评价正好相反，随着文化程度的提升，对普通话、英语的实用性评价也逐渐增高，本科及以上文化程度的经营户认为普通话用处大，均值为1.37，英语倾向于用处大，均值为1.51，实用性略高于普通话。

表 4-32   **按文化程度分组的均值比较报告表**

文化程度		义乌话实用性	普通话实用性	英语实用性
不识字	均值	2.40	1.82	2.20
	N	10	11	10
	标准差	1.265	1.250	1.874
小学	均值	2.55	1.85	1.75
	N	85	85	85
	标准差	1.258	0.982	1.022
初中	均值	2.73	1.67	1.77
	N	437	439	438
	标准差	1.353	0.971	1.091
高中或中专	均值	2.77	1.59	1.66
	N	430	432	431
	标准差	1.309	0.892	0.985
大专	均值	2.79	1.61	1.62
	N	159	162	161
	标准差	1.375	0.886	0.901
本科及以上	均值	2.76	1.37	1.51
	N	67	67	67
	标准差	1.625	0.648	0.746
总计	均值	2.74	1.63	1.70
	N	1188	1196	1192
	标准差	1.349	0.923	1.018

经商时间

对经营户在义乌经商时间变量的方差分析结果显示，经商时间不同的经营户对义乌话的实用性评价（sig=0.353>0.05）、对普通话的实用性评价（sig=0.057>0.05）没有显著差异，而对英语的实用性评价（sig=0.011<0.05）上存在明显差异。

从下面均值比较报告表可知，在义乌经商时间长短与经营户对语言的实用性评价有一定的相关性。经营户对义乌话的实用性评价，均值随在义乌经商时间的增长而降低，即在义乌经商时间越长对义乌话的实用性认同就越强，无论是义乌本地人还是外地人，在义乌经商时间久了，对义乌经济文化风土人情的了解日趋深入，与义乌当地生活相互渗透，自然对义乌话的用处评价就高于经商时间较短的经营户。总体来看，在义乌经商时间的长短对普通话和英语的实用性评价均值的影响未呈现一定的规律性。

表 4-33　　　　　　　　　按经商时间分组的均值比较报告表

经商时间		义乌话实用性	普通话实用性	英语实用性
不到 1 年	均值	2.93	1.51	1.58
	N	106	106	106
	标准差	1.375	0.897	0.871
1—3 年	均值	2.93	1.58	1.67
	N	268	271	270
	标准差	1.452	0.865	0.971
3—5 年	均值	1.82	1.75	2.67
	N	363	363	361
	标准差	1.269	0.977	1.092
5—10 年	均值	2.66	1.57	1.60
	N	315	318	315
	标准差	1.322	0.848	0.926
10—20 年	均值	2.69	1.66	1.79
	N	110	110	110
	标准差	1.360	1.136	1.279
20 年以上	均值	2.21	1.43	1.54
	N	28	28	28
	标准差	1.228	0.504	0.576
总计	均值	2.74	1.63	1.70
	N	1188	1196	1192
	标准差	1.349	0.923	1.018

籍贯与行业分布

表 4-34　　　　　　　　　对籍贯变量的方差分析

	F	显著性
义乌话实用性	1.056	0.390
普通话实用性	1.349	0.125
英语实用性	1.624	0.032

表4-35   对行业变量的方差分析

	F	显著性
义乌话实用性	4.024	0
普通话实用性	4.503	0
英语实用性	4.942	0

通过对籍贯与经营行业这两个变量进行的方差分析，结果显示，不同籍贯的经营户在对义乌话实用性评价（sig=0.390>0.05）和对普通话的实用性评价（sig=0.125>0.05）上不存在明显差异，而对英语的实用性评价（sig=0.032<0.05）上有着显著差异。在中国小商品城从事不同行业的经营户在对义乌话、普通话和英语的实用性评价（三者 sig=0<0.05）上均存在明显差异。但总体来说，均值分布没有一定的相关性。

第四节   小   结

本章我们从经营户语言学习意愿、对子女的语言学习期望及对语言的主观评价三个方面考察了中国小商品城经营户的语言态度，并分别从性别、年龄、文化程度、经商时间、籍贯、行业等几个社会变量对这三个方面进行了共时差异分析。

结果显示，性别、年龄、文化程度和经商时间对经营户本人的学习意愿和对子女的语言学习期望都有明显的影响。女性比男性学习语言的意愿更为强烈，对子女学习语言也比男性寄予了更多的期待。年龄段的差异主要表现在对外语的学习上，随着年龄段的降低，对自己的语言学习意愿对子女的语言学习期望都呈增高趋势，在学习义乌话和普通话的态度上则没有太大区别。就文化程度的差异来看，文化程度越高，越能感受到强势语言普通话和英语的价值，对自己对子女的学习期望也就越高，而在义乌话的学习上没有遵循一定规律。在义乌经商时间长短的差异主要表现在对义乌话的学习上，无论对自己还是对子女，在义乌经商时间越长对义乌话的学习期望越高，体现出经营户通过掌握当地方言而完全融入当地生活的意愿。籍贯和行业变量也导致语言学习态度的差异，但总体来说影响不是很大。

我们将经营户本人语言学习意愿和对子女语言学习期望制成了图

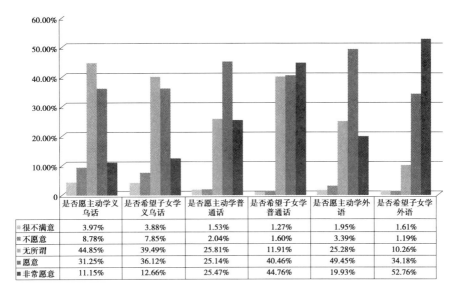

	是否愿意主动学义乌话	是否希望子女学义乌话	是否愿意主动学普通话	是否希望子女学普通话	是否愿意主动学外语	是否希望子女学外语
■很不满意	3.97%	3.88%	1.53%	1.27%	1.95%	1.61%
■不愿意	8.78%	7.85%	2.04%	1.60%	3.39%	1.19%
■无所谓	44.85%	39.49%	25.81%	11.91%	25.28%	10.26%
■愿意	31.25%	36.12%	25.14%	40.46%	49.45%	34.18%
■非常愿意	11.15%	12.66%	25.47%	44.76%	19.93%	52.76%

图 4-1 经营户语言学习意愿对照图

（见图 4-1）加以对照分析，从图中我们可以清晰地看出，经营户对子女的语言学习期望普遍超过对自己的语言学习意愿，尤其体现在对普通话和外语的学习上。25.47%的经营户本人非常愿意学习普通话，有 44.76%的经营户非常希望自己的子女能说标准的普通话；19.93%的经营户本人非常愿意学习外语，但高达 52.76%经营户非常希望自己的子女掌握好外语。从经营户本人来说，愿意学好普通话的频率高出学习外语的频率1.23%，而对子女学习外语的期望却要高出对子女学习普通话期望 1.72个百分点。可见经营户对子女的语言学习寄予了厚望，除了希望子女学好全民通用语普通话外，更希望子女能掌握好外语，对子女学习外语的期望超过了普通话，这是一个值得引起重视的现象，说明在中国小商品城的日常交流与交易活动中，普通话和英语是最有影响的语言，有着极为广阔的推广空间。

对义乌话、普通话、英语的主观评价，我们分别从审美评价和实用性评价两个方面加以分析。从经营户对语言的审美评价和实用性评价均值对照图我们可以看出，对义乌话、普通话和英语的实用性评价均值曲线低于审美评价均值曲线，即经营户们更注重语言的实用性，对语言实用性的评价高于语言美感。对语言的评价均值越低评价越高，从语言"好听"程度来看，普通话>英语>义乌话；从语言"实用"程度来看，也是如此，普通话>英语>义乌话。

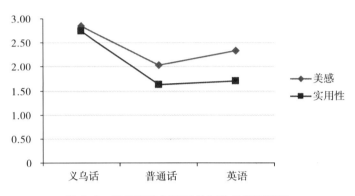

图 4-2　审美评价与实用性评价均值对照图

　　我们同时也对相关社会变量进行了共时差异分析。结果显示，不同性别的经营户对三种语言的审美评价和实用性评价，女性普遍高于男性。从年龄分布来看，高年龄段的经营户认为义乌话好听、实用性强的比例高于低年龄段的经营户，而对于普通话和英语的评价却恰恰相反，年轻人更倾向于认为普通话和英语好听、实用性强。就文化程度而言，受教育程度越高对义乌话的美感和实用性认同感越低，而对普通话和英语的评价正好相反，随着受教育程度的提升，对普通话、英语的审美和实用性认同感就越强。从在义乌经商时间看，在义乌经商时间越长，对义乌话的美感和实用性认同就越强，而经商时间长短在对普通话和英语的主观评价上没有表现出明显差异。籍贯和行业两个变量也对经营户的语言主观评价造成了一定差异，但总体来说影响不是很大。

第五章

中国小商品城经营户个案研究

    个案研究是指研究问题时多渠道收集数据材料，全面、深入地研究一个或几个相关个案。个案研究是属于定性研究，它所涉及的研究对象人数不多，但考察的内容维度多，且应该具有相当深度，个案研究是应用语言学领域应用较为广泛的一种研究手段。①与大样本量的调查研究不同，个案研究属于质的研究，它所选择的样本就在于其特殊性，一个独立的人物，甚至是一个孤立的事件，但其所代表意义非常大，因为它可能影响到整体的局势和状态。

    现代个案研究的基本规范和特有手段，来源主要有三个方面：人类学家马林诺夫斯基（Bronislaw Malinnowski）的实地调查（Fieldwork）和参与观察（Participant observation）研究；社会学中美国芝加哥学派（Chicago School）的城市移民群体和亚文化群体的研究；法国勒普莱学派（Le Play School）的工人家庭专题研究（Working-class family monograph）。通常，个案研究中研究对象的选择可以有两种方法：一种是马林诺夫斯基式的机遇式抽样；另外一种就是目的性抽样。我们在这次的研究中就采用了目的性抽样的方法确定个案研究对象。目的性抽样个案研究也是个案研究中较常用的研究对象确定方法，它是依照研究者对研究目的的判断来选择适当的抽样方法，为此，研究者事先界定研究对象，以便选择有可能为研究的问题提供最大量信息的样本。

    在本研究中，我们遵循了个案选择的典型性、真实性、启发性三原则，采用了实地观察、深度访谈、问卷、测验、摄影、同步录音等调查方法，将不同国家、不同民族的 6 个经营户作为个案进行了深度访谈，并在

---

① 文秋芳、俞洪亮、周维杰：《应用语言学研究方法与论文写作》，外语教学与研究出版社 2004 年版，第 120 页。

访谈对象认可的情况下取得了 4 段长度共为 257 分钟的录音材料。通过考察个案的语言使用、语言态度、语言水平，进一步细化中国小商品城语言状况调查，以求点与面研究的科学结合。这对了解各种语言及方言的相互影响、社会语言生活的现状和发展趋势、加强语言规范化管理等，都有积极的意义。

多语多言现象目前已主导着全球语言环境的大气候，是社会语言学不可忽视的核心课题。而在义乌中国小商品城，同样存在着一个由多语多言现象交织形成的相对较小的语言环境。经营户们在这个国际化背景下的语言接触环境中，因为贸易对象、交际场合、交流目的的不同而灵活转换使用不同的语言，包括普通话、外语、义乌话及其他汉语方言，多元化的语言生活为我们国际化商贸城市的语言接触研究提供了鲜活的研究样本和研究内容。在大样本量的群体语言状况调查背后，是一个个生动的语言个体，他们的语言生活同样值得我们关注并深入探究。

第一节　中国小商品城经营户个案基本信息

本节我们按访谈先后顺序逐一介绍受访的 6 个经营户基本信息，从性别、年龄、国籍、民族、文化程度、从事行业、在义乌经商时间等方面反映个案的语言背景。

姜泰根，男，52 岁，韩国首尔市人，大学本科文化，国际商贸城韩国首尔优秀品牌商品馆馆长，韩商馆会长，木林贸易物流有限公司代表，在义乌经商时间 10 年。

郭集俊，男，41 岁，马来西亚柔佛州人，祖籍广东梅州，初中文化，国际商贸城俊福珠宝总裁，在义乌经商时间 10 年。

孙岳林，男，53 岁，奥地利籍华侨，浙江青田人，高中文化，意大利欧蒙馆老板，经营服装，在义乌经商时间 1 年。

妥桂芳，女，34 岁，回族，新疆塔城市人，小学文化，宾王商贸区伊曼西饼屋老板娘，在义乌经商时间 4 年。

朴仙玉，女，36 岁，朝鲜族，辽宁盘石市人，高中文化，国际商贸城美光饰品老板娘，在义乌经商时间 11 年。

王圣庆，男，29 岁，汉族，浙江义乌市人，留学日本，国际贸易通关专业，专科文化，国际商贸城福建康踏体育用品有限公司义乌总代理，父母在义乌经商 22 年，毕业后子承父业。

第二节　中国小商品城经营户个案家庭及语言基本情况

姜泰根，平时与家人交流用韩语
- 妻子，韩国人，在家说韩语，不会汉语
- 儿子，大二，对日贸易专业，同时会韩语、汉语
- 女儿，小学五年级，韩语、汉语熟练（注：兄妹小学均在义乌就读）

郭集俊，平时与家人说汉语，妻子与子女之间说英语
- 妻子，新加坡籍华裔，会汉语、英语、马来语
- 女儿，初中，平时说英语，会汉语、马来语
- 儿子，小学，平时说英语，会汉语、马来语（注：姐弟均就读于新加坡）

孙岳林，平时与家说青田方言，偶尔德语补充
- 妻子，奥地利籍华裔，会德语、普通话、青田话
- 大儿子，1982年生，大学，会英语、德语、拉丁语、普通语、青田话
- 二儿子，1986年生，职高，会英语、德语、法语、意大利语、普通话、青田话
- 小儿子，1987年生，大学，会英语、德语、法语、意大利语、普通话、青田话

妥桂芳，平时与家人说兰州话，与小女儿说普通话
- 丈夫，回族，甘肃兰州人，在家说兰州话、普通话
- 大女儿，11岁，在家说兰州话，在校说普通话
- 小女儿，6岁，学前班，说普通话，不会方言

朴仙玉，平时与家人说朝鲜语
- 丈夫，朝鲜族人，在家说朝鲜语，在外用普通话
- 大儿子，12岁，在家说朝鲜语，在外说普通话
- 小儿子，11岁，在家说朝鲜语，在外说普通话

王圣庆，平时与家人说义乌话
- 父亲，义乌人，在家说义乌话，经商用普通话或义乌话
- 母亲，义乌人，在家说义乌话，经商用普通话或义乌话
- 妻子，义乌人，大学毕业，在家说义乌话，经商用普通话或义乌话

图 5-1　中国小商品城经营户个案家庭及语言基本情况

第三节　中国小商品城经营户个案语言习得

表 5—1　　　　　　　　　　**语言习得情况及大致使用时间**

姜泰根	小时候习得母语韩语，到中国经商已 15 年，先在沈阳后到义乌，来中国后才开始学习普通话，主要学习途径是自己买汉语教材自学、看书看电视新闻、听歌及与他人接触中学。与中国人一般说普通话，有时韩商之间也说普通话，与外商可以用英语简单交流，每天韩语、英语、普通话使用时间不定
郭集俊	出生后最先习得马来语与普通话，主要途径来自家庭教育，在家主要说普通话，出门说马来语和英语。因为马来西亚是多语国家，后来又习得印尼语、泰语等以便广泛交流。来义乌经商后，在老店外商较多，使用普通话和英语的时间五五开，在新店国内客商增多，主要使用普通话
孙岳林	父母不会说普通话，小时候最先习得青田话，上小学后开始说普通话，主要学习途径是学校教育。20 世纪 70 年代末移民奥地利后习得德语。在义乌经商由于周边摊位青田籍经营户较多，所以日常使用青田话时间超过普通话，英语偶尔使用，德语基本没机会使用
妥桂芳	父母是甘肃移民至新疆的回民，所以出生后首先习得普通话，后习得兰州话、青海话和阿拉伯语（因祖父教读古兰经而习得）。在义乌基本说普通话，接待阿拉伯客人用阿拉伯语，英语偶尔使用
朴仙玉	出生习得朝鲜语，跟汉族人交往中接触普通话，小学三年级正式学习普通话（一、二年级民族小学使用朝鲜语教学）。在义乌经商几乎全天使用普通话，偶尔使用朝鲜语
王圣庆	出生后习得义乌话，小学开始说普通话，主要学习途径是学校教育，在日本留学期间习得日语。在义乌经商时使用普通话和义乌话的时间大致五五开，由于主要接待省内客商，所以英语、日语使用机会不多

第四节　中国小商品城经营户个案语言使用水平

表 5—2　　　　　　　　**中国小商品城经营户个案语言使用水平**

	义乌话水平	普通话水平	英语水平	其他
姜泰根	听不懂也不会说	较流利使用	基本能交谈但不很熟练	韩语能流利准确使用
郭集俊	不太能听懂也不太会说	能流利准确使用	较流利使用	阿拉伯语谈生意没问题
孙岳林	不太能听懂也不太会说	较流利使用	能听懂但不太会说	德语能流利准确使用
妥桂芳	听不懂也不会说	能流利准确使用	不太能听懂也不太会说	阿拉伯语基本能交谈但不很熟练
朴仙玉	不太能听懂也不太会说	能流利准确使用	不太能听懂也不太会说	韩语能准确流利使用，日语能打招呼
王圣庆	能准确流利地使用	较流利使用	能听懂但不太会说	日语能较流利使用

除王圣庆是义乌本地人，故义乌话能娴熟运用外，其他 5 个个案几乎都是听不懂也不会说义乌话，虽然有的已经在义乌经商时间长达 10 年以上，但因为义乌话聱牙生硬，学习起来难度较大，最多限于听懂义乌本地人的问候语招呼语，这对于他们融入义乌本地生活有一定的影响。普通话作为中国国家通用语言，无论哪个国家哪个民族的经营户，要想在义乌市场内如鱼得水，必须掌握好普通话并达到流利表达的水平，个案对这一点均有共识，且对自己的普通话水平较为自信。英语水平除郭集俊能较流利使用外，姜泰根能听懂但使用不熟练，其他个案的英语水平都较为有限，仅限于打招呼之类简单会话。

第五节　中国小商品城经营户个案的语言选择

我们在市场经济背景下研究中国小商品城的语言状况，不妨预设同时存在一个隐性的语言市场，经营户们通过自己的语言能力和语言使用营造出尽可能和谐的贸易氛围，利用语言这种隐性资源促成经济效益的产出。布迪厄最先引入"语言市场"的概念："无论什么时候，当有人发言，其接收者能够对其发言进行评估、赋值并确定价格的时候，就可以说存在着一个语言市场。但是语言能力知识并不能使人预知语言操作在某个市场上的价值将会是什么。"[1] 正如"市场"这一经济学用语所暗示的那样，在语言市场中，言语的生产者与消费者之间的语言交换是一种经济交换关系，而这种经济交换关系的隐性价值暂时还不能做出准确的评估，但可以肯定的一点是，掌握语言就等于掌握一种无形资本。

本研究的个案来自各国、各民族，他们掌握的语种较为丰富多样，与大样本量调查结果相比，他们针对不同对象在不同场合的语言选择更具有特殊性和代表性。语言选择的结果便是在多语环境下的适时语码转换。当代语码转换研究第一位有影响力的倡导者、美国社会语言学家 Fishman（1965）研究发现，多语情景中的语言选择并不是一种任意的、随心所欲的行为，而是受到三个要素的影响：个人在交际中的身份、交际情景及交际话题。在市场语言使用环境中，经营户通过语言选择而进行的语码转换，即受到本人语言水平、语言能力和交际场合、交际目的及交易对象的

---

① Bourdieu, P, Sociology in Question, sage, 1993 年，第 80 页。

影响。我们尝试将个案的语码转换情况做出如下描述。

姜泰根：会使用的语言有韩语、普通话、英语与阿拉伯语，其中后两种语言仅限于简单交谈。在市场内，与中国人交流基本使用普通话，与其他韩国籍商人及公司员工用韩语交流，有时也用普通话。姜泰根的韩国首尔优秀品牌商品馆主要经营日用消费品、服装鞋帽、化妆品、珠宝首饰等韩国品牌商品，顾客群比较集中，大部分是东北客商，所以用英语或阿拉伯语等小语种的机会不多。

郭集俊：会使用的语言自报多达9种：普通话、粤语、闽南话、客家话、英语、马来语、泰语、阿拉伯语、印尼语，还会用韩语、俄语等与顾客打招呼。这样的语言背景跟马来西亚是个多语种国家有必然关系，有人在网络上如此描述马来西亚的华人："在马来西亚大街小巷你都能看到华人，华人个个都是语言天才，基本上每个人都会说国语（普通话）、广东话、福建话、客家话、潮州话……马来语，还有就是英语，但是有一点是，他们没有一句话说得精通，都是半调子，所以你要掺杂这几种话一起说，但是大家都能明白对方的意思。"① 可以说本个案便是如上所说的语言天才。掌握数量如此之多的各国语言及汉语方言，见什么人说什么话已成为看家本领，使其在义乌经商如鱼得水，无论何方人士均可与之畅谈生意。郭氏兄弟成立的俊福贸易有限公司是目前国内极少数由巴西直接进口天然水晶原矿、原料及水晶洞的公司，郭氏兄弟的企业理念是"誓将中国制造提升为世界一流品牌"。

孙岳林：会使用的语言有普通话、青田话、德语、英语、意大利语。本个案于20世纪70年代末自温州青田移居奥地利，习得奥地利官方语言德语，后赴德国慕尼黑经营餐馆等生意，国际商贸城进口商品馆开业后来义乌，主要经营意大利、德国、法国品牌服装，顾客群以国内客商零售为主。在市场经商时，经营户之间基本说普通话或青田话，因青田人在市场内为数不少，已经形成一个相对独立的经商群体，所以相互间语言接触较密切，基本说家乡话；与市场管理人员和国内客商基本使用普通话，遇到温州客商则说青田话；因经营范围所限，接待国外客商不多，如需要可以用英语、德语等进行简单交谈。

妥桂芳：会使用普通话、兰州话、青海话、阿拉伯语及简单英语。伊

---

① 引自 http://wenda.tianya.cn/wenda/thread? tid=7c1605cb47044289。

曼西饼屋主要经营清真食品，接待的顾客以中东、穆斯林国家的外商和国内西北地区客商为主，店内的主要食品在义乌进货，一些进口商品基本由熟悉的约旦、埃及等国外客商带过来。妥桂芳称自己 50 平方米的小店"就像小联合国，什么国家的客人都有"，会说阿拉伯语且生性热情开朗的性格使得她店里生意特别好，有一大批稳定的顾客，不同国家的顾客基本能灵活应对，更何况，很多外商都是带着翻译来的，语言不是影响她生意的大问题。

朴仙玉：会使用普通话、韩语及简单的英语。朴仙玉与丈夫一起经营的美光饰品是典型的前店后厂式模式，虽然在国际商贸城摊位面积仅 10 平方米左右，却是个拥有七八十位员工，集设计、管理、材料等五六个部门的团队，在饰品业内颇有影响。女方主外，主管经营销售，男方主内，负责生产管理。产品以内销为主，也有少量销往俄、英、德、韩等国。在市场内经商，朴仙玉主要使用普通话，韩语及英语都是偶尔使用，这跟顾客群主要来自国内有关。朴仙玉很自信，称语言不通也没啥可怕，有计算器就可以做生意，计算器是除语言外促成生意最好的辅助工具。

王圣庆：会使用普通话、义乌话、广东话、日语及简单的英语，并会用阿拉伯语与外商打招呼。王圣庆是市场鞋类行业理事，因为客源主要以省内经销商为主，所以语言使用相对较单一，说普通话和义乌话就可以，但因其有日本留学的背景，市场内有日本客人或观光团队，经常由他出面接待洽谈，所以有时使用日语。王圣庆说："在义乌，只要你会说普通话，有基本的英语水平，就能接单做生意，因为老外来下单基本上都会带翻译过来。"

6 个个案在访谈中均表示，自己在不同场合面对不同交际对象能够灵活转换使用的语言，我们可以这样理解他们对自己语码转换能力的评价：一是对自己的语言水平语言能力具备一定程度的自信；二是一般的生意来往大多仅限于打招呼、讨价还价、介绍商品优缺点等，对所需使用的语言要求不是很高；三是顾客群相对稳定，应对不同客户，个案都已积累相对较为丰富的经验，语言选择不是太复杂。

从这一节的访谈情况我们可以了解，中国小商品城市场内通用的外语是英语，每个个案几乎都会使用简单的英语与外商交流；另外，外商中中东、阿拉伯国家客商占一定比例，所以经营户顺应市场需求，也会用一些简单的阿拉伯语来招揽生意；实力较强的外商多会自带翻译，说明在市场内不仅仅是经营户适应外商需求而转换语言应对，同时外商也会适应市场实际情况而采取相应对策，促使贸易成功；计算器是经营户与外商之间交流贸易不可缺少的工具，是重要的语言辅助手段；中国小商品城经营户的贸易多以批发生意为主，每个摊位都有相对稳定的顾客群体，语言使用并不如想象中复杂，一般的经营户都能以较为自信的语言对策进行交流交易。

第六节　中国小商品城经营户个案的语言态度

与大样本量调查相同，我们同样从个案语言学习意愿、对子女语言学习期望及对语言的主观评价三个方面来考察他们的语言态度。

一　个案语言学习意愿

表 5-3　　　　　　　　　　个案语言学习意愿调查表

	是否愿意主动学习义乌话	是否愿意主动学习普通话	是否愿意主动学习外语
姜泰根	不愿意	非常愿意	无所谓
郭集俊	愿意	非常愿意	愿意
孙岳林	不愿意	愿意	无所谓
妥桂芳	无所谓	非常愿意	非常愿意
朴仙玉	不愿意	无所谓	非常愿意
王圣庆	非常愿意	非常愿意	愿意

个案本人的学习意愿倾向性比较明显，对于义乌话的学习，除王圣庆为本地人故选非常愿意之外，其他个案均持否定或无所谓态度。郭集俊虽然持愿意态度，但说生意很忙，恐怕是没那么多时间主动去学习的；姜泰根认为义乌话太难，自己不可能学会，所以根本就不想学；孙岳林则说自己年纪大了，学习语言能力很差了，力不从心；妥桂芳说没想过要学义乌话，因为是清真食品店，所以几乎没有义乌本地人会来店里消费，跟义乌人接触不多，没有这个语言学习的需求；朴仙玉很乐观地说，义乌人全都会说普通话，跟义乌本地人交流没有问题，学习义乌话也就没有必要了。

对于国家通用言普通话的学习，无论是国内国外、汉族或其他民族经营户几乎都认为非常有必要学习，不仅要学会，而且要学好，都持积极肯定的态度。朴仙玉因为是东北人，普通话说得比较标准流利，所以对于进一步提升普通话水平兴趣不是很大。

在是否愿意主动学习外语的态度上，6 个个案中有 4 人持积极肯定态度。姜泰根与孙岳林持无所谓态度，前者会韩语及简单英语，又因曾经在 25 岁时去过利比亚经商 3 年，学了了阿拉伯语，故认为掌握这几种语言在义乌经商已经没有大的障碍；孙岳林态度与之类似，另外一个原因是他所经营的服装馆主要面向国内顾客，多学外语似无必要。郭集俊最具语言天赋，虽然已经掌握了多国语言，但他认为多学一门语言就多一个与不同国籍外商沟通的机会，如果有机会多学一门外语，何乐而不为；妥桂芳则认为自己应该把阿拉伯语学得更好，以便与阿拉伯国家的客商更顺畅地交流，另外也非常愿意进一步提高英语水平，做更多国家顾客的生意；朴仙玉认为学习语言纯粹出于功利目的，做生意有需要就该学，英语是最应该掌握的外语语种，希望有时间专门请家教上门教，认真学好英语；王圣庆的日语水平超过英语，所以也非常希望能学好英语，因为在中国小商品城，英语比日语的使用需求更大。

二　个案对子女语言学习的期望

表 5-4　　　　　　　　　个案对子女语言学习期望调查表

	是否希望子女学会义乌话	是否希望子女能说标准普通话	是否希望子女掌握外语
姜泰根	很不希望	非常希望	非常希望
郭集俊	不希望	非常希望	非常希望
孙岳林	很不希望	非常希望	非常希望
妥桂芳	希望	非常希望	非常希望
朴仙玉	希望	非常希望	非常希望
王圣庆	非常希望	非常希望	非常希望

和大样本量调查结果非常相似，个案对子女的语言学习期望胜过本人学习意愿，尤其是对普通话和外语的学习期望上，6 个个案选择的答案清一色为"非常愿意"。普通话是中国的国家通用语，希望子女能说一口流利标准的普通话是父母的基本期望；而在全球化的信息时代，生意要做到四通八达，不掌握一两门外语是行不通的，语言是体现个人身份、地位和价值的资本，所以个案中没有一个父母不希望自己的孩子掌握外语的。比如孙岳林，他的 3 个儿子在学校都被要求学习 3 种以上的语言，因此语言

学习能力很强，所以作为家长他非常乐意子女掌握好外语。对子女学习义乌话的期望与后两者就有很大差别了，个案均从自己的生活及经商需求角度来考虑是否有让子女学习的必要，前3位外国籍的经营户，都认为义乌话一是学了没什么用，二是不太容易学，三是有的子女都在国外，学中国的方言没多大必要。姜泰根的子女均在义乌上过小学，会一点儿义乌话，但他认为学习义乌话顺其自然，不必强求。相比之下，妥桂芳与朴仙玉这两个少数民族经营户对子女学习义乌话均持肯定态度，他们认为义乌的经商环境很好，很适合他们长期发展，他们的子女应该学习义乌话，以便今后与本地人沟通，更好地融入当地生活。王圣庆刚结婚，未有子女，但作为义乌籍经营户，他有着强烈的乡土意识，热爱自己的母语，非常希望以后子女能掌握义乌话，传承本土文化，即使孩子以后去外地或出国发展，也能操流利的家乡方言，不忘宗不忘本。

三　个案对语言的主观评价

尽管"从语言本身的角度看无法说哪一种语言优于另一种……然而这一结论跟人们通常的直感有很大的差别。人们通常会有一种价值观，认为语言是有好的和差的区分的"① 这种价值观就是人们对语言的主观态度。对语言的主观评价是建立在语言社会的、文化的、经济的价值基础之上的，人们往往会根据本人对某种语言地位、威望、价值等的认识，从自身需求及语言感情等角度出发，做出相应评价。与大样本量调查相一致，我们在此考察个案对于义乌话、普通话、英语的审美评价及实用性评价。

（一）个案对义乌话、普通话、英语的审美评价

表5-5　　　　个案对义乌话、普通话、英语的审美评价调查表

	义乌话	普通话	英语	其他
姜泰根	无所谓	很好听	很好听	韩语很好听
郭集俊	好听	很好听	很好听	马来语好听
孙岳林	不好听	好听	好听	德语不好听
妥桂芳	好听	很好听	很好听	阿拉伯语很好听
朴仙玉	一般	很好听	很好听	朝鲜语好听
王圣庆	好听	很好听	一般	日语好听

---

① 郭熙：《中国社会语言学》，浙江大学出版社2004年版。

从表 5-5 可以看出，人们对于一种语言的审美评价通常会受功利目的和语言声望、语言感情的影响。对于强势语言普通话和英语，几乎所有个案都认为好听或很好听，只有王圣庆认为英语美感一般。姜泰根因为听不懂义乌话，所以对义乌话美感持中立态度，不作评价，在普通话、英语和其母语韩语三者中，他认为普通话是最好听的语言。郭集俊在对语言做出的美感评价很有个性，见解独特，他说义乌话好听，因为听到义乌话就等于听到有钱人来了，有生意可做了，义乌是个遍地是黄金的城市；普通话是很好听的语言，因为普通话给他带来无限商机，汉字很美，汉语也很美，每个汉字每个汉语语音都有着丰富的内涵和悠久的历史；英语很高雅，很好听，但是字母词文化含量很低；作为马来西亚人，他对马来语评价很高，认为马来语和泰语一样，给人感觉很朴素、单纯，听着很舒服；他对印尼语评价不是很高，说印尼语是一种奇怪的语言，会走向两个极端，操印尼语的一个极端是地位高的、超级富有的，另一极端是极易制造骚乱的人群。孙岳林认为义乌话不好学也不好听，而对于自己使用多年的德语，他的评价是德语发音很重、难听，并且说了几句德语示范给我听，以证明他的评价没错。妥桂芳个性开朗，显得比较热情单纯，她对各种语言的审美评价都很高。朴仙玉认为义乌话美感一般，对普通话评价最高，认为普通话简洁、凝练，最适合表情达意，她认为朝鲜语说起来比较啰唆，但因为是母语，自小就有很深的感情，所以还是好听的。王圣庆对母语义乌话审美评价较客观，认为好听程度不及普通话，因为在日本留学两年，所以对日语的审美评价要高于英语。

（二）个案对义乌话、普通话、英语的实用性评价

表 5-6　　　　个案对义乌话、普通话、英语的实用性评价调查表

	义乌话	普通话	英语	其他
姜泰根	用处不大	用处大	用处大	韩语用处大
郭集俊	一般	用处大	有用处	其他语言用处不大
孙岳林	没用处	用处大	有用处	德语一般
妥桂芳	一般	用处大	用处大	阿拉伯语用处大
朴仙玉	用处不大	用处大	用处大	朝鲜语有用处
王圣庆	用处大	用处大	有用处	日语一般

对于义乌话、普通话、英语的实用性，个案均从自身实际出发，做出

了相应评价。强势语言普通话的用处当仁不让处于最受肯定的地位，6个个案一致评价其为"用处大"；英语次之，认为其"用处大"和"有用处"的各有3位，均为积极肯定态度；义乌话只有义乌籍的王圣庆认为用处大，其余省外国外经营户都持否定或中立态度；其他需要补充说明的是，各人对母语或国际所在地语言的实用性评价都持肯定态度，因为这跟他们的生活密切相关。

个案对于义乌话、普通话、英语的审美评价及实用性评价均与大样本量调查的结果相一致，说明个案研究极具代表性和典型性。

四　个案语言问题

表5-7　　　　　　　　　　个案语言问题调查表

	因语言问题不方便与周围经商人员交流感情	因语言问题生意受限制和影响	因语言不通感觉受孤立，无法融入正常生活
姜泰根	有	有	没有
郭集俊	没有	没有	没有
孙岳林	没有	没有	没有
妥桂芳	没有	有	没有
朴仙玉	没有	没有	没有
王圣庆	没有	没有	没有

我们设计了3个选项来调查个案在语言使用中遇到的问题情况，即是否因语言问题而影响与周围经商人员的感情交流、影响生意、影响融入当地生活。其中郭集俊、孙岳林、朴仙玉、王圣庆均认为不存在因语言而引起的上述3个问题。对于第三个选项，6个个案一致认为没有问题，即可以在义乌正常生活，不会因为语言问题而觉得身处异地受到孤立。与周围经商人员的交流，只有姜泰根认为因语言问题而受到影响，这主要是指因为不会使用义乌话与周边义乌经商人员的沟通而受到一定的影响。个案对因语言问题影响生意的选项最为关注，其中姜泰根和妥桂芳认为语言问题影响到了他们的生意，但原因不尽相同。姜泰根认为用普通话沟通生意没有问题，但因为中国地域辽阔，方言众多，有的国内客商普通话水平不好，他有时听不懂他们说的南腔北调的普通话，还需要请其他人来翻译帮助才行；妥桂芳则说有的国外客商，如土耳其、阿塞拜疆等国的客商因为

无法用阿拉伯语或英语与他们沟通，难免会影响到生意的顺利进行。郭集俊认为自己是义乌新移民，很适应义乌的经商和生活环境，他说不存在语言问题影响生意的事儿，只有价钱谈不拢才会影响生意。孙岳林是浙江青田华侨，他说经商和生活都不会存在多大问题，即使遇上语言不通的外商，一般他们都会自带翻译，没有沟通障碍。朴仙玉和王圣庆都认为语言问题对生意没有影响。

五　个案对语言文字规范问题的评价及期待

和大样本量调查一样，我们也希望了解个案对当地政府及相关部门语言文字规范工作的评价及期待。设计了 3 个选项：

（1）您认为政府及相关部门应该对语言问题进行相关指导或培训吗？

（2）当地政府及相关部门有没有对国际商贸城中出现的语言文字问题进行过指导或规范工作？

（3）您希望相关部门做哪些语言文字的规范指导工作？（5 个备选项可多选）

> 不定期发放语言文字相关学习资料；经常举办语言文字相关的讲座；专门设立语言文字咨询机构或部门；举办各种长短期语言辅导培训班；对商城经营户的语言水平进行测试

对于以上 3 个问题，只有姜泰根、朴仙玉持无所谓、不清楚的态度，也没提出希望和要求。郭集俊认为虽然自己的语言不存在什么交流障碍，但是政府及相关部门应该对市场经营户进行相关指导和培训，以提高经营户总体语言水平，而事实上据他所知相关部门也的确做过一些指导和规范工作，而且他希望相关部门能举办长短期语言辅导培训班并对经营户语言水平进行测试。孙岳林与郭集俊意见一致，且还指出商城集团对经营户的英语培训工作做得不错，并希望相关部门语言文字规范工作做得越多越好。妥桂芳说整天忙于店里生意，不太清楚相关部门采取过什么具体措施，但是她特别希望能举办一些针对经营户的长短期语言培训班，而且特别想学英语和义乌话，学好英语为更好做生意，而学会义乌话能尽快融入义乌生活，了解义乌民风民情。王圣庆是义乌人，对政府及相关部门工作比较关心，认为政府及相关部门一直都有对语言文字的规范指导和培训，他希望专门设立语言文字咨询机构或部门，解决因语言使用而产生的各种问题。

6 个个案中半数以上对政府及相关部门的语言文字规范工作持肯定态度，并认为这是非常有必要和应该的。针对实际情况，多数个案殷切希望举办各种长短期语言辅导培训班，可见这是最见成效的提高经营户语言水平的途径。

六　对个案普通话及汉字书写水平的简单测评

我们参考国家普通话水平测试的方式设计了一个简单的试卷（见附录），分词语、朗读、自选题说话 3 项对个案普通话水平进行了简单测试，目的在于大致了解经营户普通话在具体使用中的真实水平。笔者作为一个具有 18 年测试经验的国家级普通话水平测试员，有较强的听辨音及审音能力，通过对个案平均 8 分钟左右的测试，基本可以评定其普通话水平等级。

姜泰根虽然在中国生活了 10 多年，但对汉字识别还有一定困难，因此测试卷认读不畅，影响了他的发音，另外韩语对汉语的影响较大，分不清平翘舌音、前后鼻音、送气和不送气音，不能识读轻声及儿化音节，且声调问题较为严重，普通话水平等级判定为三级乙等。郭集俊的普通话受粤语、闽南话影响较大，没有翘舌音，前后鼻音不分，圆唇音 "ü" 与不圆唇音 "i" 不分，虽然说得比较流畅，但普通话等级判定为三级甲等中段。孙岳林的普通话同样没有平翘舌音与前后鼻音之分，并带有吴语特有的入声现象，故评定为三级甲等的低段。妥桂芳来自西北，属于官话区，特别明显的语音错误较少，但阳平和上声问题较明显，故评定为二级乙等。朴仙玉是东北人，普通话相对较流畅，但同样存在部分平翘舌音、前后鼻音不分的现象，普通话水平判定为二级乙等。王圣庆的普通话带有较浓重的义乌口音，比如 "d" "t" 声母的发音浊化，另外吴方言的一些特征都较明显，故只能判定为三级甲等。

总体来说，个案的普通话水平偏低，跟个案本人的自报水平有一定出入，这与个案分属不同国籍、不同民族或不同方言区有关系，同时也说明经营户的语言水平存在很大提升空间。

受访谈性质的局限，对个案的汉字书写水平我们仅能附带作一点了解。笔者让受访者在问卷上写下店名、姓名和联系方式，借此考察他们的汉字书写水平。从个案书写的字体来看，除孙岳林的字迹稍显老练外，另外几名个案的汉字书写水平都只能算是中等偏下，这在一定程度上显示与个案的来源地及文化水平有关。

第七节　小　　结

（1）本研究所选择的个案无论是日常生活还是经商环境基本都处于多语使用状态，这使得他们不断进行语言选择和语码转换。深度个案访谈使我们得以了解市场语言使用中丰富多样的典型特征，由个性推及共性，窥一斑而知全貌，这种点面结合的研究方式应该说是科学且必要的。

（2）个案普遍都能掌握两种或两种以上语言或方言，在中国小商品城这个大型言语社区中，针对不同对象、不同场合，个案的语言选择及使用，往往与他们的国籍、民族、来源地、文化程度及个性特征等变量有着密切的关系。

（3）在特定的多语环境下，普通话在义乌中国小商品城语言生活中的威望与强势地位无可取代，即使在其他国籍其他民族的经营户心目中，普通话的社会、经济价值也远远超过其他任何语种，这是汉语国际地位提升过程中可喜的现象。

（4）经营户对义乌话、普通话、英语的美感及实用性评价，决定了他们本人的学习意愿和对子女的语言学习期望，也让我们由此预测到今后中国小商品城市场语言生活多元化发展的大致趋势，这是一个动态的过程。

（5）个案总体普通话及汉字水平不是很高，但基本不存在大的语言问题，只是认为语言问题有时会影响他们生意的顺利进行。他们普遍对自己的语言水平提升抱有急切的需求，并希望当地政府及相关部门能组织相关活动，采取可行措施，帮助他们有效提高语言水平。

第六章

中国小商品城城市语言服务研究

随着经济全球化和信息技术的不断进步，国与国之间的交流增加，语言服务行业的地位日益凸显，语言服务研究取得了丰硕的成果。2010 年，由中国翻译协会和北京市外办联合主办的"中国国际语言服务行业大会"首次确认了语言服务业在中国的行业地位，这使高质量的语言服务成为可能。2012 年，中国翻译协会和中国翻译行业发展战略研究院联合发布年度《中国语言服务业发展报告》，标志着语言服务业已成为中国"走出去"发展战略与国际服务外包市场的重要组成部分，得到政府部门和学术界的重视。① 所谓语言服务就是以语言为主要产品的服务行为。社会性是语言的本质属性，语言服务是语言社会性的体现。近年来，许多语言学者对语言服务的概念和范畴提出过自己的观点，屈哨兵（2011）从产业角度提出语言服务的范围，主要包括语言翻译产业、语言教育产业、语言知识性产品的开发、特定领域中的语言服务这样四个主要方面。[1]邵敬敏（2012）认为语言服务具有为他性、实践性、时效性三个特性。[2]赵启正（2014）指出语言服务是跨越文字障碍、宗教障碍、意识形态障碍、思维习惯障碍的桥梁。[3]袁军（2014）把语言服务界定为以帮助人们解决语际信息交流中出现的语言障碍为宗旨，或者是提供有助于转换语言信息的技术、工具、知识、技能等，协助人们完成语言信息的转换处理的服务活动。[4]义乌在国际化进程中语言生活空前繁荣，语言接触日渐频密，对语言服务的要求也必然提升，因此，我们有必要在前人的研究基础上，结合义乌语言服务实际，对这座国际性商贸城市的语言服务状况进行描述与分析，以期对语言接触背景下的语言服务研究领域有所拓展。

---

① 中国译协等，2012 年 2 月，http://www.cqvip.com/Main/Detail.aspx? id=35664994。

第一节　语言服务概述

美国著名语言行业调查机构卡门森斯顾问公司（Common Sense Advisory）对全球语言服务状况进行调查，结果显示，截至 2013 年年底全世界共有来自 154 个国家或地区的 27668 家语言服务企业，当年语言服务业总产值预计为 347.78 亿美元，目前仍在不断增长中。其中，欧洲占有最大的语言服务市场份额，其次则是北美和亚洲。[①]

中国的语言服务行业在 20 世纪 80 年代随着我国的改革开放而萌芽，90 年代随着信息技术的发展而初步形成，进入 21 世纪后，全球化和服务外包行业的发展极大地促进了语言服务市场的繁荣。在城市的国际化进程中，语言服务环境建设显得尤为重要。根据中国翻译协会发布的《中国语言服务业发展报告 2012》不完全统计，目前全国仅语言服务企业所消化的翻译人员和本地化业务年产值就达到 120 亿元以上，约占全球外包语言服务市场产值的 7%，如果再加上市场庞大的语言培训、语言技术工具开发和咨询服务，产值则更多。[②] 从服务对象方面来说，跨国公司是语言服务业最重要的服务对象，外资企业占中国语言服务业务总量的21.5%。[③] 因此，语言服务行业的繁荣首先体现在经济发达，跨国公司数目众多的一线城市，据国家有关部门数据统计，北京、上海、江苏、浙江四地的语言服务类企业数量占到全国的 76%。[④] 其次，则是交通便利，国际商务往来频繁的大型商贸城市。不同于大规模的外资企业，商贸城市以中小型企业为主，通常在当地或附近地区开设工厂。随着全球一体化进程的发展，越来越多的外商与商贸城的内地商户展开合作，语言交流的作用日益凸显，对语言服务的需求不断增大。

第二节　义乌城市语言服务现状

浙江义乌素有"小商品海洋，购物者天堂"之美称，作为商贸城市

---

① 唐能翻译，2014 年 4 月，http：//www.talkingchina.com/blog/1542.html。
② 中国译协等，2012 年 2 月，http：//www.cqvip.com/Main/Detail.aspx? id＝35664994。
③ 中国外包网，2014 年 6 月 14 日。
④ 同上。

的代表享誉全球，是全球最齐全的小商品展示中心，也是全世界拥有商品种类和数量最多的城市。自 2005 年起，义乌市连续多年被福布斯评为中国最佳商业城市，在县级市中消费指数位列全国第一；2013 年义乌再次被福布斯评为国内最富有的县级市，也是全国现金流量最密的县级市。[①]目前义乌市实有人口已突破 200 万人，其中近三分之二为外来经商务工人员，同时包含 100 多个国家的 1 万多名外商常驻。多元化的环境对语言服务提出了更高的要求，刺激了语言服务业的蓬勃发展，使义乌的语言服务业形成了一定的规模，在行业发展方面独具优势，形成了鲜明的"义乌特色"。[5]

义乌中国小商品城地处浙江省义乌市，拥有营业面积 400 余万平方米，商位 7 万个，从业人员达 20 多万人，日客流量 20 多万人次，产生 15 亿元现金流，每年有 40 多万个集装箱运往世界各地，是国际性的小商品流通和信息展示中心，也是中国最大的小商品出口基地之一。2005 年被联合国、世界银行与摩根士丹利等权威机构称为"全球最大的小商品批发市场"，这也是中国唯一入选的县域经济体。[6]据《义乌商报》统计，义乌市场的商品出口至全世界 200 多个国家和地区，市场外向度达 65% 以上，每天有来自 100 多个国家的 30 万余名境外客商来到义乌进行国际采购，近年来入境率持续增长。义乌中国小商品城的国际贸易已超过国内贸易，90% 以上商位承接外贸业务。[②]

依托市场的强大吸附力，义乌中国小商品市场吸引了来自世界各地的外籍客商，在语言使用方面体现出多元化的特点。市场内汉语、英语、法语、韩语、日语、俄语、阿拉伯语等近十种语言交汇融合，随时都能听到经营户、客商或翻译用外语进行交流，市场成了各种语言的交汇点。义乌市区还设有基督教堂、礼拜场所、清真寺等宗教场所以及为外籍学生提供教育的国际学校。不同的语言与文化交流在推动义乌商贸发展的同时，也对高质量的语言服务提出了新的要求。

随着义乌市经济繁荣发展，语言服务的重要性也日益凸显。我们通过对义乌中国小商品城的语言状况进行了实地考察，对义乌商户进行了访谈，并对政府门户相关网站建设信息进行了收集，在此基础上整理归纳，

---

① 浙江在线，2013 年 7 月 25。

② 引自百度百科和义乌政务网站的介绍。

简述义乌中国小商品城的语言服务实际状况。王传英认为，语言服务业主要有翻译与本地化服务、语言技术工具开发、语言教学与培训、多语信息咨询四大业务领域。[7]义乌中国小商品城的语言服务主要集中在翻译与本地化服务、语言教学与培训、多语信息咨询领域，涉及多语标识、多语公交报站、市场培训、多语版本网站等各个方面。

一　翻译与本地化服务

（一）多语标识

标识语，又名公示语，指的是在公共场所向公众公示须知内容的语言，包括标志、指示牌、路牌、标语、公告、警示等。在中外交流频繁的商贸城中，多语标识语随处可见，广泛应用于市场中。义乌小商品城的多语模式包含英语、日语、韩语、阿拉伯语、俄语等多种语言，英语为最主要的模式，近年来其他语言模式也逐渐增多。另外，考虑到港台及东南亚华裔客商，许多服务标牌上会标示汉字繁体字。图6-1为国际商贸城内店铺标牌，针对销售对象及商品销往国家的不同，标牌上呈现阿拉伯语标识、泰语标识等；商贸城区域导引牌上则主要用了汉语、英语、阿拉伯语、韩语四个在义乌影响力较大的语种。

图6-1　义乌中国小商品城中的标语1

图 6-2　义乌中国小商品城中的标语 2

　　在义乌中国小商品城附近，道路路牌通常用中、英、阿拉伯语等多种语言进行指示；公交站牌也采用多种语言对公交路线进行标示；酒店宾馆采用中、英、韩、日、俄、阿拉伯等文字交相展示。例如，红楼宾馆门口的住宿说明就是用中文、英文、阿拉伯文和维吾尔文四种文字书写的。然而，由于缺失统一的译法标准，多语标识的拼写和表达存在一些不规范的现象，导致部分标识无法提供准确的信息。对此，义乌政府不断推进双语标识的规范化。2013 年 6 月，义乌市成立双语标识规范顾问小组。2014年 7 月，政府又公开了义乌市语言文字环境整治实施方案。该方案提出，对于中外文多语标识、标牌，应把中文置于主要位置。英文译写规范应参考《公共场所英文译写规范》。① 这些措施对促进义乌市双语标识规范做出了极大贡献。

（二）交通运输

随着义乌国际商贸产业的发展，外商增多，语言需求也逐渐多样，渗透到生活的方方面面，其中也包括交通运输业。2009 年 8 月，义乌国际商贸集团特别投入 10 辆黄色中巴开通了免费市场内环线，为中外游客进行采购提供了极大的便利，该巴士在报站时不仅采用中英双语报站，还对商贸城各区域经营范围做了较详细的介绍，减轻了外籍客商的语言上的障碍。义乌市内公交车也是义乌外商的主要出行工具之一，单一的普通话报站已不能满足交通路线上的语言沟通需求。恒风集团是义乌最大的公交运输企业，该集团自 2005 年 3 月始要求乘务员必须熟练掌握英语、普通话、哑语及义乌方言，并在义乌城区实行"中+英"双语报站。在义乌城区所有的交通线路都采用中英双语的形式进行报站。另外，部分公交车的车载电视还会循环播放有关商务英语的学习栏目，向市民普及基本的商务英语知识。

语言服务业也渗透至义乌机场。义乌国际机场 2013 年旅客吞吐量首次突破 100 万人次，其中外籍旅客 45.71 万人次，是全国外国人搭乘比例最高的机场。2014 年下半年，义乌国际机场作为航空口岸正式开放。义乌国际机场内的显示屏和标识至少采用两种语言，机场内还设有中英双语的电子商务柜台。2014 年 8 月，义乌民航系统开展中英文双语标识规范整治工作，规范义乌机场及周边道路的中英文双语标识。

（三）新闻媒体

为了给外商的意见上传与沟通搭建一个有益的平台，义乌市政府开通了英语热线电话，设立英语信箱、英语网站。"义乌新闻"栏目是当地电视台开设的英语新闻栏目，自 2003 年开播以来成为义乌外商主要的信息来源之一。此外，《义乌商报》从 2006 年起开设有英语新闻专栏，这些英语信息渠道广受外商好评。② 因为受众群体的差异性，义乌电视频道语言使用也富有针对性和多样性，商贸频道、经济频道、综合频道等都涉及

---

① 我市成立义乌双语规范顾问小组，义乌新闻网，2013 年 6 月 14 日。

② 杨洋：《"洋个体"与中国地方社会融合状况的调查分析——以浙江义乌常驻外商为例》，《经济生活》2009 年第 10 期。

多语的信息与广告。此外，还有专门的外语节目与国际频道，如阿语、俄语、英语频道等，生活在义乌的阿拉伯人可以便捷收看阿语新闻与电视节目，国际频道的英语新闻节目与经济动态更是时时更新，内容十分丰富。义乌的广播台也设有英语、阿拉伯语节目，为在义的外商提供天气信息、交通信息等便民服务。

（四）市场翻译

在国际化进程中，翻译行业发挥着重要的作用。为适应市场日益国际化，义乌中国小商品城的配套设施还包括各市场专门设有的外文翻译服务处，为广大经营户与客商提供便捷的语言专项服务。此外，笔者在百度地图义乌市中搜索"翻译公司"，共有 8 条显示结果。我们随机走访其中位于国际商贸城附近的"百灵"翻译公司，该公司人员表示，义乌外籍商户中能使用汉语的并不多，在市场交流过程中有一定的语言障碍。所以，有条件的外商在市场采购或者大宗贸易谈判时都会选择携带翻译。再者，外籍人员在选择翻译时并不都选择专业翻译，市场上的业余翻译人数也非常之多，寒暑假期间有不少大学生充当着业余翻译的角色。同时，翻译公司人员也表示，由于缺乏行业的规范性，翻译人员的专业素养和职业道德也有待提高。

二　语言教学与培训

在义乌的外籍商户所掌握的汉语基本上是日常用语，他们的发音通常不够标准且学习内容相当有限。为克服语言交流障碍，不少在义乌市经商的外国人都会选择报名参加培训中心的汉语学习。由于职业限制，外商学习汉语的目的是增进对产品的了解和提高交易成功率，这决定了外商大多并不需要进行系统性的汉语学习，偏向于商务汉语的学习需求；此外，商户的流动性又决定了短期速成的汉语培训才更能满足外籍商户语言学习需求。这些都刺激了义乌对外汉语培训行业的繁荣与发展。目前，全市有外语培训等中介服务机构 100 余家，10 万余名经营者正在进行各种形式的外语学习与培训，5000 余名外商掀起了学习汉语的热潮。[①]　"洋话连篇""哈森"等都是义乌规模较大的市场语言培训机构。每日傍晚，位于宾王异国风情街的哈森外国语培训中心，教室里聚集了来自韩国、瑞典、埃

[①]　数据来自义乌中国小商品城集团 2008 年度工作总结报告。

及、伊朗、约旦、也门、巴基斯坦、印度、叙利亚等 20 多个国家来学中文的外商，国外客商"啃"中文已成为义乌小商品市场一道亮丽的风景线。[8]

除了报名参加培训中心的汉语学习外，许多在中国留学过的商人，还组织本国商人互教互学。例如义乌新闻网曾报道，埃及商人默哈穆德，2008 年毕业于武汉大学，为让公司员工学会汉语，一年多来，自己兼任老师，每天上班前，组织员工学习半个小时汉语。

不仅是外籍客商，本地商户也有学习外语的意愿。近年来，义乌本土外贸公司迅速发展，更多义乌人选择去中东、欧美地区开发市场，这也需要掌握当地的语言。这些需求促使了义乌当地语言培训市场的繁荣，义乌小商品城集团公司还专门设有国际商贸城培训中心，编制了《市场经营户培训积分考核管理办法》，仅 2009 年一年就举办经营户强制培训、英语晨练、阿拉伯语和韩语等各类培训 406 场，受训经营户 9.2 万人次。针对经营户开展的英语晨练基地由原来 3 个扩充到 6 个。公司将外语培训作为提升经营户整体素质的一种强制性手段，将培训与商位使用、文明诚信积分考核相挂钩，力求做大英语培训和小语种培训。

近年来，随着越来越多的阿拉伯人在义乌生活、经商，阿拉伯语的语言学习需求增多，阿拉伯语培训学校也逐渐形成规模。既有短期的阿语提高班、商务阿语班、出国强化班，也有长期的初级阿语班、中级阿语班和高级阿语班，考虑到学习对象大多为与阿拉伯人有商贸往来的工作人员，阿语培训班一般在周末、节假日或晚上上课，如"国庆中秋短期训练班"，这样的模式吸引了不少学习者。此外，周边高校如金华职业技术学院、义乌工商职业学院都对外开设有阿语学习辅导班，促进了阿拉伯语培训行业的发展。

三　多语信息咨询

（一）多语版本网站

"中国义乌"政府门户网①是由义乌市人民政府主办的政务网站。2008 年，义乌市政府的门户网站增设了英语、韩语、阿拉伯语三种外语版本，现在，已成为拥有中文、英文、韩语、阿拉伯文和中文繁体五种语

---

① http://www.yw.gov.cn/.

言的网站。一方面提高了网站搜索率，更有效地将信息传递到了需求受众，为吸引外资提供了便利；另一方面也使政务更加公开透明，提升义乌作为一个商贸城市的国际形象。不同网站版本针对来自不同国家的市民，新闻和图片内容也略有差异，外语版本的网站更加突出对义乌城市的介绍推广和商业贸易板块。不仅是政府网站，中国义乌国际小商品博览会网站①也开设中、英、法、俄、阿拉伯等十多种语言的网页，向世界推介义乌小商品。义乌中国小商品城网站②也设了中英文两个版本，内容不断更新。同时网站出于服务经营户培训经营户的目的，专门开辟了商务翻译专栏，内容不断更新，满足经营户学习查询的基本需求。

图 6-3　中国义乌国际小商品博览会网站的多语言网页

（二）电信 114 多语服务

义乌的民政、电信、海关、商检等各部门都努力为义乌市进一步融入国际大家庭搭建外向型经济发展的良好平台。以电信部门为例，114 查号台是中国电信重要的服务窗口，为广大客户提供 24 小时不间断的电话号码查询和信息查询服务。义乌 114 语音服务采用 5 种语言的语音服务，多语服务有效地减少了语言障碍，为在义乌的外籍商户提供了生活上的便利。为适应国际交流的沟通需要，义乌电信部门还对 114 赋予了查询列车航班时刻、宾馆饭店信息、道路交通信息以及在线翻译等新的功能，大大扩展了其服务范围。在线翻译服务可以根据不同用户的需要，在线实时为用户提供英语、德语、法语、西班牙语、日语、俄语、阿拉伯语以及韩语八国语言的翻译服务。目前，已在国际商贸城一期、二期、三期大门口，民航机场及多个三星级以上酒店，开设了在线翻译服务台。

（三）市场咨询服务

义乌的外商常驻机构数量在全国排第一，各公司的采购商服务中心也逐步强化服务功能，为采购商提供咨询、导购、翻译、导游、订单发布、

---

① http：//www.yiwufair.com/.

② http：//sc.cccgroup.com.cn/.

外贸中介、法律咨询、物流保险、投诉申告、食宿预订等一条龙服务。①
商贸城内设有许多为外籍客商提供法律咨询、维权援助的事务所，还承接
经济官司，帮助了解商业合同以及解决涉外商业纠纷。部分事务所的官方
网站采用中英双语的形式做简介，说明了提供的服务范围。

（四）社区服务

义乌的鸡鸣山社区和五爱社区是外商居住最为集中的社区。鸡鸣山社
区目前居住着来自 30 多个国家的 600 多名外商，五爱社区则有常驻外商
近 2000 人。社区非常注重加强文化设施的投入，小区配套设施均面向外
商开放，社区还设有境外人员语言培训中心等室内文化活动场所，社区举
办的所有学习培训活动，如环境与健康知识论坛、科普知识讲座等均邀请
外商参加。根据聚居人员的不同，社区提供各种场所，开办英语角、韩语
角等外语角，方便境外人员与社区居民交流。学习汉语，与中国人交流，
已经成了驻义外商的日常生活内容。外商们积极参加社区组织的各项文艺
体育公益活动，社区里到处活跃着外商的身影。不少熟练掌握汉语甚至会
说能懂义乌方言的外商，更是热爱上了义乌这块热土，将自己看成了义乌
的普通市民，融入日常的市民生活当中。

第三节　义乌经营户访谈

本章的个案访谈是指调查者单独与被调查对象进行的访谈活动，具有
保密性强，访谈形式灵活，调查结果准确等优点。个案研究属于定性研
究，由于分析方法耗时，所以此次访问样本规模较小，但考察的内容有深
度且具有较高准确性，是语言学中常用的研究方法。不同的访问个体具有
不同的特点，但个体现象中往往能够呈现总体的本质特征。

为了解义乌经营户们对义乌语言服务的了解程度和满意程度等情况，
我们分别选择了三位中国经营户和三位外国经营户进行了个案访谈。在本
次访谈研究中，我们遵循了个案选择的典型性、真实性、启发性三原则，
通过问卷、录音、深度访谈等方式对不同国籍、不同年龄的六位义乌经营
户进行了访谈，通过考察个案对语言服务的了解程度、对外商贸时使用的
语言、对语言服务的态度以及对义乌语言服务建议等方面，进一步了解义

---

① 数据来自义乌中国小商品城集团 2009 年度工作总结报告。

乌市的语言状况，以期促进义乌市语言服务行业的发展，加强和完善语言服务实施和管理水平。

本次访谈涉及的对象分别为：

中国义乌商户王圣庆，浙江义乌人，在义乌经商 11 年，有日本留学背景；

中国义乌商户王丽姣，浙江义乌人，在义乌经商 14 年；

中国义乌商户周小红，浙江义乌人，在义乌经商 20 年；

外籍客商马坚，埃及人，在义乌 3 年；

外籍客商小汉，也门人，在义乌 4 年；

外籍客商张杰，埃及人，在义乌 4 年。

在与中国商户的访谈中，我们了解到：中国商户在与外商贸易过程中，基本采用汉语和英语进行沟通，当外籍人员不懂汉语和英语时，一般携带翻译，或采用肢体语言和计算器议价的方式，翻译软件快译通也能起到一定的作用。在义乌的翻译从业人员数量非常多，但专业翻译并不多，翻译公司规模也不太大，兼职大学生占有很大比重，大学生兼职翻译在价格上较有优势。义乌拥有各类外语培训机构，数量非常之多，参加学习的既有很多外国人，也有想学习外语的本地商户，"会说外语，特别是阿拉伯语这样小语种的商户，生意都会非常好"，市内也开设有免费的商务外语培训机构。中国商户对多语路牌、多语公交站牌、酒店多语信息等多语服务都非常了解，而对于义乌市设有语种繁多的公共网站、114 多语信息服务等基本没有了解。中国商户普遍认为这些语言培训和多语服务会对外籍商户有很大的帮助。与国内外大型城市相比，国内客商基本认为义乌的语言服务是较为出色的，但仍提出了不同的改进意见，王圣庆认为很多客商不懂英语，所以义乌市应当进一步增加小语种服务；王丽姣认为义乌语言服务业的从业人员专业程度不高，略懂一二多，精通的少，特别是小语种的语言服务项目涉略面不够。

在与外籍客商的访谈中，我们了解到：懂汉语的外商基本采用汉语进行交流，有时也会使用少量的英语或者阿拉伯语。不懂汉语的外商会携带翻译，或者采用肢体语言和计算器议价，但是效果不如携带翻译。义乌小商品市场内翻译人员和翻译公司很多，暑假期间很多外商会找大学生做兼职翻译。义乌的语言培训机构数量众多，但对于是否会参加这类语言培训，外籍商户存在不同的意见。马坚和张杰都表示不会参加类似的语言培训机构；马坚认为这些学习需要投入大量的时间，不能立竿见影，所以实用性不高，不如请个翻译；张杰认为只有长期在义乌的商户才会选择参加培训班；只有小汉认为语言培训很有意义，他认识的商户很多会选择在晚上参加不同形式的语言学习。外籍商户对语言服务的了解主要集中在多语路牌和街头随处可见的多语广告牌，张杰还注意到商贸城内的语言咨询台服务，不过，外商普遍认为多语服务中大部分是英语服务，其次是阿拉伯语，其他语言则很少见。对于这些语言服务，仅有小汉认为是很有帮助的，马坚和张杰认为仅对刚来中国的人略有帮助。马坚认为商人不会花费时间看路牌和乘坐公交车，"基本上是打车，把名片上的地址给司机看，直接去。况且，公交车是双语报站，很多人既不懂汉语也不懂英语，所以双语服务对他们来说没有太大意义"。对于义乌的语言服务，外商都表示非常满意，比许多大城市好，只是应当增加小语种服务，并让语言服务规范化。

国内外商贸人员几乎都关注到了义乌的语言服务，对语言翻译、语言培训、多语路牌、多语报站、多语咨询都有所了解，但几乎没人知道义乌设有语种繁多的公共网站，政府应加大公共网站宣传力度。针对这些语言服务，中国商户都认为对外商很有帮助，而部分外商却认为作用并不大，没有起到实质性的作用。中外商户都认为义乌的英语服务非常到位，但对于小语种的翻译、培训却不多见。义乌市的语言培训也欠缺规范性，缺少专业教员。这表明，义乌的语言服务市场中对小语种的需求非常强烈，对语言服务的专业性也提出了要求。

第四节　国际化进程中城市语言服务的特点

随着义乌城市外向度的不断提高，越来越多国家的语言和文化在义乌融合。更多的人投身语言服务行业，致力于促进义乌市语言交流与发展，而政府也大力向国际贸易方向倾斜，不断完善城市语言服务建设，为城市创造更好的语言环境。城市语言服务建设成为义乌国际化进程中的重要组成部分，在这发展过程中，与城市的商贸、文化相结合，也形成了自身的特色。

一　小语种市场需求增加

近年来，义乌的出口市场不断地调整和优化，出口国家越来越多，分布地区也更加广泛。位于出口前十位的国家分别是美国、阿联酋、俄罗斯、乌克兰、西班牙、德国、韩国、日本、巴西、巴拿马。美国是义乌第一大出口国,英语是 12 个国家的母语,是 60 多个国家的官方或半官方语言,在教育、行政、法律、国际国内贸易、公众传媒中都起着重要的作用,也是义乌市最常见的通用语言。然而,就义乌市的人口构成来看,义乌市作为中东地区在中国设的最大贸易交易地,聚集了 2 万多名穆斯林,其中来自中亚、西亚、东南亚、北非伊斯兰国家的商人达到 60%,他们的母语为阿拉伯语。[9]此外,还有为数众多的韩国商人,韩商是最早一批来义乌"淘宝"的,如今常驻韩商已有 7000 余人。[10]作为义乌的第三大出口国,俄罗斯外商在义乌也非常多见。义乌市场上大部分外籍商务人员的母语为小语种语言。英语教育并没有在全球普及,这些母语为小语种的外商很大一部分不懂英语,"中英"双语不足以解决小语种客商的实际问题。针对该问题,近年来政府网站、114 语音台、市场语言培训和语言翻译等方面都突出了对小语种的重视,逐渐增加了小语种种类。义乌工商学院开设了日语、西班牙语、韩语的专业课程,每年还会面向社会招收小语种班跟班学习的学员。① 不难想象,在今后的城市国际化进程中,小语种所占语言服务的份额必然会有所增加。

二 服务人员全球化

在义乌中国小商品城附近,有大量翻译公司和培训机构,但这些服务机构并不都是由中国人开设的,越来越多的外籍人员加入到语言服务的行业。由于语言沟通的便利和文化的相似,部分外籍商户表示会选择本国人员提供的语言服务。义乌的阿拉伯人数目众多,有共同的文化圈,部分能够说汉语的阿拉伯人开始开办兼有宗教聚集和语言服务性质的机构。埃及商人哈力德开办的红楼宾馆就是这样,这里不仅是 30 来家境外企业驻义乌代表处,也是阿拉伯人的聚集地。哈力德在义乌 20 多年了,能说流利的汉语,他和其他较早来中国的阿拉伯人一起,经常帮助初来义乌做生意的同胞们解决语言交流、信息咨询、合同签订等方面的困难,红楼成为他们了解中国、学习汉语的桥梁。浙江师范大学开设了汉语言专业本科以及及汉语国际教育硕士专业,这些专业毕业的外国学生,汉语水平都很高,

---

① http://wywm.ywu.cn/view.asp? Artid=812.

对中国文化了解程度也较深，越来越多的留学生选择留在中国，就近留在义乌择业发展，这同时也促进了服务人员的全球化。

三　中文所占份额增加

前瞻网语言服务行业研究报告分析认为，根据经济规模和语种重要等级，中文相关语言服务业务所占的比例应该在 7%—8% 之间。[①] 在义乌，为数众多的翻译公司拥有大量中英译员和少量中阿、中俄、中日、中韩译员，这些译员都属于中文相关的汉语服务人员。近年来，随着义乌经济的持续发展，中文译员市场也越来越广阔。而针对中文语言服务人才培养的相关专业如 "汉语国际教育" "汉语国际传播" 等专业的设置，很大程度提高了中文服务人员的素质，使汉语培训与教学质量得到提升，走向专业化与正规化。为突出对中文的重视，义乌市双语标识规范顾问小组还提出，虽然义乌有大量外文标识，但仍应把中文置于主要位置，不允许单独设立外语标识，所有的多语标识都应凸显中文的重要性。

四　语言服务专业化

商贸环境中不仅需要人际沟通作用的语言人才，也需要对商务背景、法律背景有所了解的专业人才。这类多元复合型服务人员兼具职业素养和专业背景，往往具有商业实践经验和商务学习背景，既能够提供语言层面的翻译、培训等服务项目，又能够为商务人员定制商务层面的市场营销、活动策划等，必要时还能提供法律问询的服务。在义乌，已经有越来越多的外贸公司通过培训，加强翻译人员的商务能力，既能解决语言沟通的问题，又能通过营销，增加交易成功率。在数目庞大的翻译公司中，只有将语言服务专业化、精品化，才是未来的发展趋势。

第五节　关于完善语言服务体系的思考

语言服务，是一种服务机制，也是近年来新兴的一个热门服务产业，

[①] 孙海红：《2014 语言服务行业多个细分领域投资机会出现》，前瞻网，2014 年 1 月 26 日。

关于该产业的研究目前仍处于初探阶段，许多问题尚未厘清，语言服务体系尚待不断发展与完善。针对义乌语言服务现状，我们有如下思考和建议：

一　形成规模效应

邵敬敏先生说："语言服务是一种'服务'，服务可分为'有偿服务'和'无偿服务'。"[11] 在国内市场中，大多数语言服务是有偿服务。有偿服务就需要一定的产业链，形成规模，扩大利润。目前，语言服务作为新兴产业，在义乌已粗具规模，在中国处于比较领先位置。无论是语言服务类企业、语言教学机构、语言服务网站都逐渐发展起来，为形成规模化的语言服务行业奠定了基础。但这些还是不够的，语言服务行业只有继续扩大规模、增强影响力，才能做大做强，实现"语言服务人民"。为扩大语言服务规模，义乌市还应尝试搭建"城市国际化语言服务平台"，通过这个平台实现汉语与其他语言的转化，建立起专业性和规模化的人工语言翻译服务系统，实时、快速、准确地解决外籍商户的语言问题；并在最短时间内把义乌出台的政策、招商引资信息、产品介绍等以多语种形式发布到互联网；此平台还可建立咨询求助系统，帮助在本地工作和生活的外国人更好地了解义乌丰富的城市资源信息，做到无障碍浏览。另外，城市的主流媒体如广播电台、电视台、报纸等也应发挥传播优势，增加多语频道、多语广告、多语信息播报等内容。

二　促进汉语语言服务推广

加强汉语国际推广工作，是促进和改善语言服务的重要手段。语言服务是跨越文化障碍的桥梁，也是增强中国文化影响力、提高国家软实力的迫切要求。既要借助语言服务推动汉语推广，又要以汉语推广促进语言服务产业的发展。义乌应借助周边高校优势，推进汉语传播相关专业如汉语国际教育、汉语国际传播的专业建设，培养中阿、中日、中俄、中韩等小语种翻译人才。加大"汉语桥""汉字听写大赛"等电视网络宣传力度，提高对汉语和汉文化传播的重视程度。

三　政府重视、积极调研

无论是政府门户的多语网站，还是城市建设的多语标识，都是政府对语言服务体系的大力完善。"中国义乌"政府门户网是义乌市政府服务宣传的窗口，政府近年来不断增加小语种版本，对网站建设进行完善。然而，我们在调查中发现，该网站鲜有人知，由于宣传力度不够，使网站失去了应有的作用。而义乌市民关注较多的"义乌热线"网站，各门类信息齐全，包括租房、宾馆、二手车、招聘等，却并没有其他的语言版本。若是政府门户网也能够向其他本地网站学习，增加受众广度，将会对义乌客商的生活提供极大的便利。在支持网站语言服务建设的同时，还应通过设立语言服务信箱等手段，广泛展开市场调研、了解市场需求，并设专门机构管理城市语言服务项目。此外，在政府管理方面也应该注意文化的差异，针对国际化城市中外商云集构成的"移民文化"，保持宽容的态度，尊重各民族不同的文化风俗与信仰，采用独特的管理模式，抓住发展契机。

四 向国内国外先进城市取经

中国不是最早发展语言服务产业的国家，语言服务业以跨国公司为依托，进出口贸易发达的欧洲和北美早有大量的语言服务行业存在。在美国，有大量专门为留学生服务的语言机构，还有专门为出国人员设立的语言服务公司，已经较为成熟和完善。不仅是国外，在中国的上海、深圳等大型城市也有许多文化贸易类语言服务机构，大多是为来华商务人士设立。商业化城市的发展离不开专业的语言服务机构，目前，在义乌也已开设有新兴的语言服务机构，这些机构在发展中应向国内外先进城市学习，同时又应保留自身商业化服务的特色。把语言服务发展与义乌的商业化特色结合起来，促进城市发展与语言服务业发展的和谐进步。

五 周边高校语言服务人才的培养

义乌市地处浙江中部，东靠中国最大城市上海，周围著名高校众多。浙江省应重视省内高校语言服务人才的培养，利用高校的优势，加强义乌与高校的合作，以及人才引进机制。提高外语专业的教学质量，促进高层次外语人才培养，增设目前紧缺的阿拉伯语、韩语、俄语等小语种专业，加强现有的小语种专业师资力量。在重视外语人才培养的同时，更要提高汉语国际教育和汉语国际传播专业的学术地位，加强汉语相关专业的建设，把汉语宣传推广作为语言服务最重要的出发点之一。

第六节　小　　结

语言文化交流与城市的发展息息相关，语言服务是城市在国际化进程中、在多语接触过程中最重要的环节之一。多元开放的语言环境能够吸引更多的投资与贸易，促进城市经济的发展。语言服务的目的是创立无障碍的语言交流，服务社会，服务城市经济建设。国际商贸城市义乌以自身的独特优势，对发展语言服务进行了各种有益尝试，为今后的完善有序发展打下了坚实的基础。我们关注语言服务，描述并具体分析语言服务状况，也是语言服务社会，推动经济的重要路径。

第七章

中国小商品城语言经济研究

第一节　语言接触背景下的语言经济

在义乌国际化进程中，语言呈现多样化模态，多语接触越来越频密，语言价值因而得到提升，语言经济得到相应发展。

一　语言发展与经济发展相互促进

随着科技的进步、经济的发展，整个世界融为一体。经济贸易的往来超越国家的范围，各国的商品和劳动力都实现了跨国的流通。国与国之间密切交流必然会促进语言的发展，语言在经济环境下发挥的作用显得愈发重要。然而，世界语言的多样性却在某种程度上对经济的融合与发展起了阻碍作用，如何解决语言问题，促进语言与经济的和谐发展已成为亟待解决的重要问题。本章从经济学视角，研究多语环境下语言的发展状况及其产生的经济效益之间的关系，具有较为现实的研究意义。

自人类社会产生发展以来，语言沟通和经济发展就有着密不可分的联系。人类社会离不开语言，语言是人类社会生产活动的重要组成部分。而经济活动自人类产生以来就是人类活动的重点，从以物易物到如今的网络交易平台，语言在整个人类经济发展史中都承载着沟通和传达经济信息、促使经济活动发生发展的重要作用。经济的发展史也就是贸易沟通语言不断发展的历程。人类最初的经济活动通常局限在较小的范围内，交易中所使用的语言都是人们耳熟能详的日常用语，保障交易的顺利进行。在全球一体化的背景中，各种交易活动频繁，各国之间的贸易往来密切，国与国之间的语言差异使语言与经济发展的联系尤为紧密。

语言产生的最初原因是实现人与人之间的沟通，也就是信息的互换。随着沟通的不断深入，除沟通与交际功能外，语言的其他功能包括记录、传播等作用都得以实现和发展，人们通过语言的功能可以创造更多的社会与经济价值。语言的产生和发展最初是为了满足社会的基本需求，当社会进一步发展，文明水平得到提高时，语言的作用则倾向于促进社会的进步，并能够反映出历史、文化、经济的发展变迁。经济是社会生活的重要方面，语言也会反映社会的经济生活。近代社会以前，社会经济发展较为滞后，语言不能很好地为经济服务，两者之前的关系也较为疏远；进入近现代以来，语言与经济的联系日趋紧密；在全球经济连为一体的今天，语言不仅为经济发展提供服务，经济状况的不断变化也会使语言使用和需求发生变化，语言产业应运而生。刘国辉、张卫国、苏剑将语言产业定义为将语言作为处理和加工的对象，或是将语言作为材料、内容，以此创造出不同的语言产品用以满足不同语言需求的一种产业形态。① 它以语言为主导，结合生产要素、生产方式、产品推广、产业发展等经济形式，促进经济水平的提高，并在此基础上形成了语言经济产业。经济的发展不可忽略地带动语言产业的发展，而语言产业的发展对经济的进步起着推动作用，一个国家语言的影响力与国际经济的影响力是相互关联的。为此，我们必须重视语言与经济之间相互协调、促进发展的关系。

二　义乌语言存在的多样性

义乌市地处浙江省中部地区，是目前全球最大的小商品集散中心。义乌小商品市场因商品种类之繁多、规模之宏大被世界银行、联合国等国际性的权威机构评为世界第一大商品市场。② 依托市场的强大吸附力，义乌小商品市场吸引了来自在世界各地的采购的商人，走在义乌街头，随时可以看到不同肤色、不同年龄的外籍商户。他们有的是在义乌进行短期商贸活动，有的已经长期定居义乌，融入义乌的文化，成为"新义乌人"的一分子。在义乌国际商贸城内，更是外商云集，在每一个仅9平方米的商铺前，都不时有拿着订货单和行李箱的外商打着手势与义乌商户进行交流。俄语、英语、日语、法语、汉语、韩语、葡萄牙语、阿拉伯语等十多种语言不绝于耳，随时都能听到外来的采购者与本地商户用外语进行交

① 刘国辉、苏剑、张卫国：《第二届中国语言经济学论坛综述》，《经济学动态》2011年。

② 引自百度百科对义乌的介绍，http://baike.baidu.com/view/7766.htm。

流，这些语言被义乌人称为"新十八腔"。据市场管理者介绍，义乌商贸城内 90% 以上的摊位都兼顾内销和外销，不少摊位的外销订单甚至超过内销。在义乌，无论走在哪儿，人们都能看到用各种语言展示的广告牌，仿若异国他乡。除了中文和英文外，义乌街头的许多广告牌上还标有阿拉伯文、俄文和韩文等语言，公交车上也有中英双语报站，乘坐出租车也能听到"欢迎您来到义乌"的中英文问候语。很多宾馆、饭店的老板为了招揽生意，也会说简单的英语或阿拉伯语等语言。多语种交织融合，语言多样性大量存在，构成了义乌国际商贸城的语言特点，也是该语言社团最重要的特征。

第二节　义乌语言经济研究的必要性

我们通过语言经济学这一交叉学科的性质，一方面利用经济学中的理论和方法来研究义乌的语言问题和语言现象；另一方面又从统计学、语言学、社会学、教育学、文化学等多学科视野来研究多语环境中的经济问题。我们对义乌的语言经济进行探索性研究，并对多语环境下的语言活动和经济现象进行较为深入的探讨。国内对语言经济学的研究较晚，研究范围不甚广阔，将语言经济学置于国内的多语商贸环境当中，创造了一个新的研究视角，使语言经济学理论加入了更鲜明的区域特色，利于同国际接轨。

本章我们着重把语言经济研究理论用于指导义乌语言经济的实践，通过实证性的研究了解多语并存的国际化城市中的语言、社会、经济状况，如外商的语言使用和需求状况、语言服务产业的经济效益、语言投资对商贸发展的作用等。其次，随着中国外向化程度的加深，有更多的城市加入国际化的发展队伍，义乌作为典型代表，对义乌的研究将有效地指导其他国际化都市的语言调查研究，促进国际化都市发展。义乌是国际化的小商品城市，拥有世界最大的小商品集散中心，将这些问题置于以义乌为例的国际化商贸城市中，将对义乌商贸产业和新兴语言产业的发展起到促进作用，一方面发挥语言在国际交往中的重要作用，推广汉语传播，增强义乌的宣传力与影响力；另一方面发展与语言产业相关的规模化产业链，以语言促进经济发展，以经济产业带动语言发展进步，促进义乌经济贸易、语言文化的双重发展。

第三节　义乌国际商贸城语言经济状况调查

一　义乌国际商贸城语言状况分析

陈章太将"资源"定义为有价值、可利用、出效益、能发展的事物。他认为人类的语言就是资源。[①] 当语言资源转化为产品如语言培训、语言翻译等时，知识形态得到物化，人类认识资源、开发资源的能力就加强了。此外，我们需要明确的是，资源也必然存在价值和发展能力的高低，评价语言资源价值的大小，与语言需求、语言活力和社会功能等都有密切关系。

义乌国际商贸城内存在多种语言，这些语言都具有价值，都可称之为"语言资源"，但这些语言资源价值的高低，则是受语言的使用价值的大小影响。使用该语言的范围越广，流行度越高便更能促进市场交易成功率，这种语言则必然是商贸城内更加具有资源价值的语言。这种使用人口多或使用频率高的语言通常被我们称为强势语言，强势语言有时候也受语言学习难易程度和国家经济强弱程度影响，但在商贸城内，还是受到语言实用性的影响最为明显。也就是更加具有资源价值的语言，如汉语、英语、日语、韩语等使用较多的语种。汉语是商贸城内最重要的语言资源之一。不少在义乌的外籍客商会说简单的汉语，比如打招呼、询问价格、简单数字等，外籍客商通过使用汉语与本地客商交流交易，可以实现沟通的作用，当客商通过沟通得到有效交易信息或是完成市场交易时，汉语资源的价值就得到了实现。英语也是义乌很重要的语言资源。我们走访商贸城市场时发现，来自世界各地的客商，无论母语是何种语言，大部分都能够使用简单的英语与中国商户进行贸易。中国商户中也有很多会讲基础的英语，而部分年轻的中国商户甚至还能用英语向外商推销产品，介绍产品的基本情况，与外商进行价格谈判。这样，部分并不会说汉语的外商，便能够通过英语交流降低语言障碍在贸易中带来的不便，可见英语资源的价值不容小觑。除此之外，义乌还存在许多的小语种资源，这些语言虽然没有汉英适用范围广阔，但却是义乌语言资源非常重要的部分，这些语言资源构成了义乌语言的多样性，为义乌语言资源注入新的活力，也是语言学家

---

① 陈章太：《论语言资源》，《语言文字应用》2008 年第 1 期。

对义乌语言资源较为关注的一部分内容。各类小语种为商贸城的语言资源增添了新的价值和发展前景，各类操小语种者也形成了义乌一个个颇具特色的语群。除了外语，义乌的少数民族语言资源也不在少数，由于义乌人口的流动性极大，许多中国的少数民族加入到义乌"淘金"行列，他们长期在义乌经商和生活，蒙古语、朝鲜语、维吾尔语等少数民族语言资源使义乌语言更添生机。

二　义乌国际商贸城语言需求调查

自古以来，"乌商"就以"鸡毛换糖"的精神在商业市场上占得一席之地，如今义乌中国小商品城闻名海内外，成为名副其实的世界小商品交易市场。由于外商义乌商贸城内中外交易频繁，市场内的语言状况显得尤为复杂，各国语言、各种口音构成了义乌小商品市场内一道奇特的风景。然而在众多语言中，究竟何种语言才是市场范围内需求最大的语言呢？何种语言更能促进经济贸易的发展？何种语言资源能带来利益的最优化、促进义乌语言产业的繁荣与发展？我们试图通过市场走访、问卷调查等途径了解语言资源的需求状况，并使语言需求状况与和语言服务达到最佳的平衡点，促进义乌商贸城语言产业发展的基本要求。

（一）调查对象

本次调查对象为义乌国际商贸城内的外籍商户，采用问卷调查为主，访谈调查为辅的形式。本次调查过程中共发放问卷200份，回收190份，其中有效问卷177份。为了让调查对象更好地理解问卷的问题，调查人员将调查问卷翻译为汉、英、阿拉伯语三种版本，由调查对象根据语言情况自由选择相应问卷，不同语言版本问卷内容一致。为保证调查结果的准确性，外商群体涉及亚洲、中东、非洲、欧美等多个国家和地区。我们将外籍商户的大致情况按照国家地区和性别将被调查人员的大致情况统计如下。

表 7-1　　　　　　义乌国际商贸城内外商人员构成情况统计表　　　（单位：人）

性别 ＼ 国别	欧美地区	非洲地区	中东地区	亚洲地区
男	18	23	36	27
女	22	15	16	20
总计	40	38	52	47

（二）分析软件

本次调查中运用到的软件是 SPSS 17.0，采用了该软件中的单因素分析法。

（三）调查过程

外籍商户对语言掌握状况的调查

语言掌握状况项目主要调查外籍商户目前能够使用何种语言进行交流。依据义乌国际商贸城内常见语言种类，笔者将可供选择的语言类型归类为汉语、英语、日语、韩语、西班牙语、法语、阿拉伯语、俄语和意大利语九种，我们分别用"熟练""较好""一般""较差""不会"五个程度标记外商对该门语言的掌握状况。其中，"熟练"的标准为能够流利地运用该语言进行交流，几乎无听说障碍；"较好"的标准为基本能够运用该语言进行交流，有较小的听说障碍；"一般"的标准为能够运用该语言表达如问路、询问时间、数字等简单的意思，存在一些听说障碍；"较差"的标准为只能运用该语言的单词表达意思，不能连贯成句，存在较严重的听说障碍；"不会"的标准为完全不会使用该语言。以下调查均遵循该标准。为保证调查的严谨和结果的准确性，本文只统计问卷调查中选项在"一般""较好"和"熟练"的人数。

表7-2　　　　　　　外商语言掌握状况统计表　　　　（人数：个）

国别＼语言	欧美		非洲		中东		亚洲		平均	
	人口	比例	人数	比例	人数	比例	人数	比例	人数	比例
汉语	9	22.5%	8	21.0%	12	23.1%	10	21.2%	43	24.2%
英语	31	77.5%	23	60.5%	10	19.2%	19	40.4%	78	44.1%
阿拉伯语	3	7.5%	3	7.9%	43	82.7%	2	4.3%	51	28.8%
日语	2	5.0%	0	0	2	3.8%	15	31.9%	13	7.3%
韩语	1	2.5%	0	0	2	3.8%	19	40.4%	25	14.1%
法语	6	15.0%	11	29.0%	0	0	0	0	17	9.6%
意大利语	4	10.0%	3	7.9%	0	0	0	0	7	4.0%
西班牙语	5	12.5%	2	5.3%	0	0	0	0	7	4.0%
俄语	12	30.0%	0	0	1	1.9%	0	0	13	7.3%

由上表可看出：

从国家和地区的角度看，欧美地区的商户对英语、俄语和汉语掌握较好。其中英语的掌握率高达 77.5%，远超过俄语和汉语，这其中包括许多以英语为母语的欧美商户；其中俄语掌握率达 30%，也多是由于俄罗斯、乌克兰外商精通俄语。非洲地区对英语、法语的掌握程度较高，分别为 60.5% 和 29.0%，历史原因造成许多非洲国家与地区的官方语言为英语和法语，其他还有西班牙语、意大利语、葡萄牙语与索马里语，非洲国家商户对汉语掌握率也达到了 21.0%，而对日语、韩语及俄语的掌握率则极低。中东地区商户基本上都能说阿拉伯语，对阿拉伯语掌握率达 82.7%，不能说阿拉伯语的商户主要来自土耳其、以色列等国家；与欧美、非洲地区不同，阿拉伯商户对英语掌握程度不高，仅有 19.2%，且大部分为受过英语教育的年轻人。亚洲地区的商户主要来自日本、韩国及东南亚，这使韩语的掌握率为 40.4%，与英语的掌握率持平，东南亚地区掌握英语的外商较多，亚洲地区日语的掌握率也较高，达到 31.9%。

从总体上看，英语仍是义乌国际商贸城内外籍商户掌握程度最高的语言，平均掌握率达 44.1%，英语作为世界通用语在国际商贸城内流行度也非常高；其次为阿拉伯语，这与义乌国际商贸城内阿拉伯商户的基数也有关系，较大的人口基数必然会促进该语言的流行度；然后则为汉语，各国客商在中国义乌的土地上经商生活，汉语是外商们接触频率极高的语言，生活在中国，每天的工作生活都离不开汉语，不少外商在接触中对汉语有所了解，通过语言习得自然会更好地掌握汉语。接下来则是韩语、法语、日语、俄语，掌握率分别为 14.1%、9.6%、7.3% 和 7.3%，与之前所提到的三门语言相比，外商的掌握率有所降低，这与以该语言为母语的外商占外商总数的百分比也有密切的联系，人口基数与语言流行度呈正相关的关系。掌握率最低的语言为意大利语和西班牙语，平均掌握率皆为 4.0%。

对外籍商户语言需求状况的调查

语言需求状况是指在特定的言语社团的人员对某种语言学习和掌握的需求状况。根据以上定义，该问卷主要调查国际商贸城内，外籍商户对除母语外的何种语言有学习意愿或倾向于选择何种语言作为第二语言进行学习。备选需求语言为汉语、英语、阿拉伯语、日语、韩语、法语、意大利语、西班牙语、俄语，调查人员要求外籍商户勾选出除母语外最想学习的三门语言，统计结果如下：

表 7-3					外商语言需求状况				（人数：个）	
国别 语言	欧美		非洲		中东		东亚		平均	
	人数	比例	人数	比例	人数	比例	人数	比例	人数	比例
汉语	32	80%	33	86.8%	49	94.2%	35	74.5%	149	84.1%
英语	19	47.5%	15	39.4%	39	75%	23	48.9%	96	54.2%
阿拉伯语	17	42.5%	16	42.1%	10	19.2%	12	25.6%	55	31%
日语	11	27.5%	2	5.3%	8	15.4%	25	53.2%	46	26%
韩语	4	10%	4	10.5%	10	19.2%	21	44.7%	39	22%
法语	8	20%	16	42.1%	17	32.7%	10	21.2%	44	29%
意大利语	9	22.5%	11	28.9%	12	23%	7	14.9%	20	11.3%
西班牙语	12	30%	12	31.6%	7	13.5%	7	14.9%	38	21.5%
俄语	8	20%	5	0	4	11%	1	2%	18	10%

由表 7-3 可以看出：

从具体地区的分布看，欧美国家和地区的商户最想学习的语言分别为汉语、英语、阿拉伯语、西班牙语；非洲国家和地区的商户最想学习的语言为汉语、法语、阿拉伯语和英语；中东国家和地区商户最希望学习的语言是汉语、英语、法语和意大利语；亚洲国家和地区则是汉语、日语、英语和韩语。

从总体上看，外商对汉语的学习需求非常之高，平均值达到 84.1%，其中最高的是中东地区，高达 94.2%，由此可见汉语国际教育的市场十分广阔，尤其是对义乌商圈来说，掌握汉语对他们在义乌的生活和贸易都会带来极大的便利。其次则是英语，均值达 54.2%，最高的仍是中东地区。从外商对语言的掌握程度来看，英语的掌握率所占比例是最高的，英语作为通用语在沟通各国、各地区之间起着桥梁的作用，义乌市对中英双语的建设也在不断完善，掌握英语语言资源的实用性非常巨大。阿拉伯语是外商对语言需求量排名第三的语言，基于阿拉伯地区人口密度和经济发展空间大，不少外商表示，阿拉伯有广阔的商业市场，掌握阿拉伯语对商业发展更有利。另外，排名中间三位的分别是日语、韩语和西班牙语，平均需求比例较为接近，分别为 26%、22% 和 21.5%，虽然这些语言所占比例不如汉、英、阿、法，但随着义乌外商的增多，吸引了来自各国各地区的外商，这些语言会为义乌的语言带来更多的活力，语言需求市场仍会不断地扩大。最后，本项调查中，语言需求量较少的为意大利语和俄语。

外籍商户语言学习动机调查

该项调查对外籍商户语言选择的动机进行了分析，涵盖"对该语言感兴趣""促进生意发展""结交外国朋友""增强对该国文化的了解"
四个方面的内容。本项调查采用了 Likert 量表，将以上四个方面的内容用
"非常不同意""比较不同意""无所谓""比较同意""非常同意"五个
标度进行衡量，问卷所得答案分别用 1、2、3、4、5 进行量化处理。其中
B1 为"对该语言感兴趣"，B2 为"促进生意发展"，B3 为"结交外国朋
友"，B4 为"增强对该国文化的了解"。

表 7-4　　　　　　　　　　　外籍商户语言学习动机　　　　　　　　（人数：个）

国别 项目	欧美	非洲	中东	亚洲	平均值
B1	4.3	3.8	3.8	4.2	4.0
B2	3.7	4.6	4.0	4.4	4.2
B3	3.5	3.9	4.3	3.2	3.7
B4	4.0	3.2	3.4	3.9	3.6

由表 7-4 可得出以下结论：

一是"促进生意发展"是影响外商语言需求的主要原因，其次则是
"对该语言感兴趣"，平均值分别为 4.2 和 4.0；"结交外国朋友"和"增
强对该国文化的了解"这两项的平均影响因素值虽然略低于之前的选项，
但可以看出，仍然是外商语言选择较为重要原因。

二是不同于其他国家和地区，欧美商户将"对该语言感兴趣"作为
影响语言选择最重要的因素，而平均值最低的"增强对该国文化的了解"
则是影响欧美商户语言选择的第二因素。中东商户将"结交外国朋友"
作为影响语言选择最重要的因素，亚洲商户则把"结交外国朋友"作为
语言选择的末位因素。说明各国商户对语言的需求是有区域文化差异的。

此外，我们在调查过程中，不少外商提出了其他影响语言选择的原
因。其中常见的包括"想学习难度大的语言，挑战自己""学习使用人数
少的语言，让人觉得自己能力很强""学习发音好听的语言""学习难度
低的语言"。

学习成本对外商语言选择影响调查

该项调查从经济学角度，调查语言学习的成本是否对外商的语言选择
造成影响。调查人员通过向外籍客商发放问卷和访谈，调查义乌国际商贸
城内的外商是否在意学习需求语言所花费的金钱和时间成本及倾向于采用
何种方式学习需求的语言。

表 7-5　　　　　　　　　　　学习成本对外商的影响　　　　　　　（人数：个）

国别 态度	欧美		非洲		中东		亚洲		平均
	人数	比例	人数	比例	人数	比例	人数	比例	比例
在意	23	57.5%	28	73.7%	35	67.3%	34	72.3%	67.8%
不在意	17	42.5%	10	26.3%	17	32.7%	13	27.7%	32.2%

表 7-6　　　　　　　　　　　外商倾向的学习方式　　　　　　　（人数：个）

国别 方式	欧美		非洲		中东		亚洲		平均
	人数	比例	人数	比例	人数	比例	人数	比例	比例
自己学习	4	10.0%	12	31.6%	16	30.8%	6	12.8%	21.5%
向朋友学习	9	22.5%	15	39.4%	11	21.2%	19	40.4%	30.5%
参加培训班	12	30.0%	4	10.5%	13	25.0%	10	21.3%	22.0%
在大学学习	15	37.5%	7	18.4%	12	23.0%	12	25.5%	26.0%

由表 7-5 可得出结论，大部分国际商贸城内的外商对学习语言所花费的金钱和时间成本是在意的，平均值达到 67.8%。其中非洲和亚洲商户对语言学习的成本十分重视，在意语言学习成本的商户比例分别为 73.7% 和 72.3%。

由表 7-6 可以看出，外商们最倾向于向已掌握该语言资源的朋友学习，既可以照顾生意，又不用花费大量的时间；其次则是在大学学习，选择在大学学习的多是年轻的商户，他们表示正规的语言学习非常重要；参加培训班和自己学习所占比例几乎一致，分别是 22.0% 和 21.5%，这部分商户表示，他们对于语言掌握的要求不高，语言环境十分重要，多听多说，掌握日常交流语即可，自学是最为简单便利的方式。

三　义乌语言供给状况调查

Grin（1999）在研究语言与经济关系时将经济学中的供求关系运用到语言研究当中，并且第一次提出了"语言类服务与产品"这一概念。① 所谓的语言供给，也就是语言服务与产品的状况。语言需求和语言服务的协调和互补是语言经济发展的重要内容。语言服务是指通过不同的路径与方

---

① Grin. F. Supply and demand as analytical tools in language policy. In Albert Breton. Exploring the Economics of Language. Ottawa：Department of Public Works and Government Services Canada，1999，pp. 46-48.

式，发挥语言的作用，为广大民众提供语言帮助的服务机制，在语言服务大规模发展后便会产生与之适应的，涉及多行业和领域的语言服务产业链。目前的语言服务主要涉及语言知识、语言技术、语言工具、语言教育、语言康复、语言使用六大服务领域。具体到地区范围时，当地特色和当地居民也会影响语言服务的需求度，逐渐形成区域特色。当某城市对某种语言资源的需求扩大时，该语言服务市场也在相应地扩大，应当增加该语言资源的服务产业，政府和社会都应当重视该语言资源在语言服务业中的地位；当城市对某一种语言的需求量降低时，该语言项目的服务人员可适当缩减，调整该市语言服务行业的状况，促进语言经济和谐发展。针对义乌市的语言服务行业状况，其语言服务主要包括翻译与本地化服务、语言教学与培训服务、社区服务。调查人员通过走访义乌国际商贸城及周边城区，对义乌国际商贸城及周边的语言服务行业的状况有了一定的了解（本小节调查内容我们已经用于上一章语言服务研究中，相同之处不再重复表述）。

第四节　义乌国际商贸城语言投资状况分析

语言是一种可以进行投资并获取收益的资源，对语言进行投资可在未来获得相应的收益，对所投资的语言进行选择便显得尤为重要。结合市场调查，本书对义乌的语言供求状况进行了大致的说明，由以上调查，我们将针对义乌的语言投资状况做进一步的分析，简要阐述义乌更加值得投资的高 Q 值语言，在对未来语言投资趋势做出预测的同时，对个人投资与家庭投资提出相应的成本收益。

一　义乌国际商贸城语言 Q 值

（一）语言 Q 值模型

语言是一种资源，同时也是一种人力资本，掌握更多种类的语言意味着在工作中拥有更强的竞争力。我们将更加具有资本竞争力的——也就是更加具有交际价值的语言称为 Q 值语言。语言 Q 值这一观点最早是由 De Swaan 提出的。De Swaan 指出："语言的 Q 值也就是语言的交际价值，是由语言中心度与语言流行度两个方面构成的。语言 Q 值的意义在于帮助人们进入某一社区内进行语言的选择与投资，语言交际价值大小是由语言

Q 值作为衡量标准的。"[1]

　　语言 Q 值与人们的语言选择关系密切。Q 值大即语言价值更高的语言往往是人们的理想目的语。语言 Q 值的研究属于微观或中观层面，适用于较小的语言范围。义乌国际商贸城虽然人口密度较大，但语言使用较为集中，语言使用的需求也较为相似，国际商贸城内自愿性投资语言学习的商户基本上会选择高 Q 值的语言。当这个高 Q 值的语言被选择的次数增多时，掌握该语言的人数也就会相应增多，这门语言资源就获得了更大的影响力，当人们都希望掌握这门语言时，就达到了语言扩张的目的。所以，语言 Q 值也可以反映出语言扩张与语言的使用人数间的关系。语言扩张强度增加会进一步增强该语言在某地区的影响力，使用人数将越来越多。

　　(二) 义乌国际商贸城的 Q 值语言

　　根据以上调查与研究，义乌国际商贸城外商语言掌握状况排名前三的语言为英语、汉语、阿拉伯语，这表示国际商贸城内使用这三门语言的外商较多，流行度较广；在义乌国际商贸城外商语言需求状况调查中，外商对汉语、英语及阿拉伯语需求最大，遵循自愿性投资原则，大部分外商倾向于选择这三门语言作为第二语言进行投资学习。综合以上调查，我们认为汉语、英语、阿拉伯语的中心度和流行度较高，是义乌国际商贸城内的 Q 值语言，也是最值得投资的语言资源。

　　汉语又称华语、中文，是汉民族的母语，也是世界上使用人口最多的语言。汉语有普通话和方言之分。在义乌的中国商户中，外来人口所占比重非常之大，人们通常采用汉语普通话进行交流，避免了中国各大方言区的语言差异。我们在此前义乌小商品城语言使用状况调查中发现，国际商贸城经营户对自己的普通话水平进行评估，其中 89.9% 的商户能较流利地用普通话进行交流，不懂普通话的商户数量不到百分之一。从外商角度来看，义乌外商来到中国后最先接触到的就是汉语，在生活和商贸活动的方方面面都要与用汉语的商户打交道，掌握汉语将给他们带来更大的便利，精通汉语的外国客商更是能够有效地与义乌商户进行沟通，在对商品品质的了解与把控，商品价格的讨论与选择方面，具有极大的优势，汉语

　　① 苏剑：《语言 Q 值与小语种语言存亡边界——基于语言经济学的模型》，《西部论坛》2011 年第 1 期。

投资者也会取得巨大的收益。

　　除汉语外，英语也是义乌语言资源中非常值得投资的语言。我们在调查中了解到，义乌的英语语言服务环节做得非常到位，路边站牌都是中英双语的，巴士上也采用中英双语模式报站，义乌电视台、广播台也有专门的英语频道，中国的义务教育也是贯穿英语语言学习的，所以，能熟练掌握英语和汉语两种语言的人数在义乌市是不少的。但是，亚洲、非洲、阿拉伯地区有不少外商对英语掌握程度不高，许多外商表示只是略懂皮毛；而对于中国本地商户来说，除受过义务教育阶段系统英语学习的年轻人外，大部分商户对英语也不甚了解，具有英语学习需求。因此，英语资源在义乌的推广和传播不可忽略。加大力度做大英语资源的市场，也是语言服务行业的前进方向；政府部门也应加大力度，推广英语学习的热度。

　　阿拉伯语主要流行于阿拉伯人之间，包括北非与中东的 22 个阿拉伯国家。义乌的阿拉伯人口数量非常多，由于中东地区部分与中国接壤，且交通便利，越来越多的阿拉伯人将义乌当作他们商业发展的重心。大多数在义乌的阿拉伯人经营着中国与中东地区的进出口贸易，中东地区的人口数量优势也使义乌对中东的出口额比重连年上升。在大部分阿拉伯地区，英语不列于义务教育阶段的学习，所以许多阿拉伯商人，尤其是年岁较长的阿拉伯商人完全不懂英语。语言的障碍加上宗教的差别，使义乌的阿拉伯人形成了自己的商业和生活圈子，但同时商业和贸易的发展又使阿拉伯人有强烈的语言沟通需求，这使越来越多的义乌外商或义乌本地商户注意到这一点，学习阿拉伯语在义乌流行起来，周边高校的阿拉伯语专业的招生状况也非常乐观。对于义乌的商户来说，掌握阿拉伯语有利于更好地打开中阿之间的贸易桥梁，促进中阿贸易做大做强；对于阿拉伯语的语言服务者来说，义乌的阿拉伯语服务需求扩大，有很大的发展市场，精通阿语的人才炙手可热，为个人带来更好的职业发展前景和更好的薪资状况，是语言投资的极佳选择。

　　（三）小语种 Q 值上升

　　语言的 Q 值模型具有可无限增值性，由此可以推断，一门语言若长期处于弱势地位，久之将会逐渐濒危和消失。但语言 Q 值并不是持续化且非常稳定的过程，语言 Q 值会根据市场需求不断做出调整，Q 值也因此不断变化和波动。当一种语言相较于主体语言屈于弱势时，这种语言既有可能被主体的强势语言所替代，也有可能不断地加强巩固自身的地位，使语言 Q 值不降反增。在一个多文化多语言汇合的区域中,当某一种强势的语言不可能做到完全的同化与统一时,其他小部分人所采用的语言也会占有一定的地位,使这种或某几种语言的 Q 值得以上升。根据 Q 值理论可以推断出,在一个语言社团中,不断有新的语言使用者加入会提升语言的 Q 值,这样,语言社团成员的沟通范围更加广阔,该语言社团的成员就会因此受益。

我们由问卷调查与访谈发现,语言需求较大的小语种首先为法语,其次是日语、韩语和西班牙语,平均语言需求量为 29%、26%、22% 和 21.5%,但这些语言的掌握率平均只有 9.6%、7.3%、14.1% 和 4.0%,并且其中包含了大量以该语言为母语的商户。因此,发展这些语言需求量大的小语种必然会带来更多的收益,且近年来,外商入境义乌的比例持续攀升,其中有不少来自亚洲、欧洲、非洲的商户,这些商户的到来必然会持续扩大这些语言的流行度,当语言的流行度不断上升时,这个小语种的中心度与流行度更加凸显,投资小语种意味着掌握了别人尚未掌握的语言交际能力,是语言投资的重要优势。

二 义乌语言投资

任何的语言投资都需要考虑成本与收益,当语言的收益大于语言投入的成本时,这项投资便是有意义的,能够获得某种价值的;反之,当语言的收益少于语言投资的成本时,这项投资不能获得更多的收益,这样的投资就是不理性的投资行为。所以,社会和个人在进行语言的投资时,都应当考虑到成本与收益的大小关系。成本——收益分析法是指通过项目所需的所有成本和获得收益之间对比,评估该项目价值的一种方法,成本—收益法的作用表现在,通过对成本因素和收益的对比来寻求收益的最大化,以小投资获取高成本。① 社会管理者和政策制定者通常采用该经济学工具对大型项目的投资状况进行分析。

我们比较赞成 Becker 的人力资本理论,他指出:"经济增长中物质资本的作用远低于人力资本的作用;人力资本的核心是进行投资。"② 语言

---

① 江桂英:《中国英语教育——语言经济学的视角》,厦门大学出版社 2010 年版,第 110—112 页。

② 苏剑:《语言 Q 值与小语种语言存亡边界——基于语言经济学的模型》,《西部论坛》2011 年第 1 期。

是一种人力资本，因此投资要花费成本，才能获得相应的报酬。学习第二语言往往是脱离了先天的语言环境，需要投入时间、学费、脑力、物力等因素。对目的语的掌握要经历从入门到精通的过程，这个过程中需要不断地听说读写，耗费大量的人力、物力，而学习该语言得到的回报也应当与此形成正比。对语言的投资应当是以获得报酬为目的的，一门有用性高的语言学习会让语言投资收益大于成本，而有用性低的语言则会让语言投资的收益大大降低。

（一）个人投资

我们由访谈得知，初来义乌的外商几户都有语言障碍，大部分外商只能用母语与本国商户交流，对汉语和其他语言掌握程度极低，这导致"新义乌人"在生活中会有许多困难，使他们有了语言学习的需求。义乌外商投资于语言学习主要是通过大学语言进修系学习和语言培训班的学习，参加大学里的语言学习是义乌外商进行语言投资的首要选择。

首先，大学语言专业投资。义乌工商学院推出面向社会的汉语、英语、阿拉伯语等外语课程后，吸引了大量的外商报名学习。由于外商平日里需花费大量时间进行贸易活动，许多外商只有晚上才有更多时间来学习语言，义乌工商学院为此还专门开设了夜校，让外商能够更加合理地安排学习时间。此外，也有不少外商选择更加系统的全日制语言学习，地处金华市的浙江师范大学内有不少留学生在进行汉语学历学习或语言进修，这些留学生中有不少人今后想在中国开办贸易公司，还有部分学生曾经在义乌做生意，发现语言障碍带来的不便后，再来到大学进行语言学习。从个体来看，其进入大学语言专业学习的投入包括参加学习的学费、书本资料费用、在校生活费、住宿费用及参加 HSK 等专业语言考试的费用。以浙师大留学生为例，全日制在校留学生一年所花费的学费大致在 1.5 万—2 万元人民币，生活住宿等花销大概为 1.2 万人民币左右，新 HSK 考试费用在 150—650 元不等，一年的大学语言学习花费大概 2.5 万—3 万人民币。

其次，是语言培训投资。在义乌国际商贸城的调查中，我们了解到平均有 22% 的商户愿意选择培训机构进行语言学习。这种培训机构的学习以培养外商的听说能力为主，通常是短期速成的模式，基本能够满足义乌外商的语言学习需求。目前，义乌市共有 100 余家外语培训或中介机构，参与语言培训的商户超过 10 万人，5000 多名外籍人员参与义乌外语培训与学习。"洋话连篇""哈森"等都是义乌规模较大的市场语言培训机构。这些培训机构通常按照课时收费,根据课程设置不同,基础语言学习一期的学费大致在8000—12000元人民币不等,水平得到提升后,进阶学习高级课程需要缴纳更多的学费,一年下来培训花费大概在2万元人民币左右。

此外,除了经济方面的投资,义乌也有不少免费的语言学习组织,只需要外商们投入时间成本即可提高语言水平。许多在中国留学过的外商,已经掌握较为熟练的汉语,他们组织本国商人互教互学,他们表示,坚持学习一年后,汉语水平都会有较为明显的进步,可以进行基本的汉语交流。

就外国商户特别是长期驻义的外籍商户而言,虽然语言投资的成本较高,且需要付出时间和金钱成本,但是未来获取的收益也与之对应。在商贸方面,掌握汉语或更多其他语言,除了可以减少语言障碍,通过语言谈判降低销售成本,扩大市场销售额外,更重要的是能够借助语言工具加深对义乌的了解,也可以跨越语言界限认识更多国家的商业伙伴,增加对市场商贸状况的了解,掌握第一手的信息资源,更好地融入义乌的商业大家庭。这样,最初学习汉语的成本花费基本上在半年内便可回本。因此,对具有促进商业发展潜力的语言进行投资,将获取更多的收益和回报。

(二)社会投资

在社会层面上,语言投资一般是政府或相关公共机构的行为。政府对语言的投资一般体现在语言教育和语言政策上。

首先,从语言教育的投资来看。我国的国民教育体系覆盖所有大中小学,义乌市依据国家相关教育政策,对义乌市的教育进行了大量的投入,这主要体现在以下四个方面。第一,教师薪资成本。在义乌几乎所有的综合性学校都设有外语课程,除了传统教育中中国学生的英语教育外,不少学校考虑到外籍商户子女的特殊情况,聘请了相关小语种教师,教授阿拉伯语等课程,进行双重语言与文化的教学,这些外语教师的薪资基本是由我国的公共财政承担,是义乌市教育投资的重要部分。第二,语言人才培养成本。义乌工商学院作为义乌唯一一所高校,开设有外语学院,外语系设置有英语、阿拉伯语等外语专业,外语专业的学生毕业后通常从事与语言教育、语言翻译等相关的语言服务行业,是义乌市语言人才培养的重点目标,且近年来,为配合语言课程政策的改革,义乌教育部门还加大了师范教育类专业的建设，这对义乌的语言行业发展来说显得尤为重要，是语言教育投资不可或缺的环节。第三，人才引进和优化成本。义乌从小学到高校的教育体系中，语言教育都是重要的一个环节，每年需要花费一定的财政用于引进高素质的语言人才。此外，为了保证教师的专业水平不断提高，义乌市教育部门近几年均定期以公派形式派优秀教师到海外接受短期或长期的先进教育培训。第四，其他教育成本。为创造语言学习的环境，义乌市政府部门定期举办各类免费的语言培训，如针对义乌国际商贸城的中国商户开展免费的英语培训，对商贸城的外籍商户开展汉语学习培训，以期减少语言障碍，促进义乌经济的繁荣发展。而义乌广播电视台、报纸等新闻媒体对语言教育类节目和内容的制作、播报、出版等投入也是语言教育推广的成本之一。

其次，从语言政策的投资看。为方便外籍商户在义乌市的生活和工作，义乌市政府部门从公共建设、新闻媒体等多方面促进语言政策的优化。从公共建设角度看，为方便外籍市民的生活，政府从道路公交、机场高铁建设及政府服务网站等多方面体现了对语言的重视，投入大量的资金设立与民生息息相关的双语公共设施建设，促进义乌语言经济和谐发展。义乌国际商贸城内设立免费的语言咨询，定期举办公益性的外语普法讲座、协助宣传外销商品展览等费用也是政府对语言政策的资金投入。从新闻媒体角度来看，2005年义乌市广播电视台由原义乌市广播电视局分离出来，独立运行后围绕全市的重大经济活动，认真策划开设多个与义乌经济社会生活相关的栏目。考虑到义乌居民中有大量的外籍商户，义乌电视台增设了英语、阿语频道，包括外语广告和部分带字幕的双语节目。2006年1月，义乌市电视台增开了商贸频道，其中重点策划开播的"义乌商圈"栏目，通过义乌商人的成功创业经历反映义乌市场的影响力，该栏目多次邀请外籍商户讲述自己在义乌的创业经历，鼓励外籍商人积极创业。这些电视节目从策划到采访、配音、制作，需要花费不少时间和经费。

政府对义乌语言和谐发展的资金投入是非常有价值的，对语言教育和语言政策的投资使义乌越来越多的外商掌握汉语或其他语言，一方面使义乌商户在沟通中减少障碍促进经济贸易的发展，另一方面使外来的义乌商户感受到义乌作为国际化商贸城市的开放性和包容性，让更多的外商选择长期定居义乌，这必然会为义乌市带来更高的经济收益。

第五节　义乌多语环境下的语言经济价值

任何语言都具有经济价值，其经济价值与涉及的经济活动有直接关系。经济价值是商贸活动的基础，义乌被称为"小联合国"，国家经济实力在义乌国际商贸城内也体现在语言上，汉语是传播中国文化的重要媒介，也是发展义乌经济最重要的语言；英语的广泛性使它成为义乌国际化的语言保证；小语种的重要性与义乌外商人员国籍的比例成正比，阿拉伯语和韩语等小语种的经济价值不断攀升。

一　汉语传播的经济价值

义乌国际商贸城在世界贸易中占有重要地位，商品的生产和出口带动义乌语言相关经济的发展。语言是国际贸易合作体系中建立连接的桥梁，贸易与人际交往中离不开语言的交际能力。扩大汉语国际传播、加紧推广汉语国际化，既是时代的要求，也是经济发展的内部需求。

（一）汉语国际化现状的经济动因

首先是汉语国际化的内在需求性。随着中国经济积极融入世界经济的大环境中，中国经济与世界经济融为一体，中国市场的外向性不断提高。这一切都客观反映了汉语融入全球语言的必然性。中国经济的快速发展受到世界关注，这一方面扩大了汉语的影响力，使世界各国商户都需要掌握汉语以克服语言障碍，更好地打开中国市场，融入中国经济环境；另一方面为中国国内市场提供了崭新的发展机遇，扩大义乌国际商贸城在世界商品市场上的影响力，推动义乌经济加速发展。义乌的小商品市场闻名全球，各类商品的齐全让全世界关注到这一商贸市场的存在，义乌小商品的知名度和影响力都不容小觑，形成了一种相对强势的经济规模。义乌国际商贸城闻名世界，义乌市致力打造全球最大的国际商贸中心，为实现这一目的，义乌市政府大力发展与汉语相关的语言产业，扩大汉语的影响力度，促进汉语走向国际化，使语言发展带动经济进步。义乌国际商贸城规模扩大，内部需求的不断发展，将为其在世界范围内地位的提升奠定坚实的基础。汉语的推广是义乌国际商贸城内商业推广的重要手段之一，只有不断巩固汉语的强势语言地位、扩大汉语的中心度和流行度，才能更好地让世界宣传中国、宣传义乌，从而进一步促进义乌经济走向世界，不断朝国际化的方向发展。

其次是汉语国际化潜在可行性。汉语有着五千年的厚重文明史和强大坚实的文化基础。汉语的国际化趋势不是由中国的政策所决定的，而是在中国经济发展壮大、软实力提升和全球一体化进程中的必然选择，是中国国际地位提升的需要。全球经济的一体化与区域经济的融合推进了中国与外界的交流合作。国家汉办的统计结果显示，学习汉语的海外人口已超过1个亿，且仍以每年50%或更快的速度持续增长。中外语言、文字、文化将进一步互相影响融合。此外，中国经济增长自发推动了汉语资源经济价值的提升。汉语资源在国际交往中的作用、地位和价值日益增长，汉语作为一种重要的语言资源，必然应当实现产业化发展道路，使其文化价值、经济价值、信息价值进一步得到提升。义乌市应当顺应自身商贸优势，发挥国际化都市的影响力，发展与汉语相关的教育产业、文化产业、语言服务业等。在义乌的外籍客商大部分都有汉语学习的需求，义乌汉语文化产业的推广既给了外籍客商了解中国、学习汉语的机会，又带动了自身语言经济产业的发展。

最后是汉语国际化的能动引导性。"汉语热"在中国经济发展的前提下不断升温，对此，汉语的传播和推广工作也不断提上日程。汉语的推广传播应当利用有效的网络资源，积极创造适应语言传播的条件，以语言的影响力引导语言经济的发展。义乌国际商贸城汉语在引导性上具有得天独厚的优势，商业的繁荣为汉语的强势地位创造了极佳的条件。外商来到义乌，为了便于生活和贸易，就必须了解中国的语言和文化。义乌每年都会举办商贸会展等多种商业形式的展览，这种商业展览的背后，也附带了汉语和汉文化的输出。会展业是高端服务领域中的新行业，将汉语融入这行业中，能够有力宣传自身发展和建设成果，推动汉语国际化的步伐向前迈进。

(二) 汉语国际传播的投资收益

汉语在世界上的地位提升与中国经济发展关系密切，在全球化背景下，发展汉语经济必然会加快中国经济的繁荣稳定发展。发展规模效应是语言与文化产业发展的重要手段，将语言、文化与经济结合起来，发展语言产业，形成相应的产业规模，是义乌市以语言发展促进文化发展的最佳选择。当汉语产业形成规模效应时，也自然会带动其他产业与文化的发展。义乌国际商贸城作为世界最大的进出口商贸城市，每天都有大宗的贸易进出，当汉语与产品销售和语言推广结合起来时，必然会带来更多的商业利润。如近年来，国际会展产业发展迅速，将汉语理念融入会展中，将产品与汉字、中国功夫等语言文化元素结合起来，增加产品的语言文化附加值，就会吸引更多客商，促进中外交流与贸易的双向发展。将汉语理念融入工业产品设计中，如采用汉字作为商标，将汉语的成语和风俗融入产品的语言介绍中，对外销售时既是售卖工业产品，也是文化的输出。这样，汉语语言相关产业链的延伸将会极大程度推动中国汉语产业销售链的延伸，汉语传播的收益也将会进一步增加，同时加速了汉语的国际化进程，扩大汉语的影响力，带动经济的发展，进入良性的互动循环。

二　小语种传播的经济价值

（一）小语种传播的必要性

随着义乌市出口市场的不断调整与优化，义乌产品的出口国越来越多，分布地区也愈加广泛。排名位于义乌商品出口前十位的国家分别是美国、阿联酋、俄罗斯、乌克兰、西班牙、德国、韩国、日本、巴西、巴拿马。[①] 美国作为义乌的第一大出口国，以英语为母语，且英语的使用在全球范围内非常广泛，使英语在行政、法律、教育、国内国际贸易以及公众传媒中都起着非常重要的作用，由以上调查也可证实，英语是义乌市最常见的通用语言。然而，就义乌市的人口构成情况来看，义乌市作为中东地区在中国设立的最大的贸易交易地，聚集了 2 万多名穆斯林，其中来自西亚、中亚、东南亚和北非伊斯兰国家的商人达到了 60%，他们的母语皆为阿拉伯语。此外，还有为数众多的亚洲商人，韩商是最早一批来义乌"淘宝"的，如今常驻韩商已有 8000 余人，近年来日商的人数也在增加和扩大，日语、韩语成为亚洲商人沟通交流的重要语言资源，日语、韩语的重要性不断加强。义乌市场上许多外籍商务人员的母语为除英语外的小语种。这些小语种使用人数非常多，且英语教育并没有在全球普及，不懂英语导致以小语种为母语的外商在很大程度上具有语言交流的障碍，"中英"双语不足以解决小语种客商的实际问题。这一点在我们的交流与访谈中体现得非常突出。许多外商表示，刚来中国时不懂汉语，也不会英

---

① 邵张旻子、陈科芳：《市场翻译需求和翻译质量调查——以中国义乌国际小商品市场为例》，《浙江师范大学学报》（社会科学版）2009 年第 11 期。

语，义乌的公共标识虽然都是双语的，对于他们来说却没有任何意义，双语标识形同虚设。针对该问题，近年来政府网站、114 语音台、市场语言培训和语言翻译等方面都加强了对小语种的重视，逐渐增加了小语种种类。义乌工商学院开设了日语、西班牙语、韩语的专业课程，每年还会面向社会招收小语种班跟班学习的学员。不难想象，在今后的城市国际化进程中，小语种所占份额和价值必然会有所增加。

（二）小语种的投资收益

在传统的义务教育阶段，中国教育系统将英语教育作为其国民教育体系中不可或缺的一部分，对英语的重视程度已达高峰阶段，任何考试英语水平都占有很大的比重。这就迫使很多人在特别重视英语水平的同时忽略了其他语言资源的学习，使英语成为全民化的第二语言。然而，依据成本与收益理论，初始投资成本的数量应与投资带来的收益成正比，若未能达到预期的高收益，则该投资是不完善的。随着经济全球化带来的影响，人们开始接受更加多元的文化，越来越多的人将英语之外的"小语种"当作兴趣及竞争的资本。调查人员走访义乌翻译公司发现，小语种人才的缺乏是困扰义乌商贸人员的重大问题，其中，尤其是西语翻译人才稀缺。"在义乌暂时没有西班牙语口译，而同声传译更是没有人做过"。在义乌这样的国际化城市中，对语言人才的需求已悄然从单一的英语人才向复合型语种人才转变。如果求职者在精通英语的同时，还能熟练掌握韩语、阿语、西语等小语种，就能带来更大的市场收益额。这同时也是个人语言投资的极佳选择，语言复合型人才在义乌的语言相关企业中非常受欢迎，由于国际贸易增多，国际会展迅速增加等原因，外企急需多语种人才。只有根据市场的人口和经济发展状况，随时调整语言投资方向，做到百花齐放，才能最大化语言投资的利润。义乌市洋话连篇教育机构为迎合此项需求，还特意推出了学习英语送小语种的活动，广受市民青睐。

第六节　义乌国际商贸城语言经济发展对策

语言经济的发展对整个社会的经济发展具有促进作用。做大做强义乌市的语言经济产业、改善义乌市的语言服务状况，需要顺应市场的需求，发挥政府的政策引导作用，并借助周边高校优势，努力促进语言经济状况的和谐与健康发展。

一　扩展语言资源

(一) 重视汉语国际传播

加强汉语国际推广工作,是促进和改善语言服务的重要手段。语言服务是跨越文化障碍的桥梁,也是增强中国文化的影响力、提升国家内在实力的迫切需求。教育是推广汉语国际传播的重要手段,义乌的汉语教育主要有"公办"和"民办"两种形式。公办主要是指高校的汉语教育。义乌市应重视汉语国际教育、汉语国际传播等相关专业的学科建设,借助周边高校优势,培养中阿、中日、中俄、中韩等小语种翻译人才。义乌工商学院长期招收外国学生,根据入学时学生汉语水平,开设了不同层次的语言学习班,分水平分阶段的教学有效提高了教学效率。此外,学校针对语言各要素的学习开设了汉语阅读、听力、写作等课程,还增加了文化教学的内容,将语言教学与文化教学结合起来,更加符合外籍学生的学习需求。而"民办"培训在课程设置上更倾向于商务汉语教学,教学时间更加碎片化,无论是下午还是晚上都可以进行教学,为在义乌经商的学习者提供了不少便利,培训机构的教学形式也更加灵活,学习内容可根据学生的要求不断调整,但是这种灵活的教学模式有时也会忽略教学的连贯性和整体性,需要教师不断制订合理的教学计划。汉语传播与文化传播关系密切,语言与文化是互相促进、相辅相成的,做好国际汉语推广工作应注重将文化性、层次性和专业性相结合。义乌应推进汉语传播相关专业,如汉语国际传播的专业建设,加大"汉语桥""汉字听写大赛"等电视网络宣传力度,提高对汉语和汉文化传播的重视程度。此外,还要不断改进和完善语言服务产业,既要借助语言服务推动汉语推广,又要以汉语推广促进语言服务产业的发展。

(二) 加强小语种建设

加强小语种语言产业的建设,是义乌文化多样性和包容性的体现。语言与文化息息相关,不同的语言实际上反映的是不同的国家地区文化、经济、政治的状况。义乌市政府应针对不同国家和民族集中居住的区域,调整该地区路牌、宾馆、医院和学校的小语种选择状况。如穆斯林集中区,应多采用阿拉伯语设置的语言标识,并向该片区经营餐厅、旅馆的务工人员普及阿拉伯语和穆斯林文化,促进其他民族与义乌当地的融合,使外籍客商在义乌找到文化和语言方面的亲近感、认同感。这对创造义乌优势口碑、促进义乌经济发展也起着重要的作用。

二　拓宽语言产业市场

语言产业的结构主要涉及三个层次,第一层为企业群,主要范围包括语言资源的开发与利用,如媒体刊物的发行、新型的语言创意以及传统的语言艺术形式等。该层次语言产业的发展状况代表了某一国或某一地区的产业发展水平。第二层是指主要涉及文字处理、语音识别等语言存贮和运输的产业。第三层是指语言的应用和推广,主要是指关于语言翻译服务、语言教育服务或与语言康复等相关方面的服务,这一层次是语言产业的发展基础。对于义乌来说,扩宽语言市场既需要巩固好语言翻译、语言教学市场,又要发展语言创新产业,将工业产品与语言产品紧密结合起来,促进工业产品和语言产品的双向推广。

(一)巩固基础语言产业

所谓基础语言产业指的是语言翻译、语言教学和语言康复等行业。针对义乌的现状,我们主要谈语言教育和语言翻译产业。义乌市教育力量相对发达,从幼儿园到高中,许多学校开设有多门外语课程。此外,政府应注重外籍商户子女的学校就读问题,建立较为完整的教育管理体系,通过建立国际学校、国际班和宗教学校等方式,保障外商子女和中国学生享受一样的受教育权利。在高校教育阶段,义乌工商职业技术学院和周边高校应围绕义乌的商贸特色和优势,有针对性地增设专业的语言课程。义乌市教育局应定期对市内的高校进行语言教学评估,对教学的改进、教材的选取提出适应义乌市经济发展的意见和建议。由于义乌外来经商人员较多,教育部门还应考虑到成人教育的重要性,全面开展各类免费职业技能培训,成立镇街教育学院、市民大学或社区教学点,并聘请专业语言教师、提高语言教学水平,构成一个较为广泛的语言教学网络,促进义乌经商人员语言水平的进一步提高。

而针对义乌市的翻译市场,也应加大整改力量。义乌市内的语言翻译市场鱼龙混杂,有的是专门的语言翻译公司,公司内翻译人员科班毕业并从事相关行业多年,对义乌的翻译市场起到了稳固的作用;还有一些新开设的小翻译公司,从业人员缺少相关资质,影响整个翻译市场的行业水准。义乌应对从事翻译的人员进行考核,合格者颁发相应资质,提高行业准入门槛,使义乌的翻译市场不断标准化、完善化。

（二）发展创新语言产业

创新语言产业主要包括电子商务语言，如义乌的商务翻译网站，义乌的多语购物网站、语言翻译 APP 等。还包括义乌的产品与品牌命名，义乌商贸展宣传语言等。这些创新语言产业与电子科技有着密切的联系，将语言服务与网络经济服务结合起来，部分翻译网站还提供在线寻找人工翻译，或在线语言翻译服务，改变了传统的携带翻译人员的翻译模式，为语言产业提供了更加便利的服务。但是，这部分语言商务网站普及程度不高，应加大宣传力度。义乌还应结合自身的优势，开发集生活、贸易和语言翻译为一体的 APP，为义乌创新语言产业注入新的活力。义乌拥有上万家独自开办的中小型企业，其中，拥有涉外品牌的产品不在少数，将产品的命名与汉语文化相结合，可以更好地推广汉语经济，促进语言产业的发展。此外，近年来，义乌召开的小商品博览会、义乌商贸展也非常多，借用会展机会发展汉语产业也是创新语言产业的路子之一。

三　加强政府政策调节

市场对经济有调节作用，但经济的发展同时也需要政府政策的引导。改革开放以来，义乌市在经济社会发展方面取得了长足进步。义乌市政府集中资源为促进市场的健康向上发展提供公共产品与服务。在促进语言和经济协调发展方面，义乌市政府也应引起足够的重视。

（一）认清自身优势，注重语言规划

语言经济学与经济政策有着密切的关系，当运用语言经济学在语言资源上做出决策时，离不开政府的相关语言政策。政府政策以实现社会福利最大化为前提，必然需要对语言做出"最经济、最实用"的选择，这就是语言规划。语言规划是由政府完成的，也是市场和无数个体做出的集合效应。有意识的语言规划应该充分考虑到民众和市场的语言需求，根据大众的选择规划语言项目，切不可凭空想象而忽略微观层面。任何政府决策都讲究效率与公平，这就需要政府既要考虑政治的需求，使语言产业特别是第二语言产业均衡地发展，对其他国家的语言都要重视；同时又要结合自身优势，考虑经济利益，大力发展语言 Q 值高的且发展空间大、前景广阔的语言，兼顾小语种的发展与规划。

义乌市政府在完善语言规划时最重要的是保证汉语的绝对优势地位。首先，在公共场合，多语共用的情况下应明确凸显汉语的优势地位，不能

因兼顾其他语言而把汉语置于次要地位，不断完善汉语汉字和语音的标准化，推动语言和文字的改革。其次，政府应注意到扩大语言整改规划的范围。虽然义乌市的双语标识很多，但政府服务机构、医院和公安局等则很少出现双语指示，应当根据民众需求，在与民生相关的部门加强语言服务力度。再次，义乌政府在选择市内交通系统、新闻系统、生活系统的第二语言时，应当权衡利弊，选用语言价值最高，最符合人们需求的语言进行展示，不能所有语言一把抓，也不能只重视某一种语言而忽略了义乌外籍客商实际语言状况。最后，义乌市的教育系统，特别是国际学校的中小学教育系统中，应尤为注意语言教材的编写和规划，这将影响未来义乌市民的语言素质发展状况。

（二）尊重群众意愿，媒体资源倾斜

在义乌，外来商务人员被称为"外来建设者"或"新义乌人"，这其中有很多是由外籍人员构成的。为了使外来建设者能够更好地融入当地社会，增强对第二故乡的感情，义乌市应当把外来客商当作老乡，大力推广"人性化""亲情化"的服务政策。这其中，了解群众的需求是基础。许多外来客商初来义乌时并不懂汉语，在工作和生活中麻烦重重。所以，在公共设施、文化设施建设方面，政府的政策和措施应对义乌外商有所倾斜。"中国义乌"政府门户网是义乌市政府服务宣传的窗口，政府近年来不断增加小语种版本，对网站建设进行完善。然而，据市民和外商反映，该网站鲜有人知，由于宣传力度不够，使网站失去了应有的作用。而义乌市民关注较多的"义乌热线"网站，各门类信息齐全，包括租房、宾馆、二手车、招聘等，却并没有其他的语言版本。若是政府门户网也能够向其他本地网站学习，增加受众广度，将会对义乌客商的生活提供很极大的便利。在支持网站语言服务建设的同时，还应通过设立语言服务信箱等手段，广泛展开市场调研、了解市场需求，并设专门机构管理城市语言服务项目。

此外，在政府管理方面也应该注意文化的差异。我们了解到，义乌市政府每年都投入大量资金，向义乌市民免费宣传和发放《外来建设者平安义乌宣传手册》《外来建设者法律知识宣传手册》等资料，然而这些宣传资料并没有任何外语翻译，外籍客商是无法看懂的，对他们来说也就失去了宣传的作用。其次，义乌的少数民族和外籍商人有不同的宗教信仰，针对国际化城市中外商云集构成的"移民文化"，义乌市应保持宽容的态度，尊重各民族不同的文化风俗与信仰，又要向"新义乌人"宣传义乌文化，文化部门应加大公益文化产品的供给，采取独特的管理模式，抓住发展契机。

最后，政府还应当做好语言调研工作，充分了解市民对语言的需求，使各项政策措施较大程度反映义乌民众的需求，使语言经济产业有方向性和针对性的发展，避免资金和人力物力的浪费，充分结合市民语言需求，发展义乌优势语言，使义乌语言经济产业快速有序地发展。

第七节　小　　结

语言经济学是一门交叉性的边缘学科，将经济学理论运用于语言学的研究和实践中，是现代语言学发展的新思路。将语言经济学运用于语言环境复杂的国际化城市当中，有利于城市的语言产业发展、促进完善语言规划、发展汉语国际传播和小语种传播。义乌国际商贸城是中国国际化城市的代表之一，商业特色鲜明，商贸城内来自各个国家和地区的商户通过语言建立贸易联系。义乌国际商贸城内的商户语言掌握情况不一，对语言的需求状况也不一致，汉语、英语及阿拉伯语是商贸城内需求最大的三种语言。针对义乌的鲜明商业特色，义乌的语言服务行业持续发展与完善，翻译服务、语言教学与培训服务、社区服务等语言服务都在政府的协调下尽量地满足义乌市民对语言市场的需求。但与此同时，语言服务市场的服务质量也应朝着专业化和多能化的方向发展改进，吸引更多的专业复合型人才投入语言服务行业，朝语言产业化方向不断迈进。义乌国际商贸城内语言种类繁多，为了实现沟通交流和促进贸易发展，不少外商选择对语言资源进行投资。对语言资源的投资要衡量投资成本与所获收益之间的关系，最大化投资所得收益是语言投资者的投资目标。本章我们将实证调查与语言经济学理论结合，通过新的角度研究义乌语言，针对义乌国际商贸城商户语言状况的调查，对义乌商户的语言投资提出了建议，鼓励义乌商户发展汉语传播、推动小语种投资。与此同时，也希望义乌市通过扩展语言资源、拓宽语言市场、加强政府调节等方式使义乌市的语言经济更加繁荣。

第八章

结论与思考

　　这是一座建在市场上的城市，"市"造就了"城"，"城"繁荣了"市"，"城"与"市"密不可分，打造了一个中国乃至世界性的商业传奇。

　　20 世纪 80 年代"兴商建市"——90 年代建设"中等城市"——21 世纪初打造"现代化商贸名城"——近几年建设"国际性商贸城市"——如今定位"国际商贸名城"，义乌经济一路高歌猛进，形成了世人瞩目的"义乌模式"。与此同时，和市场经济息息相关的市场语言，也紧随义乌国际化发展的脚步，发生一系列变化，由 80 年代初市场语言义乌话一统天下——90 年代以普通话为主导——21 世纪初至今普通话与英语相辅相成，与义乌话改成"三分天下，小语种蓄势待发"。顺应经济模式而自然形成的多元化语言使用模式，应当成为义乌模式研究中另辟蹊径的一个热点问题，本书所作的大量调查研究，便是对义乌中国小商品城语言使用状况进行的论证分析。我们就语言问题，从中国小商品城及语言概况、经营户的语言能力、语言使用、语言态度及个案访谈等方面着手，对义乌中国小商品城语言使用状况进行调查，并对经营户在社会变量如性别、年龄、文化程度、经商时间上的群体分布进行较为深入的研究，在研究结果的基础上，形成了结论和思考，提出相关建议。此后，我们也开展了后续的语言服务、语言经济等相关问题的研究，并作了较有深度的思考。

第一节　研究结论

一　中国小商品城语言基本状况

　　基于 1198 个有效样本量的调查显示，目前中国小商品城市场通用语言主要为普通话、英语、义乌话。普通话作为国家通用语言，97.4%的经营户每天都在使用，在市场内是无可匹及的超强势语言，且95.2%的经营户认为自己的普通话水平与人交流没有问题。英语作为全球通用的超强势语言，在义乌这个大型涉外市场，过半数经营户无论水平如何，每天或多或少都会使用英语与外商交流交易，37.7%的经营户英语处于能听懂、能基本交谈或准确流利使用水平，其余的仅限于打招呼之类简单会话或者不能使用。而近半数经营户每天都在使用义乌话，时间长短不等，义乌话在中国小商品城所在地义乌自然应属于超强势方言。

在多语环境下，经营户们日常交易语言也是多种模式并存，跟国内客商、商场管理人员及经营户之间交流时，语码主要在普通话、义乌话与其他方言之间转换；跟外商交流时，语码主要在普通话、英语和其他外语之间转换，随着与外商交易语言难度的增大（打招呼—讨价还价—介绍商品优缺点），使用英语的频次逐渐减少。经营户在市场内最常使用的语言模式有四种：单用普通话、普通话和义乌话共用、单用英语、普通话和英语共用。

被调查样本中只有近三成的经营户认为在针对国内外客商时，自己可以灵活转换所使用的语言，其中文化程度越高的经营户，灵活运用语言的能力越强，即语码转换能力越强。七成多的经营户对自己的语码转换能力缺乏足够的信心，这说明经营户由于各种因素所限，语言水平和语言使用能力均有待提高。

贸易的实际需求反映在经营户语言学习意愿上，四成多的经营户愿意主动学习义乌话，超过七成的经营户对学习普通话持积极主动态度，近七成经营户对学习外语持积极主动态度。而经营户对子女寄予的语言学习期望，普遍超过自己学习语言的意愿，近五成经营户希望子女学习义乌话，85.1%的经营户希望子女能说标准的普通话，86.9%的经营户希望子女掌握好外语，经营户希望子女掌握好外语的期望值甚至超过了学习母语普通话的期望值。可见经营户对子女的语言学习寄予了厚望，除了希望子女学好全民通用语普通话外，更希望子女能掌握好外语，这是一个值得引起重视的现象，说明在中国小商品城的日常交流与交易活动中，普通话和英语是最有影响的超强势语言，有着极为广阔的推广空间。共时差异分析表明，女性对本人的语言学习意愿及对子女的语言学习期望要高于男性，说明女性比男性更倾向于学习和使用通用语言；就文化程度的差异来看，文

化程度越高，越能感受到强势语言普通话和英语的价值，对自己对子女的
学习期望也就越高；在义乌经商时间长短的差异主要表现在对义乌话的学
习上，无论对自己还是对子女，在义乌经商时间越长对义乌话的学习期望
越高，体现出经营户通过掌握当地方言而完全融入当地生活的意愿。

经营户对语言的审美评价和实用性评价较为一致，认为普通话的美感
和实用性高于英语，而英语的美感和实用性又高于义乌话，但总体来说，
对实用性的评价要高于审美评价，这说明经营户从语言产出经济效益的功
利性目的出发，更注重语言的实际应用价值。共时差异分析表明，不同性
别的经营户对三种语言的审美评价和实用性评价，女性普遍高于男性；从
年龄分布来看，高年龄段的经营户认为义乌话好听、实用性强的比例高于
低年龄段的经营户，而对于普通话和英语的评价却恰恰相反，年轻人更倾
向于认为普通话和英语好听、实用性强；就文化程度而言，受教育程度越
高对义乌话的美感和实用性认同感越低，而对普通话和英语的评价正好相
反，说明随着受教育程度的提升，经营户对普通话、英语的审美和实用性
认同感就越强；从在义乌经商时间长短看，在义乌经商时间越长，对义乌
话的美感和实用性认同就越强，这跟经营户在各方面逐渐融入义乌当地生
活有着密切关系。

二 中国小商品市场经营户的语言障碍问题及解决策略

由于国别、籍贯、民族、年龄、受教育程度、母语习得、经商行业等
诸多因素的影响，身处多语环境下的经营户，在语言使用中会受到不少因
语言问题而造成的困扰。图 8-1 的调查结果显示：对于问题 1 "不方便与
周围经商人员聊天交流感情"和问题 3 "因为语言不通而感觉受到孤立，
无法融入正常的生活中"，经营户中只有三成左右选择存在这样的问题，
而对于问题 3 "做生意时因为语言不通受到限制和影响"，则有高达六成
的经营户认为存在这样的问题。这说明经营户对问题 2 最为关注，这是三
个问题中因为语言原因而导致的关系到经营户切身经济利益的，最直接的
也是最主要的问题。结合个案访谈情况我们可以知道，因语言不通而限制
或影响生意的正常顺利进行，具体情形有多种，如经营户自身英语水平或
普通话水平不够好，经营户英语水平够好但遇到了来自小语种国家而又没
自带翻译的外商，国内客商不会说普通话而所操方言经营户又听不懂，经
营户不懂英语而外商普通话水平又不够好不足以沟通等，由语言问题而致

生意受损或潜在客户流失对经营户来说不能不说是一个很大的遗憾，这也是一个亟待解决的非常现实的问题，值得有关方面重视。

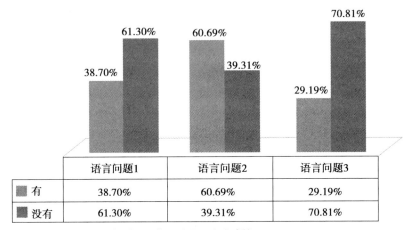

	语言问题1	语言问题2	语言问题3
■ 有	38.70%	60.69%	29.19%
■ 没有	61.30%	39.31%	70.81%

语言问题1=不方便与周围经商人员聊天交流感情
语言问题2=做生意时因语言不通受到限制和影响
语言问题3=因语言不通而感觉受到孤立，无法融入正常的生活中

图8-1　中国小商品市场经营户语言障碍问题调查柱状图

关于如何帮助经营户解决语言问题，即经营户对语言规范的期待问题，有67.8%的被调查者认为，政府及相关部门"非常应该"或"应该"对市场语言问题进行相关指导或培训，可见政府和相关部门作为市场的主导部门应该担当起解决市场语言问题的重要责任。54.4%的经营户认为，当地政府及相关部门"一直都有"和"有过一些"对市场出现的语言文字问题所做的相关的指导或规范工作。在"您希望相关部门做哪些语言文字的规范指导工作"这一项调查中（多项选择），45.1%的经营户希望能不定期发放语言文字相关学习资料，68.7%的经营户希望经常举办语言文字相关讲座，67.4%的经营户希望专门设立语言文字咨询机构或部门，56.0%的经营户希望举办各种长短期语言辅导培训班，79.1%的经营户希望对商城经营户的语言水平进行测试。这几组数据说明，广大经营户们对主管部门履行语言文字规范工作的业绩基本表示肯定，但更希望能有进一步深入细致的具体措施惠及市场经营户。在问卷最后一项"若您对您本人或对商贸城的语言使用状况有何意见或建议请简单写几句"中，有少部分经营户写下了富有建设性的方案，如为中国小商品城设立普通话和英语形象大使，引导广大市场管理人员及经营户提高语言使用水平，营造良

好的语言学习氛围；为经营户义务办一些长短期语言培训班，可直接利用经营户中的语言人才资源；帮助不同国别、籍贯、民族的经营户之间建立互帮互助语言学习小组；为语言水平高、语言能力强的经营户挂语言示范商位牌，让大家观摩学习；市场除了英语培训外，还希望适当增加小语种简单会话的培训……经营户对语言规范的需求是迫切的，而所提的意见和建议也是切实可行的，只要政府和相关部门形成合力，加强市场语言文字的规范指导和培训工作，提供更多、更好的语言服务，加上经营户自身的不断努力，市场语言总体状况将会逐步趋于乐观。建设和谐畅通的市场语言环境任重而道远，各有关方面仍需共同努力，才能取得成功。

第二节　相关思考

一　大市场环境下的语言经济

"语言经济是指为了满足人们提高语言能力的要求而产生的经济活动以及所带来的经济收益。"[1] 随着经济一体化和各种新经济模式的生成与发展，世界各地都存在着语言经济现象，在条件成熟的情况下语言经济甚至可以成为一个欣欣向荣的富有强劲生命力的庞大产业。

作为一门新兴的经济学分支学科，语言经济学的产生与发展虽然仅仅是最近三四十年的事情，但在全球经济的大背景下却显得越来越重要。早期的语言经济学关注语言与经济活动、语言与民族、语言政策和语言规划，以及多语言社会的经济发展等方面问题。这些研究主要集中在北美、北欧的一些国家和地区。如今，随着各种交叉学科的兴起和经济科学的发展，语言经济学这一标题下所包含的内容也越来越广泛。由最初对经济学语言的关注和对语言某些问题的经济学思考逐步拓展并深入，进而大体上发展成为三条发展主线。一是人力资本理论框架下的语言与经济的关系，例如语言与收入关系的研究；二是经济学的修辞研究（语言与经济学理论间关系的研究），也就是说在经济学语言的研究本身也是一个经济学的问题；三是对语言本身的经济学分析。在一定意义上而言，第一条主线可以看作是将语言作为一种技能或者资本进行分析研究，而后两条主线则是

---

[1]　王清智、黄勇昌：《对语言与经济关系的研究》，《河南大学学报》2003 年第 7 期。

将经济学的理论朝着语言领域的延伸。① 我们在此主要讨论第一条主线命题下的语言与经济的关系。

厄文（Irvine，1989）对语言与社会政治经济之间的关系也进行了分析，认为语言现象是包含在经济活动和经济商品之内的。言语技能是经济资源，而且也是构建社会角色的活动。在双言社会，如果人们必须通过特殊的教育学习某种语言，那么在这种情况下第二语言习得就会伴随经济活动，因为人们认为这种语言有价值而且属于稀缺资源。②

当下的信息时代，语言资源作为经济资源正越来越广泛、越来越深入地被人们认识和利用，一些语言职业和语言产业已逐渐形成，语言已经进入到经济和高新科技领域，成为经济发展的重要资源。比如语言教育产业、语言翻译产业、文字速录师职业、计算机字库提供商、语言文字信息处理软件产业等。随着信息时代的发展，语言作为经济资源的性质会体现得越来越清晰，其经济意义越来越显著。具体来讲，在中国现行条件下可以包括通用语的办公服务、翻译服务、培训服务，通用语的本体规范、社会语用规范的建设等。在这样的大前提下，语言成为一种重要的人力资本，这是因为个人和社团可以对其进行投资并受益。因此，有意识地获得的语言技能可以被看作是一种具有经济优势的资源。

义乌是一个依托市场经济繁荣起来的城市，在该市的 170 万人口中，每 6 人中就有一个拥有经商执照。与庞大的中国小商品城相链接的相关产业也蓬勃兴起，语言作为与市场经济紧密联系的重要运行因素，其经济价值在义乌得到了充分彰显。

（一）语言是一种人力资本

在目前的语言经济学领域中，围绕"语言是一种人力资本"的研究已经是语言经济学非常成熟的一个领域。作为人力资本，语言与社会经济活动和人们的经济地位密切相关。无论是语言与经济行为，还是语言与劳动收入等主题的研究，都可以归结到语言人力资本这个问题上来。

20 世纪 30 年代，美国经济学家沃尔什开创了"人力资本"理论之先河，随后五六十年代以舒尔茨（schultz）、贝克尔（Becker）为代表的经济学家展开了对人力资本的研究。人力资本理论的日益成熟，为语言经济

①   本节相关资料部分引自张卫国博士论文《语言的经济学分析：一个初步框架》2008 年。
②   转引自雷洪波博士论文《上海新移民的语言社会学调查》2008 年。

学的研究奠定了理论基础。在人力资本理论看来，用于劳动力国内流动和移民入境时智力引进的费用等，都应视作是人力资本的构成成分。当一个国家或地区不同移民的数量达到一定程度时，不仅产生了语言交流上的问题，语言学习这种人力资本投资在人们的经济活动中（特别是移民劳动收入及其分配上）的作用也凸显出来。

在义乌中国小商品城，从业人员达20余万人，日客流量也达20万人次，不同国籍、不同民族、不同地区的人们所操的五花八门的普通话、外语、方言，汇成了语言的海洋，能在这个语言的海洋中游弋自如的无疑是那些掌握一定语言技能的人。能使用标准的普通话、会说义乌当地方言或其他方言、掌握流利的英语或其他外语，这些都成为劳动力的语言资本，是人力资本的重要筹码。当人们在习得语言付出金钱、时间代价的同时，也预示着语言习得后所能收获的潜在价值，语言可能带来机会，带来贸易的成功，带来生意在国内外进一步拓展的空间。

我们以活跃在义乌的阿拉伯语翻译队伍为例，看语言作为人力资本的经济价值。阿语翻译是义乌回民的主要职业，目前已有3000人之多，其中60%是宁夏人，为此，宁夏回族自治区吴忠市人民政府专门在义乌设立办事处，把阿语翻译作为一品牌劳务产业发展。目前，大凡在义乌从事中介贸易公司的回族老板，80%是从阿语翻译起步的。义乌每年约有20万人次的阿拉伯国家客商来此经商，阿语翻译需求量很大，吴忠市还专门在义乌设立了劳务输出服务站和劳务输出公司，决心把"吴忠阿语翻译"的品牌叫响扮靓，做大做强。阿语翻译的"热需求"同时促生了一批阿拉伯语学校，阿语学校又掀起了学习阿语的热潮。阿语翻译为促进中国和发展中国家，特别是中东、非洲等地国家的商贸往来架起了语言的金桥。[①] 从事阿语翻译的回族，在工作中开阔了眼界，积累了资金，增强了本领，语言资本给他们带来了丰厚的经济回报。

(二) 语言的经济价值辨析

价值是商品社会的概念，它用付出劳动的多少来衡量。语言本身并不具有价值，语言的价值是人们赋予它的。所谓语言的价值实际上是指语言使用的过程中所体现出来的、能够有效地表达和能被理解、出效益的特征。语言的经济价值包括宏观和微观两个方面。从宏观上看，语言的经济

---

① 宁夏新闻网，http：//www.nxnews.net/382/2007-5-31/18@227764.htm。

价值主要是指语言在不同时期的社会经济生活中的实际使用地位、频率、语言变化、人们对语言的评价，以及由此产生的语言政策。从微观上看，语言的经济价值主要指语言的表意功能或取效手段等在人们头脑中所产生的某种信仰效果，从而在这种效果的驱使下，人们做出相应的经济付出行为，而这种行为正好满足使用者的预期需要。本研究中所指的语言经济价值为宏观经济价值。

语言的经济价值是客观存在的，它主要表现在三个方面：第一，人们在语言的帮助下完成某些工作，从而获得经济效益；第二，人们依靠语言从事某项职业或参与某种活动，从而取得经济效益；第三，语言在劳务市场中满足社会的需求，从而取得经济效益。

语言本身没有高低贵贱之分，但语言的经济价值却有高低之别。某一特定语言的经济价值的高低，取决于语言在各种任务、各种职业和各个部门活动中的使用程度，而其使用程度又受到对该语言的供求法则的支配。其中，语言的经济价值直接体现在不同语言群体间的劳动力收入。在义乌市场经济环境下，我们很清楚地感受到，学习一种或多种语言是对人力资本特定形式的投资，语言知识可以被看作是一种谋生技能，在适遇条件下产生高低不等的经济价值。市场周边大大小小、正式非正式、遍地开花的语言翻译、语言服务、语言中介机构，都是配合小商品城应运而生的边际产业，他们所提供的就是依靠语言这个人力资本而生成的各项语言服务。Albert Breton 在《语言和双语主义》中提出，国际贸易中的语言障碍类似于进行贸易的两个国家间的地理距离，要克服这种距离是要花费交易成本的，这种交易成本类似于运费，是支付给翻译人员的薪酬。这种支付给翻译人员的薪酬，我们可以理解为语言经济价值的直接体现。而掌握标准语普通话、英语或其他语种的经营户或客商，因为本人拥有的语言资本而对生意产生多少助力，产出多少经济效益，这是我们很难做出精确判断的。

只要语言能在市场上满足社会不同层次的需求，便会取得不同的经济效益。市场对英语及阿拉伯语等小语种的迫切需求，使得外语教育成了一种极具经济价值的投资。因而教育不仅是一种消费，也是一种具有经济价值的投资。虽然在语言的前期投入时很难估算后期经济效益的产出，但我们从第四章、第五章关于中国小商品城经营户的语言态度研究中均可以看出，经营户不仅对本人，更对子女的语言学习寄予厚望，对普通话和英语的美感及实用性给予了高度评价。受语言大环境影响，同时也为迎合做大做强企业的需要，义乌人如今很重视提升下一代的语言素养，送孩子去英、美、韩等国留学已蔚然成风，孩子学成归来能说一口流利的对象国语言，这对做好外贸生意来说不啻于如虎添翼。可见对于语言的这种隐性的潜在的价值，人们都抱有很大的投资期待。

（三）语言市场

语言市场是几年来语言经济研究新的关注点。要想有发达的语言经济，需要有发达的语言市场；理想的语言市场应该是，语言产品有明确的市场价值，可以进行交易。语言市场首先包括语言技能的市场，但是，语言技能是包含在劳动力当中的，所以有时很难分开。传统的语言产业主要包括翻译、语言培训和语言科技。在义乌，这些产业都还有很大的发展空间，可以创造更多经济价值。

义乌的语言培训、语言翻译等与语言相关行业市场红火。以语言培训机构为例，各类语言培训学校在义乌街头巷尾遍地开花。据义乌市教育局监察大队提供的数据显示，其中获得义乌市教育局批准、民政局备案的正规外语培训学校目前就有 47 家之多，国内知名的语言培训机构，诸如李阳疯狂英语、英孚教育、韦博国际英语、曼哈顿国际英语等都在义乌设立了分支机构，本地语言培训机构如义乌夏威夷外语学校、义乌 360 外语培训学校、义乌三维外语学校等规模不一、师资参差的公私营培训机构繁多，培训对象包括世界各国人士，培训年龄从幼儿至老人，培训项目和培训方式也五花八门，各尽所能，培训语言包括汉语、英语、阿拉伯语、韩语、日语、俄语、法语、西班牙语、德语等十几种，以及义乌方言。如笔者所调查的三维外语电脑培训学校属民办性质，但拥有 20 余名专职教师，服务项目有近十类外语及对外汉语教学，办学形式相当灵活，可以为学员或团体量身定做语言学习方案。依托庞大的国际商贸城，其办学理念很明确：服务商贸城、简洁实用、扫除外贸语言障碍，打造义乌外贸精英。

即使如此繁盛的语言培训市场，依然还有巨大的挖掘潜力与拓展空间。目前各小语种的翻译人才仍供不应求，义乌周边的高校也审时度势，纷纷开设对外汉语专业及小语种专业，分享语言资源的大蛋糕。经营户语言态度调查显示，在中国小商品城的日常交流与交易活动中，普通话和英语是最为实用的，也是广大经营户本人及子女最愿意学习和掌握的语言，在义乌有着极大的市场和推广空间，语言产业将有无限的升值潜力。

除了传统的语言产业，我们不能不提及当前市场的发展趋势——电子商务。中国小商品城的外向度达60%，产品陈列、布样不可能仅局限于商城内一个小小的摊位，网上看样订货显然已成为贸易的主要方式，只有线上、线下交易同时进行，商品交易的速度效度和规模才能更快地达到最大化，这同时也关涉到语言信息产业的发展。全球网络市场正在逐步地对传统的地理市场进行更新和替代，在此市场上有着独特的性质特征，它为企业的跨区域经营和快速发展提供了重要的渠道，也为传统地理市场的演化指明了方向。目前，互联网络上，英语语言市场的成熟度远高于其他新兴的语言市场，内容丰富，其中的交易机会和交易规模也远远大于其他语言市场。义乌要做大做强电子商务，不仅要迅速从内容上建设和丰富汉语信息市场，扩大汉语市场主体的数量和规模，增加汉语市场的交易机会，以提高汉语市场的交易效率，更需顺应国际化需求，做好英语及其他语种的网络市场商务拓展，使语言信息市场的交叉性、跨国性得到更好体现。中国小商品城在全球化经营的大趋势下，实体市场与电子商务市场互为促进、互相融合，才可能持续发展，在市场国际化进程中勇立潮头。

二　关于语言资源价值的思考

20世纪80年代初，邱质朴先生率先将汉语视为资源进行表述，他认为："汉语资源的开发与汉语的推广事业和四个现代化有着极为密切的关系，它将对我国的政治威望、经济效益和文化交流做出重要贡献。"[①]　自此，语言资源观逐渐进入中国语言学界的研究视野。2007年教育部举行的《中国语言生活状况报告（2006）》新闻发布会上，教育部和国家语委的两位官员都强调"把语言看作一种重要的国家资源"，可见，把语言看作重要的国家资源，已经引导人们在认识上、理念上达成了共识。

所谓"资源"，是指有价值、可利用、出效益、能发展的事物。人们通常把资源分为自然资源和社会资源两大类。作为人文资源的语言资源，是最基础的社会资源，也是信息社会中最重要的信息资源。成熟、完善、规范的通用语言，不仅是经济发展、科技进步、社会和谐、文化繁荣的反映，也是一个国家"软实力"的重要组成部分。

语言资源主要由语言本体和语言社会应用两部分构成。语言本体包括

[①]　邱质朴：《试论语言资源的开发——兼论汉语面向世界问题》，《语言教学与研究》1981年第3期。

语音、词汇、语法和语义系统，是语言资源的物质基础；语言应用包括语言在社会各领域的应用和人类社会对语言文字的应用及其效益，是语言资源价值的具体表现。作为一种特殊的社会资源，"语言资源价值的高低，与语言功能、语言活力和社会需求、国力状况等有密切关系。语言资源的价值有显性的也有隐性的，隐性价值通过显性价值而体现，但无论是显性还是隐性价值的显现通常都是逐渐的、缓慢的，只有在语言功能、语言地位、语言作用发生大的变化之时，语言资源的价值才会凸显出来"①。语言资源的价值一般是综合或分别体现在社会价值、经济价值、文化价值等几个方面。我们以浙江省义乌市的语言及其使用状况为例，论述语言资源的价值。

义乌人以"勤耕、好学、刚正、勇为"的"拨浪鼓精神"孕育并培养了闻名中外的义乌中国小商品城。市场的巨大吸引力汇聚了全国乃至世界各地的客商，义乌成了名副其实的"联合国社区"，小商品经销的全球化，同时推动了文化交流的国际化。小商品架起的"文化桥"，使得欧洲文化、中东文化、非洲文化、南北美洲文化以及韩国文化等多元文化，在义乌这块神奇的土地上自然地交流、碰撞、互动，尤其是中国小商品城，更成了世界各国语言的交汇点。语言资源的价值在义乌这块神奇的土地上体现得既充分且全面。

（一）语言资源的社会价值

语言主要是一种社会资源，为社会所创，为社会所用，同时也为适应社会的需要而变化发展。语言既是一个结构系统，又是一个融入社会系统中的信息和符号体系，从这一点来说，"发展变化"和"对社会的依附"是语言的重要特性。语言的社会价值便主要体现在其现有的及潜在的社会功能中，即语言的沟通功能和认同功能。

义乌方言是浙江南区吴语婺州片的一个分支，因地处浙江中部，交通发达，自古与外地交往频繁密切，故义乌方言受邻近方言影响较大，内部差异明显，当地人中流传"义乌十八腔，隔溪不一样"的说法。这种具有 10 个声调的方言保留了大量的古入声字，念白"梆梆"作响，所以义乌人常自嘲：听苏州人吵架似情人蜜语，而听义乌人说情话却如吵架一般。聱牙生硬的义乌方言曾经阻碍了义乌货郎担游走江湖的脚步，迟滞了义乌与外地的经济文化交流。语言的沟通功能低下自然导致认同功能削

---

① 陈章太：《论语言资源》，《语言文字应用》2008 年第 1 期。

弱，义乌方言的社会价值一度受到限制。而中国小商品城的建立不仅推动了经济，同时也使义乌的语言状况发生了质的变化，不同类型的语言资源价值此消彼长，作为国家通用语言的普通话在义乌得到了全民自觉的推广与普及，义乌方言也得到了发展，其功能正逐渐完善，社会价值进一步显现。

在一个外来人口大大超过当地居民的商贸城市，普通话的社会价值彰显无余。各级各类学校成为推广普及普通话的主阵地，政府部门要求全市教师率先达到普通话水平等级标准，随即面向社会的服务行业、窗口行业以及公务员近年来都大规模投入到了学习标准普通话的热潮中，并要求达到相应等级标准。笔者曾收集统计过2004年至2007年4年间义乌市各行各业参加普通话水平测试的人员数量与成绩相关数据，数据显示，参加测试的人数从2004年的266人逐年上升至2007年的449人，且普通话等级二乙以上的占参测人数的百分比连续3年达75%以上，这对一个吴语方言片区来说实属不易，也说明普通话水平测试逐渐为社会各界人士所熟悉并接受。

从第三章的调查数据分析可知，经营户无论普通话水平还是普通话日使用时间都大大超过其他语言，普通话在义乌无疑是一种超强势语言资源。它的使用人口之多，使用领域之广，应用效益之显著，影响之广泛，没有其他语言可以媲及。国家通用语的社会价值在沟通的需求中得到了最普遍认同。只有掌握了规范的全民共同语，才可能与人顺畅沟通，促成生意，这已经成为义乌人的共识。义乌商人已不再囿于田园农耕的狭隘视野，他们的视角已触及全国甚至全球各地。

"语言最重要的功能就是它的社会整合功能。一个国家需要一个或几个通用的语言，这样它才能有效地行使行政职能。如果该国的人民比较普遍地掌握了通用语，这将有利于全国范围内的交流、协作和人力、物力的流通。如果该国的专业人才比较普遍地掌握了国际上通用的语言，将会有利于该国的国际交流、国际合作、国际贸易、国外投资等，进而更有效地发挥其在世界经济，国际政治中的作用（Swaan 2001）。"①语言功能所体现的价值对于一个国家来说如此，对一个国际商贸异常发达的城市来说同样如此。

---

① 转引自徐大明《国家语言资源发展战略研究》，http：//www.kzxy.com.cn/。

与此同时，出现了一个有趣的现象：义乌方言的培训也颇有市场，学习与使用逐渐扩大，义乌方言正在发展，其社会价值正稳步提升。不少外地或外国人在掌握了普通话之后，想进一步融入义乌本土的生活，正踊跃学习义乌方言，这也是许多打算常驻义乌人士的选择。这一现象折射出在商品大潮的影响下，义乌方言本身的功能正在发生变化。不同地域、不同国别的人员，在语言使用中发生频繁的语言接触，义乌方言使用人口由单一趋向复杂，义乌方言本身吸收普通话及英语的成分，比如科技术语、热门词汇、英语缩略语等，使得义乌方言词汇更为丰富，语法手段更为多样化，因而语言活力也得到了增强。

在义乌的幼儿园、中小学课堂、语言培训学校，外国人同义乌人"同窗"学习已司空见惯。据 2016 年义乌市教育局数据显示，义乌市现有 25 所学校具备招收外籍学生资格，相当一批外籍学生在公办学校与中国学生混合编班"随班就读"，接受中国文化教育。2016 年秋季，在义乌市中小学就读的外国学生共有 227 人。2016 年 10 月 18 日，义乌首家外籍人员子女学校开学，招收了来自 18 个国家的 51 名外籍学生。在义乌市街头，用中文、英文、阿拉伯文、韩文书写的商店字号随处可见，在商店、宾馆、饭店等公共场合，人们越来越习惯于用普通话和外语传情达意。用普通话做国内生意，用外语下国际订单，能自如运用国内、国外通用语的商人，无论是中国商人还是外国商人，都更有可能与人快速有效沟通。掌握两种或两种以上语言的人在义乌无疑会受到欢迎，而义乌市场对外语人才的需求量也极大，可以说供不应求。

语言资源的社会价值基本体现在通过其认同和沟通的功能来为社会服务，而社会又通过对这种特殊服务的需求来提升语言资源的价值，从而也提升了语言的地位和声望。

(二) 语言资源的经济价值

当我们考虑到语言交际的效率问题时，不难发现语言资源的应用不仅仅表现出社会价值，也表现出经济价值。语言资源社会价值的攀升势必带来语言使用人口的增多，使用领域的拓展，应用效益的提高，这便是语言经济价值的体现。从某种意义上说，语言资源是一种经济资源。关于语言的经济价值，上文已作论述，这里从略。

(三) 语言资源的文化价值

"语言是文化的资源。民族的语言与文字不仅表现着民族智慧，而且常常成为民族的图腾般的象征。而且，80%的文化是通过口语和文字传留下来的……中国首批公布的 518 项非物质文化遗产保护名录，其中传说、故事、号子、歌谣、戏曲等，都无不牵涉到语言文字的问题。"①

母语资源是语言资源中最宝贵的部分，它关涉到文化的传承与弘扬。作为吴语方言的一个分支，义乌方言有着浓郁的地域色彩，在语音、词汇、语法、修辞上都有其鲜明特点，这些独具风格的特点，是它最弥足珍贵的部分，是义乌人民历史进化的智慧结晶，是当今义乌人民的宝贵财富，值得我们去珍惜、保护，并加以研究与探讨。

义乌方言俗称"义乌十八腔"。近年来，随着社会的发展，人员的流动，普通话的推广，义乌方言使用频率逐年下降，特别是义乌籍的少年儿童使用方言交流越来越少。为此，义乌市政府已将"义乌十八腔"列入了非物质文化遗产保护项目。② 在保护地域方言以防流失方面，许多有识之士作了不懈的努力。方松熹先生推出了其著作《义乌方言研究》，孟自黄、金礼林两位先生撰写出版了《解读义乌方言》，还有人编写了供外地人学义乌方言使用的《义乌话培训手册》，报纸开辟了"义乌方言趣话"专栏，电视台推出了方言栏目《同年哥说新闻》，网络上出现了热闹的义乌方言 QQ 群。凡此种种，都充分体现了义乌人对本地域文化的认同感和归属感，这种认同感与归属感超越年龄、性别、职业、学历，具有一种普适性，是当地人民对自我的一种认同，对本土文化和方言魅力的一种呼应，一种自在自得的愉悦。

义乌早在秦代建县，称"乌伤"之城，先属越国，后为楚地，故越文化与楚文化在这片土地上均有遗风。义乌方言的语音、词汇、语法系统中均保留了大量古汉语特征，如"吃"为"食""看"为"望""睡"为"眠"等。悠久的农耕文化与节令习俗衍生出了许多极富地域特色的谚语、歇后语、顺口溜和民谣，各种修辞手段交相辉映，成为义乌灿烂民俗文化不可或缺的一部分。

语言是一种文化资源，而方言是地域文化的载体，承载着语言资源的文化价值。以义乌方言为载体的义乌道情、小锣书已经被列为第二批浙江省非物质文化遗产名录（曲艺类），并正向国家有关部门申报国家级非物

---

① 李宇明：《珍爱中华语言资源》，《文汇报》2008 年。

② 引自 http://www.ssofair.com/cn/about/174.htm。

质文化遗产。《辞海》1989 年版有"湖北渔鼓、义乌道情"的记载。据
义乌县志记载：道情源于唐代《九真》《承天》等道曲，原是在道观内所
唱的"经韵"，文体为诗赞体，后吸收词调、曲牌，演变为在民间布道时
演唱的"新经韵"，也称道歌。南宋时，开始用渔鼓《道情筒》和指拍作
伴奏乐器。① 源远流长而独具特色的地域文化期待着现代人的传承与发扬
光大。

　　从对中国小商品城的语言使用状况调查结果来看，有 48.8% 的经营
户"愿意"或"非常愿意"自己的子女学会义乌话，这 48.8% 的经营户
大部分是义乌籍的，他们希望子女在掌握外语、学好国家通用语普通话的
同时，也能很好地掌握自己的母语义乌话，更好地传承本土文化。

　　当今的文化是多元文化，倡导文化多样性也就意味着提倡语言多样
性，即语言资源的丰富性，而义乌的语言生活正可谓多姿多彩。义乌是个
古老而又现代化的城市，具有兼容并蓄的吸纳性。在义乌这个"地球
村"，每天有几十万种商品源源不断地销往世界各地，为适应全球化的需
要，义乌市政府倡导建设学习型城市的战略，近年来义乌掀起了一股商人
学习异域文化的热潮。商人们有针对性地研究学习商贸对象国的文化风俗
礼仪，如美国的实用主义文化、英国的绅士文化、法兰西的浪漫主义文
化、非洲的农耕文化等，其目的很明确，即在文化上沟通融合的同时达到
生意上的互惠互利，这既是文化的双赢，也是语言的双赢。

　　其实语言和语言之间，本无优劣之分，各种语言都有不同的文化价
值。任何一种语言，在一定的经济、社会条件下，只要适遇条件获得开
发，都会产生惊人的文化力量。义乌的经济繁荣正好促成了各种语言文化
的共荣与和谐，使得各种语言负载的文化价值得到了很好的体现。

　　（四）语言资源的保护与开发

　　义乌作为个例在体现语言资源价值方面有其典型性，依托市场的发展
而繁荣起来的语言生活值得我们去研究、考察。语言资源是国家不可再生
的、弥足珍贵的非物质文化，是构成文化多样性的前提条件，需要我们对
现有的语言资源进行科学、合理的保护与开发。

　　"构建和谐语言生活，弘扬中华优秀文化"是新时期语言文字工作的
使命。和谐的社会离不开和谐的语言生活，而政府对语言资源的有效保护

---

① 引自 http://www.onccc.com/news/10101301/10812.html。

与合理掌控，是构建和谐社会语言生活的关键。义乌市行政部门和相关的语言工作者，应该在科学发展观的指导下，树立主体化和多样性辩证统一的语言观，准确把握语言生活的脉搏，引导社会正确看待并妥善处理通用语言与民族语言、普通话与方言、方言与方言、汉语与外语之间的关系，努力形成以国家通用语言为主导的多语和谐并存、良性互动的语言生活格局。对义乌这个特殊的商贸城市来说，外语与母语、方言与普通话之间的关系处理得当，配置合理，那么语言就将成为一种有无限升值潜力的资源；忽视各种语言之间的关系，缺乏宏观调控与指导，任其无序发展，则语言资源极有可能转化为阻碍社会、经济和谐发展的一种语言问题。

在此，就义乌市语言资源的保护、开发和利用提出几点建议：

1. 语言文字工作职能部门应协同相关部门制定语言政策和长短期的语言规划，规范公共领域中的语言使用，代表民众对社会语言使用进行干预和管理。宣讲和普及国家语言文字法规；出台关于商标、说明书等企业用字规范的地方法规；监控示范区内企业语言文字使用状况；规范示范区公共场所标识用语；促成企业语言材料数字化、标准化、文本化，建设语言资源数据库。有了稳定、公认的语用规范，才能增强语言功能，提高社会交际的效率，加强社会语言生活的和谐程度。

2. 政府应利用平面媒体和网络媒体多做宣传，珍惜和保护义乌方言，弘扬地域文化，保持鲜明地域特色，以防义乌方言流失或遭到人为破坏，增强本土文化的凝聚力。如组织力量对近乎失传的本地戏曲"义乌腔"进行抢救、整理、研究，便是功在千秋的事。

3. 推广普通话工作任重道远。从历年的普通话水平测试与周边城市横向比较情况来看，义乌是方言的"重灾区"。提高市民语文素质，提高国家通用语言——普通话的社会应用水平迫在眉睫，这既是义乌商品经济发展的需要，也是增强市民对祖国语言文字和传统文化尊重与认同的需要。政府应有意识、有计划地通过教育与非教育手段，从整体上来培育提高市民的语言素质。

4. 重视无序竞争的语言培训市场及语言服务市场的规范工作，在政府宏观调控的市场运作机制下使其科学有序地发展。加强语言教育服务。加强语言教育服务体现了语言服务供需双方的良性互动，发展实用型人才，业内专家进校园，校园语言专家驻企业，促使产学研融合，实现从业人员全日制语言教育和业余语言培训的常态化。

5. 注重市民语言能力培养，科学进行语言规划。公民语言能力是国家的语言资源，"语言能力既然是重要的语言资源，就需要周密进行语言教育、语言应用和语言人才等方面的宏观规划，需要教育机构精心培育公民的语言能力，以便将资源转化为可持续发展的国家力量"①。针对不同层次的市民需求，无论是义乌方言、普通话还是外语能力的培养，都需要相关部门做出科学的、有远见的规划，促进义乌经济、文化的可持续发展。

6. 拨出一定经费并组织协调语言工作者对义乌的语言人口、语言使用状况以及语言教育、语言意识形态等进行调查研究和持续监测，使"语言和谐"体现为较具体的语言建设，在义乌逐步形成一个较为理想的社会语言使用环境。

7. 政府和相关部门要努力做好社会语言服务工作，拓展语言使用服务。创造条件，设立专门的语言服务机构，提供科学完善的各项社会语言服务。语言翻译是语言服务的一项重要内容，目前占比依然很大。同时本国语言服务类型也应不断拓展，如速记、命名、配音、播音、打字、文秘、语言训练、语言文字水平测试、语言文字应用管理、语言咨询、标牌制作、语言广告、品牌推广等，以个性化和量身定做方式，成为推广新产品、打造企业形象的重要手段。

"语言资源的保护与开发，就某种意义而言，比物种资源、文物资料的保护与开发更为重要"②，李宇明先生二十年前说的这些话是极有远见的。语言资源的价值在当今市场经济繁荣的大环境下得以凸显，时代要求我们珍爱中华语言资源，在有效保护、科学开发语言资源的前提下合理利用资源，让语言资源价值最大化，这是当今语言生活中的一个重大课题。

三　中国小商品城语言状况的现实思考

中国小商品城目前已进入一个以国际化为目标的新发展阶段，可以说，义乌正成为"中国制造"的样本和典范。义乌的经济发展模式为海内外所津津乐道，叹为观止，而粗具规模的语言发展模式必须跟上义乌国际化发展的脚步，强化从业人员语言素质，提升市场品位，营造和谐的多

---

① 李宇明：《公民语言能力是国家语言资源》，《中国大学教学》2009 年第 2 期。
② 李宇明：《努力培养双言双语人》，《汉语学习》1997 年第 5 期。

语环境，是加速市场与国际接轨进程中一个不容忽视的问题。

（一）推广普通话，普及商务英语，全面提高语言技能

用普通话做国内生意，用外语下国际订单，能自如运用国内、国外通用语的经营户，更有可能与人快速有效沟通，抢占市场先机。从语言态度项的调查中可以看出经营户对普通话与外语的迫切学习意愿，但同时也不能不看到实际存在的问题。经营户们在语言使用过程中普遍反映存在这样那样的问题，不仅影响他们的生活交流，更可能影响他们的生意，这不能不引起我们重视与关注。在市场内推广普通话，普及实用性强易操作的商务英语，全面提高经营户的语言水平与语言技能迫在眉睫。

（二）政府宏观监控，规范语言培训市场

依托规模如此庞大的中国小商品城，与之相链接的语言产业也蓬勃兴起，义乌的语言培训、语言翻译等与语言相关行业市场红火。以语言培训机构为例，各类语言培训学校在义乌街头巷尾遍地开花。多达上百家的公私营语言培训机构一哄而上，分享市场语言资源的大蛋糕，难免竞争无序，良莠不齐，政府部门需要加强宏观监控与管理力度，对师资力量、办学能力、办学水平、办学模式等进行必要的考察与规范，使其有序良性地运作，明确各培训机构的办学理念：服务中国小商品城，扫除外贸语言障碍，打造义乌外贸实用型人才。

（三）强化相关部门职能，构建和谐市场语言环境

上文论述过的语言障碍问题及解决策略中的的几组数据可以看出，广大经营户们对主管部门履行语言文字规范工作的业绩基本表示肯定，但同时还寄予了厚望，希望主管部门能有更进一步深入细致且行之有效的措施惠及经营户，使经营户语言总体水平和使用能力得到提高。

比如商城集团下属的商学院，设立并启用了国际商贸城外语晨练基地，举办了多期商务英语培训便是非常贴近民心体察民意的举措，深受经营户们的欢迎。他们免费提供为经营户"量身定做"的结合市场实际需求的培训教材，并邀请资深教师进行悉心授课，同时在小商品城数字网上公布常用商务英语对话60句，收到了理想的培训效果。

除了单纯培养英语适用人才，我们还可以考虑加强双语多语人才的后续培养，提升部分较高层次经营人员的素养。另外除了语言培训，相关部门同样还需要加强对经营户的文化礼仪方面的素质培训。义乌市政府倡导建设学习型城市的战略，近年来义乌掀起了一股经商人员学习异域文化的

热潮。而政府职能部门应该正确引导经商人员，有针对性地研究、学习商贸对象国的文化风俗礼仪，在文化上沟通融合的同时达到生意上的互惠互利，这既是文化的双赢，也是语言的双赢。各项措施多管齐下，更有利于构建一个和谐的市场语言环境。

（四）保护地方文化，以防方言流失

义乌的语言生活目前正面临着前所未有的挑战。义乌经济在与全球化接轨的过程中，采取的是一种主动的适应、接受、改变甚而迎合的态度，义乌经济60%—70%的外向依存度，足以说明义乌的文化正在受到外来文化的影响和侵蚀。随着经济外向依存度的逐年提高，外语的地位也随之提高，不仅英语，许多小语种如韩语、阿拉伯语也受到重视，我们不能无视在国家通用语言与外语得到重视的同时，可能引发的义乌母语流失、文化传统破解的后果。这样的情势下，政府部门的宏观调控就显得尤为必要和迫切了。

政府在做大做强中国小商品城，积极推广普通话，普及商务英语，营造多元化语言生活同时，应弘扬义乌作为江南历史文化名城的地域特色，多管齐下，做好义乌方言保护工作，保持语言活力，有效引导本土方言的健康发展。

第三节　余　论

乔姆斯基曾对社会语言学研究略有微词："你可以采集蝴蝶标本，写下许多观察记录。你要是喜欢蝴蝶标本，那也无损大雅。但是这样的工作不宜和研究工作混为一谈。研究工作的目标是在找出理论的解释力量，而且要具有深度，否则，那是失败的。"以乔姆斯基的话来观照自己的论文，的确，本书所做的大样本量调查及个案访谈就如同是收集形色各异、鲜活生动的蝴蝶标本，反映了纷繁复杂的语言森林的样貌。但是本书写作过程中的确也存在着观察记录多、描述性内容多，而定性研究不够深入的问题，比如对于多语接触中语码转换及语言态度的深层原因探究，对多语模式构成的剖析解释，等等。本书的研究还有许多有待拓展的空间，比如研究范围的拓展，本书研究对象主体为中国小商品城经营户，以后还可以延伸至对广大的国内外客商、市场工作人员等进行语言状况调查研究；另外，本研究的发生时间主要集中在10年前后的中国小商品城语言状况，后续 7 年我们又做了相关的语言服务、语言经济研究，那么，若干年之后义乌的语言状况又将会发生什么样的变化呢，我们应该继续做跟踪调查，既可以是大样本量的跟踪调查，也可以是个案的语言发展情况的跟踪调查。

作为一名社会语言学研究者，不仅要有本学科知识的深厚素养，还应该涉猎乃至通晓社会学、心理学、文化学、经济学、统计学等相关学科领域的基础知识，触类旁通，将社会语言学定量的方法更好地验证和服务于定性的深度研究，这将成为本人今后不断提升自身学术素养的努力方向。

参 考 文 献

奥丽佳:《汉俄语言接触研究》,博士学位论文,黑龙江大学,2012 年。

包伟民、王一胜:《义乌模式:从市镇经济到市场经济的历史考察》,《浙江社会科学》2002 年第 5 期。

薄守生:《语言规划的经济学分析》,《制度经济学研究》2008 年第 6 期。

薄文泽:《语义成分的叠加——从文昌话亲属称谓看语言接触的一种方式》,《民族语文》2002 年第 3 期。

曹晓燕:《方言和普通话的语音接触研究——以无锡方言为例》,博士学位论文,苏州大学,2012 年。

曹志耘:《中国社会语言学大有可为》,《语言教学与研究》2002 年第 6 期。

陈保亚:《语言接触导致汉语方言分化的两种模式》,《北京大学学报》(哲学社会科学版) 2005 年第 2 期。

陈保亚:《从语言接触看历史比较语言学》,《北京大学学报》(哲学社会科学版) 2006 年第 2 期。

陈保亚:《论语言接触与语言联盟》,语文出版社 1996 年版。

陈建民:《中国语言和中国社会》,广东教育出版社 1999 年版。

陈建民、陈章太:《从我国语言实际出发研究社会语言学》,《语文建设》1988 年第 4 期。

陈建民、祝畹瑾:《语言的市场价值》,《语言文字应用》1992 年第 7 期。

陈松岑:《语言变异研究》,广东教育出版社 1999 年版。

陈松岑:《新加坡华人的语言态度极其对语言能力的语言使用的影

响》,《语言教学与研究》1999 年第 1 期。

陈夏瑾:《义乌双语城市建设现状及其模式分析》,《知识经济》2010 年第 11 期。

陈章太:《语言变异与社会及社会心理》,《厦门大学学报》(社科版) 1988 年第 1 期。

陈章太:《四代同堂的语言生活》,《语文建设》1990 年第 3 期。

陈章太:《语文生活调查刍议》,《语言文字应用》1994 年第 1 期。

陈章太:《再论语言生活调查》,《语言教学与研究》1999 年第 3 期。

陈章太:《略论我国新时期的语言变异》,《语言教学与研究》2002 年第 6 期。

陈章太:《语言规划研究》,商务印书馆 2006 年版。

陈章太:《我国当今语言生活的变化与问题》,《中国教育报》2006 年 4 月 31 日。

陈章太:《论语言资源》,《语言文字应用》2008 年第 1 期。

陈章太:《语言资源与语言问题》,《云南师范大学学报》2009 年第 4 期。

陈章太、戴昭铭等:《世纪之交的中国应用语言学研究》,华语出版社 1999 年版。

程丽霞:《语言接触、类推与形态化》,《外语与外语教学》2004 年第 8 期。

戴庆厦:《汉语与少数民族语言关系概论》,中央民族学院出版社 1992 年版。

戴庆厦、戴佩丽:《社会语言学教程》,中央民族大学出版社 1993 年版。

戴庆厦、罗自群:《语言接触研究必须处理好的几个问题》,《语言研究》2006 年第 4 期。

戴庆厦等:《社会语言学概论》,商务印书馆 2004 年版。

戴昭铭:《规范语言学探索》,《北方论丛》编辑部 1994 年版。

戴昭铭:《世纪之交的中国社会语言学——"九五"回顾和"十五"展望》,《求是学刊》2000 年第 6 期。

丁石庆:《社区语言与家庭语言》,民族出版社 2007 年版。

[法] 布尔迪厄:《言语意味着什么》,思真、刘晖译,商务印书馆

2005 年版。

樊晓园：《义乌中国小商品城的国际化》，硕士学位论文，复旦大学，2008 年。

方松熹：《义乌方言研究》，浙江省新闻出版局 2000 年版。

方欣欣：《语言接触问题三段两合论》，博士学位论文，华中师范大学，2004 年。

冯志伟：《现代语言学流派》，陕西人民出版社 1987 年版。

付义荣：《南京市语言使用情况调查及其思考》，《南京航空航天大学学报》2004 年第 3 期。

高建平：《导购双语研究——以北京秀水市场为例》，博士学位论文，中国社科院，2008 年。

高莉琴：《新疆的语言状况及推广普通话方略研究》，北京语言大学出版社 2006 年版。

高一虹等：《回归前香港、北京、广州的语言态度》，《外语教学研究》1998 年第 2 期。

顾钦：《语言接触对上海市区方言语音演变的影响》，博士学位论文，上海师范大学，2007 年。

桂诗春、宁春岩：《语言学方法论》，外语教学与研究出版社 1997 年版。

郭熙：《中国社会语言学（修订本）》，浙江大学出版社 2004 年版。

何培松：《兴市之路》，经济管理出版社 2005 年版。

洪勇明：《论语言影响的若干规律——以新疆语言接触为例》，《中央民族大学学报（哲学社会科学版）》2007 年第 3 期。

侯敏：《有关我国语言地位规划的一些思考》，《语言文字应用》2005 年第 4 期。

胡明扬：《社会语言学研究论集》，北京语言大学出版社 2002 年版。

胡兆云：《语言接触与英汉借词研究》，山东大学出版社 2001 年版。

黄行：《我国的语言和语言群体》，《民族研究》2002 年第 1 期。

黄翊：《澳门语言状况与语言规则研究》，博士学位论文，北京语言大学，2005 年。

江桂英：《中国英语教育——语言经济学的视角》，厦门大学出版社 2010 年版。

蒋萍：《义乌精心打造异国风情街》，《文汇报》2008 年 2 月 5 日。

靳希斌：《教育经济学》，人民教育出版社 2000 年版。

柯惠新、沈浩编著：《调查研究中的统计分析法》，中国传媒大学出版社 2005 年版。

雷红波：《上海新移民的语言社会学调查》，博士学位论文，复旦大学，2008 年。

李洁：《城市化进城中的农村语言变异研究》，硕士学位论文，汕头大学，2003 年。

李慧玲：《跨文化的互动与认同——义乌"国际社区"多元文化的考察与思考》，《广西民族大学学报》（哲学社会科学版）2008 年第 11 期。

李锦芳：《西南地区濒危语言调查研究》，中央民族大学出版社 2006 年版。

李如龙：《论语言接触的类型、方式和过程》，《青海民族研究》2013 年第 4 期。

李现乐：《语言资源与语言经济研究》，《经济问题》2010 年第 9 期。

李予军：《从社会语言学角度看城市化发展与语言变迁》，《北京城市学院学报》2006 年增刊。

李宇明：《努力培养双言双语人》，《汉语学习》1997 年第 5 期。

李宇明：《中国语言规划概论》，东北师范大学出版社 2005 年版。

李宇明：《珍爱中华语言资源》，《文汇报》2008 年 1 月 13 日。

李宇明：《公民语言能力是国家语言资源》，《中国大学教学》2009 年第 2 期。

刘国辉、张卫国：《语言经济学在中国的发展：2009（首届）中国语言经济学论坛综述》，2009 年。

刘玉屏：《义乌市农民工称谓语使用情况调查》，《新疆师范大学学报》2008 年第 1 期。

刘玉屏：《农民工语言行为的社会文化解读——以浙江省义乌市为个案》，《修辞学习》2008 年第 3 期。

刘玉屏：《农民工语言使用和语言态度调查——以浙江省义乌市为个案》，《农业考古》2009 年第 6 期。

龙惠珠：《从职业背景看语言态度的分层》，《外语教学与研究》1999 年第 1 期。

卢慧静：《语言接触与语言层次研究——以韩国汉字音为例》，博士学位论文，北京大学，2014 年。

卢卓群：《语言接触的文化背景》，《汉语学习》1990 年第 4 期。

陆立军：《中国小商品城与农村经济发展的义乌模式》，《商业经济与管理》1997 年第 6 期。

陆立军、白小虎、王祖强：《市场义乌——从鸡毛换糖到国际商贸》，浙江人民出版社 2003 年版。

陆立军、王祖强、杨志文：《义乌商圈》，人民教育出版社 2008 年版。

陆立军、杨志文、王祖强：《义乌模式》，人民出版社 2008 年版。

陆立军、于斌斌：《论电子商务与专业市场的转型、提升——基于义乌小商品市场的实地调查与问卷分析》，《情报杂志》2009 年第 7 期。

罗美珍：《论族群互动中的语言接触》，《语言研究》2000 年第 3 期。

马云霞：《语言在国际交往中的经济价值研究》，武汉理工大学，2012 年。

麦克康奈尔：《世界的书面语：使用程度和使用方式概况（第 4 卷·中国）》，拉瓦尔大学出版社 1995 年版。

毛力群：《语言资源价值——以浙江义乌的语言生活为例》，《云南师范大学学报》（哲学社会科学版）2009 年第 7 期。

毛力群：《浙江义乌中国小商品城语言使用状况》，《2008 中国语言生活状况报告》商务印书馆 2009 年版。

毛力群：《大型涉外市场语言状况调查》，《中国社会科学报》2010 年。

毛力群：《浙江义乌中国小商品城语言状况研究》，《语言文字应用》2010 年第 4 期。

毛力群：《浙江义乌：语言交融的热土》，《中国语言生活》电子期刊 2010 年第 3 期。

毛力群：《义乌中国小商品城经营户语言状况个案研究》，《中国社会语言学》2011 年第 1 期。

毛力群：《义乌中国小商品城经营户语码转换调查》，《中国社会科学报》2012 年 6 月 18 日语言学版。

毛力群：《国际化市场背景下的语言选择——以义乌中国小商品城经

营户语码转换情况为例》,《语言文字应用》2013 年第 4 期。

毛力群:《城市国际化进程中的语言服务——以国际性商贸城市义乌为例》,《汉语国际教育研究》。

毛力群、陈章太:《浙江义乌中国小商品城语言状况研究》,《语言文字应用》2010 年第 11 期。

孟自黄、金礼林:《解读义乌方言》,上海科学普及出版社 2006 年版。

倪传刚等:《外国留学生的汉语语言态度调查》,《语言教学语言与研究》2004 年第 4 期。

宁继鸣:《汉语国际推广:关于孔子学院的经济学分析与建议》,博士学位论文,山东大学,2006 年。

欧阳觉亚、周耀文:《中国少数民族语言使用情况》,中国藏学出版社 1994 年版。

潘家福:《新加坡华社的多余现象与语言接触研究》,博士学位论文,复旦大学,2008 年。

浦东新区语言政策和语文生活研究课题组:《上海浦东新区普通话使用状况和语言观念的调查》,《语言文字应用》1996 年第 3 期。

戚雨村:《词的借用和语言的融合》,《中国语文》1959 年第 2 期。

邱质朴:《试论语言资源的开发——兼论汉语面向世界问题》,《语言教学与研究》1981 年。

屈哨兵:《语言服务研究论纲》,《江汉大学学报(人文科学版)》2007 年第 12 期。

邵张旻子、陈科芳:《市场翻译需求和翻译质量调查——以中国义乌国际小商品市场为例》,《浙江师范大学学报(社会科学版)》2009 年第 11 期。

沈依青:《语言态度初探》,《清华大学学报(哲学社会科学版)》1997 年第 2 期。

石定栩、朱志瑜:《英语对香港书面汉语句法的影响——语言接触引起的语言变化》,《外国语(上海外国语大学学报)》1999 年第 4 期。

时枝诚记:《言语生活论》,岩波书店 1976 年版。

司佳:《早期英汉词典所见之语言接触现象》,《复旦学报(社会科学版)》2000 年第 3 期。

宋金芳、林勇：《语言经济学评述》，《经济学动态》2004 年第 3 期。

宋金芳、林勇：《语言经济学的政策分析及其借鉴》，《华南师范大学学报》2004 年第 12 期。

苏金智：《国内外语言文字使用情况调查概述》，《语言文字应用》1999 年第 4 期。

苏金智：《中国语言文字使用情况调查中的双语双方言问题》，《语言文字应用》2002 年第 1 期。

汤森：《言语社区理论初探》，《科技咨询导报》2007 年第 7 期。

佟秋妹：《江苏三峡移民语言状况研究》，博士学位论文，中国传媒大学，2008 年。

汪丁丁：《语言的经济学分析》，《社会学研究》2001 年第 11 期。

王得杏：《社会语言学导论（An Introduction To Sociolinguistics）》，北京语言学院出版社 1992 年版。

王德春、孙汝建、姚远：《社会心理语言学》，上海外语教育出版社 1995 年版。

王立：《城市语言生活和语言变异研究》，中国社会科学出版社 2009 年版。

王烈琴：《论性别语言研究的现状及发展前景》，《西安外国语学院学报》2003 年第 4 期。

王清智、黄勇昌：《对语言与经济关系的研究》，《河南大学学报》2003 年第 7 期。

王清智、黄勇昌：《对语言与经济关系的研究》，《河南大学学报（社会科学版）》2003 年第 7 期。

王淑艳：《外来人口与广州市语言状况关系研究》，博士学位论文，广东外语外贸大学，2006 年。

王述祖：《义乌现象：从中国小商品市场到国际市场》，中国财政经济出版社 2009 年版。

王远新：《论我国少数民族语言态度的几个问题》，《满语研究》1999 年第 1 期。

王远新：《论裕固族的语言态度》，《语言与翻译》1999 年第 2 期。

王远新：《中国民族语言学：理论与实践》，民族出版社 2002 年版。

王远新：《社会语言学的语言观和方法论》，《中央民族大学学报》

2005 年第 2 期。

　　王振顶：《汉语国际传播的语言经济学研究》，《云南师范大学学报》2009 年第 11 期。

　　王祖强：《专业化交易组织成长与区域经济发展——再论农村市场经济发展的"义乌模式"》，《浙江树人大学学报》2004 年第 2 期。

　　邬美丽：《语言态度研究述评》，《满语研究》2005 年第 2 期。

　　邬美丽：《在京少数民族大学生语言使用及语言态度调查》，博士学位论文，中央民族大学，2007 年。

　　吴福祥：《关于语言接触引发的演变》，《民族语文》2007 年第 2 期。

　　夏历：《在京农民工语言状况研究》，博士学位论文，中国传媒大学，2007 年。

　　肖肃：《西部开发与语言规划——重庆地区语言态度调查研究》，《四川外语学院学报》2003 年第 1 期。

　　谢俊英：《进城务工人员语言状况调查与分析》，《语言规划理论与实践》，语文出版社 2006 年版。

　　徐大明：《言语社区理论》，《中国社会语言学》2006 年第 1 期。

　　徐大明：《语言变异与变化》，上海教育出版社 2006 年版。

　　徐大明：《中搞社会语言学的新发展》，《南京社会科学》2006 年第 2 期。

　　徐大明：《语言经济学的疑问与混乱》，《中国社会科学报》2010 年 3 月 23 日第 8 版。

　　徐大明：《有关语言经济的七个问题》，《云南师范大学学报》2010 年第 9 期。

　　徐大明、李现乐：《语言资源观引导下的语言经济研究和语言经济规划》，《国家语言资源监测与研究中心暨平面媒体分中心成立五周年纪念学术会议论文》，2009 年。

　　徐大明、陶红印、谢天蔚：《当代社会语言学》，中国社会科学出版社 1997 年版。

　　徐庆军：《走近义乌：中国小商品城探秘》，中共党史出版社 2007 年版。

　　徐世璇：《毕苏语方言的形成和语言的接触影响》，《民族语文》1998 年第 3 期。

徐思益等:《语言的接触与影响》,新疆人民出版社 1997 年版。

许其潮:《从语言经济学角度看我国的外语教育》,《外语与外语教学》1999 年第 8 期。

许其潮:《语言经济学:一门新兴的边缘学科》,《外国语》1999 年第 8 期。

杨建华:《内生与均衡:义乌现代化发展的途径》,《义乌发展经验理论研讨会论文集》中共浙江省委宣传部,2006 年。

杨晋毅:《中国新兴工业区语言状态研究(中原区)(上)》,《语言研究》2002 年第 1 期。

杨晋毅:《中国新兴工业区语言状态研究(中原区)(下)》,《语言研究》2002 年第 2 期。

杨晋毅:《中国城市语言的若干思考》,《中国社会语言学》2004 年第 1 期。

杨玲:《四川方言区在校学生的语言态度分析》,《西南民族学院学报》2001 年第 2 期。

杨曙霞:《创建英汉双语环境提升城市竞争力》,《商情(教育经济研究)》2008 年第 6 期。

杨洋:《"洋个体"与中国地方社会融合状况的调查分析——以浙江义乌常驻外商为例》,2009 年第 10 期。

尹钟宏:《关于娄底师专学生对母语及普通话态度的定量与定质研究》,《娄底师专学报》2002 年第 3 期。

于根元主编:《新时期推广普通话方略研究》,中国经济出版社 2005 年版。

余志鸿:《语言接触与语言结构的变异》,《民族语文》2000 年第 4 期。

喻世长:《应该重视语言互相影响的研究》,《民族语文》1984 年第 2 期。

袁俏玲:《再议语言经济学》,《外语教学》2006 年第 9 期。

张红燕、张迈曾:《言语社区理论综述》,《中国社会语言学》2005 年第 1 期。

张黎:《商业汉语口语研究》,传媒大学出版社 2007 年版。

张卫国:《语言的经济学分析:一个初步框架》,博士学位论文,山东大学，2008 年。

张卫国：《作为人力资本、公共产品和制度的语言：语言经济学的一个基本分析框架》，《经济研究》2008 年第 2 期。

张卫国、刘国辉、陈屹立：《语言与收入分配关系研究述评》，《经济学动态》2007 年第 7 期。

张先亮、贾晓蕾：《城市化进程中外商群体用语现状的考察——以义乌为例》，《社会科学辑刊》2013 年第 11 期。

赵蓉晖：《最近十年的中国社会语言学》，《新疆大学学报》2005 年第 3 期。

赵蓉晖编：《社会语言学》，上海外语教育出版社 2005 年版。

赵蓉辉：《中国社会语言学发展的若干特点》，《解放军外国语学院学报》2004 年第 2 期。

真田信治等：《社会语言学概论》，上海译文出版社 2002 年版。

郑海翠、张迈曾：《言语社区理论研究的发展》，《中国社会语言学》2004 年第 2 期。

郑宏毅：《农村城市化研究》，南京大学出版社 1998 年版。

郑勇军、邱毅：《政府主导型贸易先导发展战略：义乌现象与义乌模式》，《市场营销导刊》2006 年第 5 期。

中国社会科学院"义乌发展之文化探源"课题组：《义乌发展之文化探源》，社会科学文献出版社 2007 年版。

中国社会科学院民族研究所、国家民族事务委员会文化宣传司主编：《中国少数民族语言文字使用和发展问题》，中国藏学出版社 1993 年版。

中国语言文字使用情况调查领导小组办公室编：《中国语言文字使用情况调查资料》，语文出版社 2006 年版。

周庆生：《西方社会语言学面面观》，《语言文字应用》1999 年第 2 期。

周庆生：《语言与人类：中华民族社会语言透视》，中央民族大学出版社 2000 年版。

周庆生：《语言和谐思想刍议》，《语言文字应用》2002 年第 3 期。

周庆生：《社区双语和双语社区：德宏傣族问卷分析》，《中国社会语言学》2003 年第 1 期。

周庆生：《语言生活与生活语言》，《语言文字应用》2007 年第 2 期。

周庆生主编:《中国语言生活状况报告 2005》,商务印书馆 2006 年版。

周庆生主编:《中国语言生活状况报告 2006》,商务印书馆 2007 年版。

周庆生主编:《中国语言生活状况报告 2007》,商务印书馆 2008 年版。

朱学佳:《维吾尔族汉语使用变异研究》,中央民族大学出版社 2007 年版。

祝畹瑾、王润经:《家庭谈话语码转换剖析》,《语言文字应用》1997 年第 3 期。

祝畹瑾编:《社会语言学译文集》,北京大学出版社 1985 年版。

邹嘉彦、游汝杰主编:《语言接触论集》,上海教育出版社 2004 年版。

Agnew, J Space and place.In J Agnew and D N Livingstone (eds), *The SAGE handbook of geographical knowledge*, Thousand Oaks: SAGE, 2011.

Aitchison, C and A Lee, "Research writing: Problems and pedagogies", *Teaching in Higher Education*, Vol.11, No.2, 2006.

Aitchison, C and A Lee, Writing in, writing out: *Doctoral writing as peer work*, In M Walker and P Thomson (eds), *The Routledge doctoral supervisor's companion*, London: Routledge, 2010.

Alim, H S and G Smitherman, *Articulate while Black: Barack Obama, language and race in the US*, Oxford: Oxford University Press, 2012.

Alim, H Samy, *Ou know my steez: An ethnographic and sociolinguistic study of styleshifting in a Black American speech community*, Durham: Duke University Press, 2004.

Allatson, P, *Beyond the hybrid: Notes against heterophilic authoritarianism*, Genre, 2001

Australian, Bureau of Statistics, 2011, www.abs.gov.au/ [last accessed 21 October, 2014].Ayoola, K, *Haggling exchanges at meat stalls in some markets in Lagos*, Nigeria, 2009.

Bailey, B, "Heteroglossia and boundaries", In M Heller (ed.), *Bilingualism: A social approach*, New York: Palgrave Macmillan, 2007.

Bakhtin, M, *The dialogic imagination: Four essays* (C Emerson and M Holquist, Trans.), Austin: University of Texas, 1981.

Bakhtin, M, *Speech genres and other late essays*, Austin: University of Texas Press, 1986.

Bamberg, M and A Georgakopoulou, "Small stories as a new perspective in narrative and identity analysis", *Text and Talk*, Vol.28, No.3, 2008.

Blommaert, J and A Backus, "Super diverse repertoires and the individual", In I de Saint-Georges and J-J Weber (eds), *Multilingualism and multimodality: Current challenges for educational studies*, Rotterdam: Sense Publishers, 2013.

Blommaert, J and J Dong, "E'thnographic fieldwork: A beginner's guide", Bristol: *Multilingual Matters*, 2010.

Busch, B, "Das sprachlige Repertoire oder Niemand ist einsprachig", Vorlesung zum Antritt der Berta-Karlik-Professur an der Universität Wien, Klagenfurt: Drava, 2012.

Busch, B, "The linguistic repertoire revisited", *Applied Linguistics*, Vol. 33, 2012.

Busch, B and J Schick, *Educational materials reflecting heteroglossia: Disinventing ethnolinguistic differences in Bosnia-Herzegovina*, in S Makoni and A Pennycook (eds), *Disinventing and reconstituing languages*, Clevedon: Multilingual Matters, 2007.

Byrne, D, *Understanding the urban*, Houndmills: Palgrave, 2001.

Cameron, D, "Globalizing 'communication'", In J Aitchison and D Lewis (eds), *New media language*, London: Routledge, 2003.

Canagarajah, S, "Lingua Franca English, multilingual communities, and language acquisition", *Modern Language Journal*, Vol.91, 2007.

Canagarajah, S, *Translingual practice: Global Englishes and cosmopolitan relations*, London: Routledge, 2013.

Canut, C, "Discourse, community, identity: Processes of linguistic homogenization in Bamako", In F McLaughlin (ed.), *The languages of urban Africa*, London: Continuum, 2009.

Chiaro, D, "Passionate about food: Jamie and Nigella and the performance of food talk", In C Gerhardt, M Frobenius and S Ley (eds), *Culinary linguistics: The chef's special*, Amsterdam: John Benjamins, 2013.

Chiswick B R and P W Miller, "The economics of bulingualism", In Wallance E.Oates *The Political Economy of Fiscal Federalism*, D.C.Heat, Lexington, MA, Vol.13, No.2.

Christie, M, *The Sydney Markets* 1788 – 1988, Flemington: Sydney Market Authority, 1988.

Chun, C, *Engaging with the everyday: Power and meaning making in an EAP classroom*, Bristol: Multilingual Matters, 2015.

Crang, M, "Rhythms of the City: Temporalised space and motion", In J May and N Thrift (eds), *Timespace: Geographies of temporality*, London: Routledge, 2001.

Cresswell, T and P Merriman, "Introduction: Geographies of mobilities – practices, spaces, subjects", In T Cresswell and P Merriman (eds), *Geographies of mobilities: Practices, spaces, subjects*, Farnham: Ashgate, 2011.

Duchêne, A, "Néolibéralisme, inégalités sociales et plurilinguismes: l'exploitation des ressources langagières et des locuteurs" *Langage & Société*, Vol.136, 2011.

Duruz, J, S Luckman and P Bishop, "Bazaar encounters: Food, markets, belonging and citizenship in the cosmopolitan city" *Continuum: Journal of Media & Cultural Studies*, Vol.25, No.5, 2011.

Eade, J, D A Jahjah and S Sassen, *Identities on the move*, London: British Council, 2004.

Eckstein, S and T-N Nguyen, "The making and transnationalization of an ethnic niche: Vietnamese manicurists", *International Migration Review*, Vol.45, No.3, 2011.

Edensor, T, "Commuter: Mobility, rhythm and commuting", In T Cresswell and P Merriman (eds), *Geographies of mobilities: Practices, spaces, subjects*.Farnham: Ashgate, 2011.

Evans, N, *Dying words: Endangered languages and what they have to tell us*, 2010.

Fitzgerald, J, *Big White Lie: Chinese Australians in White Australia*,

Sydney: University of New South Wales Press, 2007.

Flowers, R and E Swan, "Eating the Asian other: Pedagogies of food multiculturalism in Australia", *PORTAL Journal of Multidisciplinary International Studies*, Vol.9, No.2, 2012.

Foucault, M, "A preface to transgression", In Donald F. Bouchard (ed.), *Language*, 1977.

Friedmann, J and G Wolff, *World city formation: An agenda for research and action*, 1982.

Friginal, E, "Threats to the sustainability of the outsourced call center industry in the Philippines: implications for language policy", Language Policy, Vol.8, 2009.

García, O, "Countering the dual: Transglossia, dynamic bilingualism and translanguaging in education", In Rani S Rubdy and Lubna Alsagoff (eds), *The global-local interface and hybridity: Exploring language and identity*, Bristol: Multilingual Matters, 2014.

García, O and Li Wei, *Translanguaging: Language, bilingualism and education*, 2014.

Goldstein, T, *Two languages at work: Bilingual life on the production floor*, New York: Mouton de Gruyter, 1996.

Gorter, D, "Linguistic landscapes in a multilingual world", *Annual Review of Applied Linguistics*, Vol.33, 2013.

Harris, A, *Young people and everyday multiculturalism*, London: Routledge, 2013.

Heller, M, "The commodification of language", *Annual Review of Anthropology*, Vol.39, 2010.

Heller, M, *Paths to post-nationalism. A critical ethnography of language and identity*, New York: Oxford University Press, 2011.

Heller, M and A Duchêne, "Discourses of endangerment: Sociolinguistics, globalization and social order", In A Duchêne and M Heller (eds), *Discourses of endangerment: Ideology and interest in the defence of languages*, London: Continuum, 2007.

Heller, M and A Duchêne, "Pride and profit: Changing discourses of language, capital and nation-state", In A Duchêne and M Heller (eds), *Language in late capitalism: Pride and profit*, London: Routledge, 2011.

Henshaw, V, *Urban smellscapes: Understanding and designing city smell environments*, London: Routledge, 2013.

Higgins, M and T Coen, *Streets, bedrooms, and patios: The ordinariness of diversity in urban Oaxaca*, Austin: University of Texas Press, 2000.

Hill, J, *The everyday language of White racism*, Chichester: Wiley-Blackwell, 2008.

Hinchliffe, S and S Whatmore, *Living cities: Towards a politics of conviviality*, 2006.

Holmes, J, M Marra and B King, "How permeable is the formal-informal boundary at work? An ethnographic account of the role of food in workplace discourse", In C Gerhardt, M Frobenius and S Ley (eds), *Culinary linguistics: The chef's special*, Amsterdam: John Benjamins, 2013.

Horner, K and J Weber, "The Language Situation in Luxembourg", *Current Issues in Language Planning*, Vol.9, 2008.

In J Gumperz and D Hymes (eds), *Directions in sociolinguistics: The ethnography of speaking*, New York: Holt, Rinehart and Winston.

In L Wee, R B H Goh and L Lim (eds), *The politics of English: South Asia, Southeast Asia and the Asian Pacific*, US: John Benjamins Publishing Company.

Jaffe, A and C Oliva, "Linguistic creativity in Corsican tourist context", In Sari Pietikäinen and H Kelly Holmes (eds), *Multilingualism and the periphery*, Oxford: Oxford University Press, 2013.

Jenkins, J, "Exploring attitudes towards English as a Lingua Franca in the East Asian context", In K Murata and J Jenkins (eds), *Global Englishes in Asian contexts: Current and future debates*, Basingstoke: Palgrave Macmillan, 2009.

Jervis, J, *Transgressing the modern: Explorations in the Western experience of Otherness*, Oxford: Blackwell, 1999.

Johnston, J and S Baumann, *Foodies: Democracy and distinction in the gourmet foodscape*, New York: Routledge, 2010.

Kachru, B, *Asian Englishes: Beyond the canon*, Hong Kong: Hong

Kong University Press, 2005.

Karrebæk, M S, "'What's in your lunch box today?': Health, respect-ability, and ethnicity in the primary classroom", *Journal of Linguistic Anthro-pology*, Vol.22, No.1, 2012.

Kral, I, *Talk, text and technology: Literacy and social practice in a remote indigenous community*, Bristol: Multilingual Matters, 2012.

Kramsch, C and A Whiteside, "Language ecology in multilingual settings. Towards a theory of symbolic competence", *Applied Linguistics*, Vol.29, 2008.

Kramsch, C and S Thorne, "Foreign language learning as global commu-nicative practice", In D Block and D Cameron (eds), *Globalization and lan-guage teaching*, London: Routledge, 2008.

Kropp Dakubu, M E, "The historical dynamic of multilingualism in Ac-cra", In F McLaughlin (ed), *The languages of urban Africa*, London: Con-tinuum, 2009.

Labov, W, *The social stratification of English in New York City*, Wash-ington, DC: Center for Applied Linguistics, 1966.

Labov, W, *Language in the inner city: Studies in the Black English ver-nacular*, 1972.

Labov, W, *Studies In Sociolinguistics: Selected Papers by William Labov*, Oxford: Blackwell, 2001.

Latour, B, *We have never been modern*. Hemel Hempstead: Harvester Wheatsheaf, 1993.

Latour, B, *Pandora's hope*, Cambridge: Harvard University Press, 1999.

Mac Giolla Chríost, D, *Language and the city*, Basingstoke: Palgrave Macmillan, 2007.

Mackenzie, I, *English as a lingua franca*, London: Routledge, 2014.

Magnusson, W, "Politicizing the global city", In E F Isin (ed), *De-mocracy, citizenship and the global city*, London: Routledge, 2000.

Makoni, B, S Makoni and A Pennycook, "On speaking multilanguages: Urban lingos and fluid multilingualism", In P Cuvelier, T Du Plessis, M Meeuwis, R Vandekerckhove and V Webb (eds), *Multilingualism from below*, Hatfield, Pretoria: Van Schaik, 2010.

Makoni, S and A Pennycook, "Disinventing and reconstituting languages", In S Makoni and A Pennycook (eds), *Disinventing and reconstituting languages*, Clevedon: Multilingual Matters, 2007.

Makoni, S and B Makoni, " Multilingual discourses on wheels and public English in Africa: A case for 'vague linguistique' ", In J Maybin and J Swann, *The Routledge Companion to English Language Studies*, London: Routledge, 2010.

Makoni, S and P Mashiri, "Critical historiography: Does language planning in Africa need a construct of language as part of its theoretical apparatus?" In S Makoni and A Pennycook (eds), *Disinventing and reconstituting languages*, Clevedon: Multilingual Matters, 2007.

Mantila, Harri, Language situation in Finland. in Kazuto Matsumaural (ed.), CHEL Linguistic Studies Vol.6, Lectures on Language Situation, Russia, Estonia, Finland, Tokyo : University of Tokyo, 2002.

Marcus, G, " Ethnography in/of the world system: The emergence of multi-sited ethnography", *Annual Review of Anthropology* , Vol.24, 1995.

Markus, A, *Fear and hatred: Purifying Australia and California* 1850 – 1901, and C A Vega (eds), *Globalization from below: The world's other economy*, London: Routledge, 1979.

Maybin, J and Tusting, K, "Linguistic ethnography", In J Simpson (ed), *Routledge handbook of applied linguistics*, London: Routledge, 2011.

Mc Laughlin, F, "Introduction to the languages of urban Africa", In F McLaughlin (ed), *The languages of urban Africa*, London: Continuum, 2009.

McNamara, T, *Language assessments as shibboleths: A poststructuralist perspective*, 2012.

McQuire, S, *The media city: Media, architecture and urban space*, London: Sage, 2008.

Mesthrie, R, "The origins of Fanagalo", *Journal of Pidgin and Creole Languages* , Vol.4, No.2, 1989.

Mesthrie, R, "Analyzing sociolinguistic variation in mutilingual contexts", In J Holmes and K Hazen (eds), *Research methods in sociolinguistics: A practical guide*, Oxford: Wiley Blackwell, 2014.

Mignolo, W, *Local histories/ global designs: Coloniality, subaltern knowl-*

edges, *and border thinking*, Princeton: Princeton University Press, 2000.

Milon, A, "Tags and murals in France: A city's face or a natural landscape?", In A-P Durand (ed.), *Black*, *blanc*, *beur*: *Rap music and hiphop culture in the Francophone world*, Lanham: The Scarecrow Press, 2002.

Mitchell, D, *The right to the city: Social justice and the fight for public space*, New York: Guilford Press, 2003.

Mohanty, A, "Multilingual education in India: Overcoming the language barrier and the burden of the double divide", In P Siemund, I Gogolin, M Schulz and J Davydova (eds), *Multilingualism and language diversity in urban areas: Acquisition*, *identities*, *space*, *education*, Amsterdam: John Benjamins, 2013.

Mohr, R and N Hosen, "Crossing over: Hosts, guests and tastes on a Sydney street", *Law Text Culture*, Vol.17, No.1, 2014.

Nasonal Lanwis Polisi of Vanuata, www. vanuatuculture. org/documents/ NasonalLanwisPolisi.doc [last accessed 6 March, 2012], 2010.

Ochs, E and M Shohet, "The cultural structuring of mealtime socialization", *New Directions for Child and Adolescent Development*, Vol.111, 2006.

Ostler, N, *Empires of the word: A language history of the world*, New York: Harper Collins, 2005.

Ostler, N, *The last lingua franca: English until the return of Babel*, New York: Walker and Company, 2010.

Otsuji, E, "'Where am I from': Performative and 'metro' perspectives of origin", In D Nunan and J Choi (eds), *Language and culture: reflective narratives and the emergence of identity*, New York: Routledge, 2010.

Otsuji, E and A Pennycook, "Unremarkable hybridities and metrolingual practices", In R S Rubdy and L Alsagoff (eds), *The global-local interface and hybridity: Exploring language and identity*, Bristol: Multilingual Matters, 2014.

Park, J S-Y and L Wee, *Markets of English: Linguistic capital and language policy in a globalizing world*, New York: Routledge, 2012.

Paugh, A and C Izquierdo, "Why is this a battle every night? Negotiating food and eating in American dinnertime interaction", *Journal of Linguistic Anthropology*, Vol.19, No.2, 2009.

Pennycook, A, *Language policies, language ideologies and local language practices*, 2013.

Pennycook, A and E Otsuji, "Metrolingual multitasking and spatial repertoires: 'Pizza mo two minutes coming'", *Journal of Sociolinguistics*, Vol. 18, No.2, 2014.

Pennycook, A and E Otsuji, "Market lingos and metrolingua francas", *International Multilingual Research Journal*, Vol.8, No.4, 2014.

Rampton, B, "Style contrasts, migration and social class", *Journal of Pragmatics*, Vol.43, 2011.

Redder, A, "Multilingual communication in Hamburg: A pragmatic approach", In P Siemund, I Gogolin, M Schulz and J Davydova (eds), *Multilingualism and language diversity in urban areas: Acquisition, identities, space, education*, Amsterdam: John Benjamins, 2013.

Ribeiro, G L, "Conclusion: Globalization from below and the non-hegemonic world-system", In G Mathews, G L Ribeiro and C A Vega (eds), *Globalization from below: The world's other economy*, London: Routledge, 2012.

Rojo, L M, "Taking over the square: The role of linguistic practices in contesting urban spaces", *Journal of Language and Politics*, 2014.

Sabre, C, "New images of Japan in France: A survey to Japan Expo", *Regional Studies*, Vol.7, 2013.

Simon, S, *Cities in translation: Intersections of language and memory*, London: Routledge, 2012.

Singer, P and J Mason, *The way we eat: Why our food choices matter*, Emmaus: Rodale, 2006.

附录 1

义乌国际商贸城语言状况调查问卷

尊敬的朋友：

您好！我们正在进行的调查，是从学术角度研究义乌国际商贸城语言使用状况，您回答的问题我们将作为学术研究资料，不会用于其他目的，请您不要有什么顾虑。本次调查是不记名的，问卷中的问题没有对错是非之分，期待您能根据您的实际情况，真实地回答问题。衷心感谢您在百忙之中的支持与协助！

一、个人背景信息（请您在选项上打"√"或在横线上填写您本人情况）

1. 性别：男□ 女□　　　　　2. 民族：＿＿＿＿＿＿

3. 籍贯：＿＿＿＿＿国＿＿＿＿＿省＿＿＿＿＿市（县）

4. 年龄：20 岁以下□　20—29 岁□　30—39 岁□　40—49 岁□ 50—59 岁□　60 岁以上□

5. 文化程度：不识字□ 小学□ 初中□ 高中或中专□ 大专□ 本科及以上□

6. 您在商贸城经营的是：工艺品□ 饰品□ 小五金□ 日用百货□ 电子电器□ 玩具□ 服装□ 化妆品□ 袜业□ 钟表□ 其他□（请说明是什么行业＿＿＿＿＿＿）

7. 您在义乌经商已经有多长时间了？

不到 1 年□　1—3 年□　3—5 年□　5—10 年□　10—20 年□　20 年以上□

二、语言使用状况

8. 您小时候最先学会的语言是：普通话□　方言（请说明是哪种地方话＿＿＿＿＿＿）　其他语言□（请说明是什么语言＿＿＿＿＿＿）

9. 您从什么时候开始说普通话？

上学前□　上学后□　工作以后□　来国际商贸城以后□

10. 您学习外语通过什么途径？

从没学过□　在学校跟老师学□　上培训班学□

自学□　跟"老外"接触中学□　其他方法□（请说明＿＿＿＿＿＿＿＿＿）

11. 您现在每天使用义乌话的时间有多少？

从不使用□　1 小时以内□　1—2 小时□　2—3 小时□　3—4 小时□　4—5 小时□　5 小时以上□

12. 您现在每天使用普通话的时间有多少？

从不使用□　1 小时以内□　1—2 小时□　2—3 小时□　3—4 小时□　4—5 小时□　5 小时以上□

13. 您现在每天用外语的时间有多少？

从不使用□　1 小时以内□　1—2 小时□　2—3 小时□　3—4 小时□　4 小时以上□

14. 您的义乌话水平：能流利准确地使用□　较流利使用□　基本能交谈但不很熟练□　能听懂但不太会说□　不太能听懂也不太会说□　完全听不懂也不会说□

15. 您的普通话水平：能流利准确地使用□　较流利使用□　基本能交谈但不很熟练□　能听懂但不太会说□　不太能听懂也不太会说□　完全听不懂也不会说□

16. 您的外语水平（先选您会使用的外语：英语□　韩语□　阿拉伯语□　俄语□　其他□）：能流利准确地使用□　较流利使用□　基本能交谈但不很熟练□　能听懂但不太会说□　不太能听懂也不太会说□　完全听不懂也不会说□

17. 您是否愿意主动学习义乌话？

很不愿意□　不愿意□　无所谓□　愿意□　非常愿意□

18. 您是否愿意主动学习普通话？

很不愿意□　不愿意□　无所谓□　愿意□　非常愿意□

19. 您是否愿意主动学习外语？

很不愿意□　不愿意□　无所谓□　愿意□　非常愿意□

20. 您是否希望您的子女学会义乌话？

很不希望□　不希望□　无所谓□　希望□　非常希望□

21. 您是否希望您的子女能说标准的普通话？

很不希望□　不希望□　无所谓□　希望□　非常希望□

22. 您是否希望您的子女掌握外语？

很不希望□　不希望□　无所谓□　希望□　非常希望□

23. 您对语言的主观评价（在您认为符合的选项下打"√"）

		很好听	好听	一般	不好听	难听	无所谓
美感	义乌话						
	普通话						
	英　语						
		用处大	有用处	一般	用处不大	没用处	无所谓
实用性	义乌话						
	普通话						
	英　语						

24. 请把右侧的语言信息按您实际使用情况填到括号内，可只填数字。

您会用的语言有（可多选）：（　　　　）	1. 普通话　2. 义乌话（包括金华地区其他方言）
您和市场内其他经商人员交流用（可多选）：（　　　）	
您和市场管理人员交流用（可多选）：（　　　）	3. 温州话　4. 广东话
您和省内客商交易最常使用（可多选）：（　　　）	5. 福建话
您和省外客商交易最常使用（可多选）：（　　　）	6. 汉语其他方言
您和"老外"交流最常使用的是（只选一种）：（　　　）	7. 少数民族语言
您和"老外"打招呼能用（可多选）：（　　　）	8. 英语　9. 韩语
您和"老外"讨价还价能用（可多选）：（　　　）	10. 阿拉伯语　11. 俄语
您向"老外"介绍商品优缺点能用（可多选）：（　　　）	12. 其他国家语言（请注明具体语言）

25. 您在接待不同地区和国家的客户时能否灵活转换使用的语言？

能□　不能□

26. 您是否因为语言问题而遇到过下列情况：

①不方便与周围经商人员聊天交流感情。

有□　没有□

②做生意时因为语言不通受到限制和影响。

有□　没有□

③因为语言不通而感觉受到孤立，无法融入正常的生活中。

有□　没有□

27. 您认为政府及相关部门应该对语言问题进行相关指导或培训吗？

非常应该□　应该□　无所谓□　不应该□　完全不应该□

28. 当地政府及相关部门有没有对国际商贸城中出现的语言文字问题进行过相关指导或规范工作？

一直都有□　有过一些□　完全没有□　不清楚□

29. 您希望相关部门做哪些语言文字的规范指导工作？（可多选）

不定期发放语言文字相关学习资料□　经常举办语言文字相关的讲座□

专门设立语言文字咨询机构或部门□　举办各种长短期语言辅导培训班□

对商城经营户的语言水平进行测试□

30. 若您对您本人或对商贸城的语言使用状况有何意见或建议，请简单写几句。

附录 2

义乌国际商贸城语言状况个案访谈问卷

一、个人背景信息

1. 性别：男□ 女□　　2. 民族：_____

3. 籍贯：_____国_____省_____市（县）

4. 年龄：　　　　　　文化程度：

5. 您在商贸城经营的是（行业）：

6. 您在义乌经商已经有多长时间了？

7. 家庭情况（婚姻、子女、文化程度、语言使用情况及水平等）

二、语言使用状况

8. 您小时候最先学会的语言是：

9. 您从什么时候开始说普通话？

10. 您学习普通话通过什么途径？

11. 您现在每天使用义乌话的时间有多少？

12. 您现在每天使用普通话的时间有多少？

13. 您现在每天用外语的时间有多少？

14. 您的义乌话水平：

能流利准确地使用□　较流利使用□　基本能交谈但不很熟练□

能听懂但不太会说□　不太能听懂也不太会说□

完全听不懂也不会说□

15. 您的普通话水平：

能流利准确地使用□　较流利使用□　基本能交谈但不很熟练□

能听懂但不太会说□　不太能听懂也不太会说□

完全听不懂也不会说□

16. 您的外语水平（先选您会使用的外语：英语□　韩语□　阿拉伯语□　俄语□　其他□）：

能流利准确地使用□　较流利使用□　基本能交谈但不很熟练□

能听懂但不太会说□　不太能听懂也不太会说□

完全听不懂也不会说□

17. 您是否愿意主动学习义乌话？

很不愿意□　不愿意□　无所谓□　愿意□　非常愿意□

18. 您是否愿意主动学习普通话？

很不愿意□　不愿意□　无所谓□　愿意□　非常愿意□

19. 您是否愿意主动学习外语？

很不愿意□　不愿意□　无所谓□　愿意□　非常愿意□

20. 您是否希望你的子女家人学会义乌话？

很不希望□　不希望□　无所谓□　希望□　非常希望□

21. 您是否希望你的子女家人能说标准的普通话？

很不希望□　不希望□　无所谓□　希望□　非常希望□

22. 您是否希望你的子女家人掌握外语？

很不希望□　不希望□　无所谓□　希望□　非常希望□

23. 您对语言的主观评价

		很好听	好听	一般	不好听	难听	无所谓
美感	义乌话						
	普通话						
	英　语___语						
		用处大	有用处	一般	用处不大	没用处	无所谓
实用性	义乌话						
	普通话						
	英　语___语						

24. 请把右侧的语言信息按您实际使用情况填到括号内，可只填数字。

您会用的语言有（可多选）：（　　　　　　　　　）	1. 普通话　2. 义乌话（包括金华地区其他方言）
您和市场内其他经商人员交流用（可多选）：（　　　）	
您和市场管理人员交流用（可多选）：（　　　　　）	3. 温州话　4. 广东话
您和省内客商交易最常使用（可多选）：（　　　　）	5. 福建话
您和省外客商交易最常使用（可多选）：（　　　　）	6. 汉语其他方言
您和"老外"最常使用的一种语言是（只选一种）：（　）	7. 少数民族语言
您和"老外"打招呼能用（可多选）：（　　　　　）	8. 英语　9. 韩语
您和"老外"讨价还价能用（可多选）：（　　　　）	10. 阿拉伯语　11. 俄语
您向"老外"介绍商品优缺点能用（可多选）：（　　）	12. 其他国家语言（请注明具体语言）

25. 您在接待不同地区和国家的客户时能否灵活转换使用的语言？

能□　不能□

26. 您是否因为语言问题而遇到过下列情况：

①不方便与周围经商人员聊天交流感情。

有□　没有□

②做生意时因为语言不通受到限制和影响。

有□　没有□

③因为语言不通而感觉受到孤立，无法融入正常的生活中。

有□　没有□

其他：

27. 您认为政府及相关部门应该对语言问题进行相关指导或培训吗？

非常应该□　应该□　无所谓□　不应该□　完全不应该□

28. 当地政府及相关部门有没有对国际商贸城中出现的语言文字问题进行过相关指导或规范工作？

一直都有□　有过一些□　完全没有□　不清楚□

29. 您希望相关部门做哪些语言文字的规范指导工作？（可多选）

不定期发放语言文字相关学习资料□　经常举办语言文字相关的讲座□

专门设立语言文字咨询机构或部门□　举办各种长短期语言辅导培训班□

对商城经营户的语言水平进行测试□

30. 若您对您本人或对商贸城的语言使用状况有何意见或建议请简单

说几句。

31. 您主要的顾客群来自何国何地？贸易合作伙伴主要是何地何国人？

32. 您的经营规模有多大（投入产出）？本行业内的影响如何？

33. 联系方式：

34. 其他（汉字书写水平等补充情况）

附录 3

个案普通话语音测试卷

一、读出下列词语

西 方	群 体	父 亲	其 他	顺 便
银 行	合 伙	漂 亮	动 工	一 点儿
外 文	愉 快	左 手	违 反	心 眼儿
别 人	高 大	从 此	否 定	成 熟

二、朗读下面一段话

改革开放 30 年，义乌成功实现了由工业小县到工业强市的跨越发展。义乌工业从前店后厂起步，从小商品生产入手，经历了从小到大、由弱到强，发展壮大、集聚提升的成长历程，工业逐渐成为支撑市场繁荣发展的重要力量。2008 年，我市工业总产值超千亿元，工业企业数增加到 1.6 万多家。目前，拥有省级经济开发区 2 个，国家级产业基地 10 个，中国驰名商标 70 件、国家免检产品 13 只，中国名牌产品 7 只、国家标准 5 个，涌现了一批全国乃至世界行业单打或团体冠军，形成了"小商品、大产业，小企业、大集群"的发展格局。

三、3 分钟说话（任选一个题目）

1. 谈谈你的家庭。
2. 我是怎么学习普通话的。
3. 发生在义乌经商期间的一件难忘的或有趣的事情。

义乌外商语言状况调查问卷

您好！我们正在进行一项关于义乌外商语言使用状况的调查问卷，请您根据真实情况填写。非常感谢您的配合！

1. 您的性别是

   A. 男　　　　B. 女

2. 您的国籍是＿＿＿＿＿

3. 您的年龄是？

   A. 25 岁以下　　B. 25—35 岁　　C. 35—45 岁　　D. 45 岁以上

4. 您在中国多久了？

   A. 1—30 天　　B. 1—6 个月　　C. 6 个月—1 年　　D. 1—2 年

   E. 2 年以上

5. 您对以下语言的掌握情况：

	汉语	英语	阿拉伯语	日语	韩语	法语	意大利语	西班牙语	俄语
熟练									
较好									
一般									
较差									
不会									

6. 您最想学习的三种语言是：

   A. 汉语　　B. 英语　　　C. 阿拉伯语　　D. 日语　　E. 韩语

   F. 法语　　G. 意大利语　H. 西班牙语　　I. 俄语　　J. 其他

7. 您为什么想学这门语言？

   A. 感兴趣　　　　　　　B. 对生意有帮助

   C. 认识更多的朋友　　　D. 对该语言的文化感兴趣

8. 你会选择怎样的方式学习这门语言？

　　A. 自己学习　　　　　　　　B. 参加培训班

　　C. 让朋友教　　　　　　　　D. 进入大学学习

9. 你认为在义乌的外国人学习汉语重要吗？

　　A. 很重要　　　B. 比较重要　　　C. 一般　　　D. 不重要

10. 你学习汉语的原因是？

　　A. 方便在中国生活　　　　　B. 促进生意发展

　　C. 认识中国朋友　　　　　　D. 对中国文化感兴趣

11. 你希望中国商户能够使用哪种语言与你交流？

　　A. 汉语　　　　B. 英语　　　C. 阿拉伯语　　　D. 日语

　　E. 韩语　　　　F. 法语　　　G. 意大利语　　　H. 西班牙语

　　I. 俄语　　　　J. 其他

非常感谢您的配合！祝您生活愉快！

附录 5

义乌外商语言状况访谈提纲

一、访谈计划

1. 调查人员来到义乌国际商贸城，对商贸城内正在交易的外商进行观察；

2. 采访义乌国际商贸城内的外商，调查义乌商户的语言使用和需求状况；

3. 走访义乌商贸城及周边语言服务机构，观察和采访语言服务人员。

二、调查纲目

（一）对外商的访谈

1. 您是什么时候来到中国的？在义乌多久了？

2. 您的汉语掌握情况如何？

3. 您会说几门语言？分别是哪些？

4. 您想学习什么语言呢？为什么想学习？

5. 您学习汉语的原因是什么？

6. 您认为学习语言的成本花费会影响您的选择吗？

7. 您认为学习外语给您带来什么收获？

8. 您认为义乌的语言服务怎么样？

9. 您有什么改进的意见吗？

（二）对语言服务业从业人员访谈

1. 提供何种语言的服务人员更多？哪些更少？需要哪些？

2. 这种语言服务的收费状况如何？

3. 使用这种服务的外商多不多？

4. 对语言服务人才的招聘要求？

5. 您的改进意见是什么？

后　　记

本书是在我博士论文的基础上修改扩展而成。时光无言，文字有声，转瞬从中国传媒大学毕业已经七年，忙碌的日常与心底的怠惰时有纠缠，终至今日才将文字付梓，着实惭愧。仍以当年论文致谢辞聊作后记，感谢岁月，感谢岁月中陪伴我的当下与过往。

初夏，日光倾城。京城求学的三载寒暑，在淡淡的喜悦、忐忑与别离的惆怅中渐行渐远。

时光与人事，匆匆而过，却有那么多细节镌刻于心，沉淀在我的生命里。教室里感受纵横捭阖名家风范，漫步时畅聊生活琐事学术人生。也曾遍游古迹名胜，小巷大街，灯火阑珊处；也曾细数窗外雨打青竹，鸟啼蝉鸣，飞雪压松枝……

平凡岁月给我以丰盈体验，师友亲朋赐予我关爱真情，心存感念，在此永志。

感谢导师陈章太先生，师恩如山，引领我踏入社会语言学殿堂，领略学科魅力，为学为文更为人。先生是大家，高瞻远瞩，精益求精，行事却如平民，温良和善，虚怀若谷。感谢师母邓庆春女士，亲如慈母，无限呵护，视我如己出。忘不了稚拙文稿，先生红笔悉心修正细密圈点；忘不了寒冬夜访师门，白发老人顶风冒雪送归人；忘不了师母回回烹茶煮汤，嘘寒问暖慰我思乡之情；忘不了……唯愿两位老人健康长寿，泽荫后学。能做先生的关门弟子，幸甚至哉！

感谢于根元、侯敏、李晓华、苏金智老师在我开题时的点拨和指导，李宇明、陆俭明、戴庆厦、周庆生等老师对我的鼓励和教诲，使我收获良多，受益无穷！

感谢周洪波、汪磊、张黎、冯学峰师兄，朱学佳、谢俊英师姐，同门情谊，亲如手足，你们的为学为人，倍受师妹敬重。还有夏历、小芬、秋妹、李伟小师姐，与你们同聚北京，同在先生门下，共享师母备至关怀，在一起互帮互助的欢乐时光，是缘分也是幸福！

感谢对我论文写作给予直接帮助的那日松同学，你在身怀六甲之时，不计辛劳，不惧辐射，远在杭州却时常通过 QQ 语音聊天，教我掌握统计软件，选择合适统计方法，你的热情无私善良，让我永远铭记在心。感谢我亲爱的黄理兵、周伟红、李连伟、王笑艳、苏向丽、马文艳等同学，你们陪伴我度过了此生最珍贵的三年求学生涯，一路快乐相随。

感谢大力支持我调研的时任中国小商品城集团董事局主席金方平先生及董秘陈荣根先生、龚燕女士和陈丽进女士，感谢集团下属各分公司经理及楼层管理员，你们协助我完成了大规模的抽样调查；感谢时任义乌市副市长汤兆武同学对我调研提供的支持；感谢时任《金华晚报》驻义乌记者江胜忠陪同调研，提供宝贵资料。没有你们的鼎力相助，我的调研不可能进行得如此顺利，开展得如此全面。

最后感谢家人。我至爱的父母公婆，帮我无微不至照顾孩子的学习起居，我游学在外的每一天都让你们牵肠挂肚，你们的理解鼓励和支持让我得以安心完成学业。我的小姑子邵丽燕与其夫君吴志云，在我卧病休息的一个多月期间，帮我做了大量数据整理录入工作，倾情相助，无以为报！特别要感谢我的爱人邵建伟，我的坚强后盾，多次陪我赴义乌，拓宽调查渠道，策划调查方案。我的宝贝女儿果果，在你成长的道路上，妈妈没有时时陪伴你左右，心中万般歉疚，但你在一天天健康成长，越来越懂事，你是妈妈的心灵慰藉，妈妈感谢你！

一路行来，领导同事亲人朋友，催我上进，予我关心，片言只语，不足表达我拳拳感恩之心。今后的日子，我将扎根鲜活灵动的语言现实，从事自己热爱的教育教学，不断提升自己。问渠那得清如许，为有源头活水来，中国传媒大学的三年求学将成为我事业的源头活水，受用一生。

人散后，一钩新月天如水。故乡在召唤，陌上花开缓缓归。

岁月静好，愿我生命里的至爱亲朋一生平安！

毛力群

2017 年 8 月 27 日

敬爱的导师陈章太先生和师母邓庆春女士